ワールドカップのメディア学

牛木素吉郎
黒田　勇
編著

大修館書店

ワールドカップのメディア学

●もくじ

第4章 テレビ中継は何を語ったか——試合の実況アナウンスの内容分析……173

第5章 日韓共催と世論の動向——ワールドカップを通してみえてきたもの……199

日韓大会は、いうまでもなく巨大なメディアイベントだった。世界中の多くの人がテレビを通して試合に熱狂した。日本国内でも、通常のサッカーの人気を超えた盛り上がりを見せた。大会の全試合の視聴率を見れば一目瞭然（表1）だが、サッカーに関心が薄いといわれてきた中高年の視聴率が高かった。それも、日本の出場試合が驚異的な視聴率を記録したとしても理解できるが、その他の試合においてもほとんどが通常のヒット番組といわれる視聴率を上回っている。

歴代のスポーツ番組の視聴率でトップとなってきたのは、1964年の東京オリンピック、女子バレーの日本対ソ連の試合中継、視聴率は66・8％である。オリンピックとワールドカップ、この二つのスポーツイベントは、今や世界最大のメディアビジネスの機会でもあるが、かつての東京大会には、そのような意味あいはなく、またはるかにこじんまりしていた。もちろん、メディアがなければ意味をなさない大会ではあったが、メディアが主導した大会ではなかった。ただ、衛星を用いての「宇宙中継」がはじめてなされた大会であり、その後のスポーツイベントに象徴的でもあった。日本国民は、開会式の中継にかじりつき、平和と繁栄を目指した戦後復興によって国際舞台に迎えられた晴れがましさに酔いしれた。女子バレーボールの選手たちの苦労に戦後の「われわれ」の苦労を重ねあわせ、応援し感動した。

表1　02年ワールドカップ日韓大会テレビ視聴率　世帯・個人視聴率

(%)

順位	放送日時	放送分数	放送局	番組名	世帯	男女	男性			女性		
						13〜19歳	20〜34歳	35〜49歳	50歳以上	20〜34歳	35〜49歳	50歳以上
1	6. 9(日)20:00	174	フジテレビ	1次リーグ 日本×ロシア	66.1	43.4	48.8	55.8	48.3	49.7	58.0	42.5
2	6.30(日)20:57	93	NHK総合	決勝 ドイツ×ブラジル(後半)	65.6	33.9	36.1	53.7	51.3	38.4	53.0	49.8
3	6. 4(火)18:53	67	NHK総合	1次リーグ 日本×ベルギー(後半)	58.8	32.9	29.3	25.4	42.8	27.8	49.3	45.6
4	6.30(日)19:20	89	NHK総合	決勝 ドイツ×ブラジル(前半)	50.2	23.6	22.9	35.0	44.6	24.8	38.2	40.5
5	6.18(火)16:25	95	NHK総合	決勝トーナメント 日本×トルコ(後半)	48.5	20.2	20.7	13.6	30.9	21.2	37.6	34.3
6	6.25(火)20:00	165	日本テレビ	準決勝 ドイツ×韓国	48.3	20.0	23.2	27.3	32.2	24.3	40.3	32.5
7	6.26(水)21:27	63	NHK総合	準決勝 ブラジル×トルコ(後半)	47.6	14.3	24.7	31.8	32.8	23.0	36.9	35.5
8	6.14(金)15:00	174	テレビ朝日	1次リーグ チュニジア×日本	45.5	15.1	17.5	13.6	26.2	20.1	38.7	31.1
9	6.18(火)15:05	74	NHK総合	決勝トーナメント 日本×トルコ(前半)	45.3	12.0	18.4	13.9	31.0	19.2	36.1	29.3
10	6. 4(火)17:49	59	NHK総合	1次リーグ 日本×ベルギー(前半)	43.1	20.9	20.5	16.9	26.2	15.7	34.3	29.8
11	6. 7(金)20:10	145	TBS	1次リーグ アルゼンチン×イングランド	41.6	23.9	27.7	28.2	24.8	23.4	36.3	20.2
12	6.26(水)20:00	79	NHK総合	準決勝 ブラジル×トルコ(前半)	39.1	12.4	18.6	19.4	28.6	18.2	28.6	31.1
13	5.31(金)21:29	61	NHK総合	開幕戦 フランス×セネガル(後半)	35.9	18.9	24.6	23.0	26.3	11.8	26.2	18.2
14	6.18(火)20:10	180	テレビ朝日	決勝トーナメント 韓国×イタリア	35.4	15.2	22.0	23.1	23.2	18.4	29.9	21.6
15	6.17(月)21:27	63	NHK総合	決勝トーナメント ブラジル×ベルギー(後半)	34.8	16.7	22.5	21.8	23.1	12.2	25.5	20.7

曽根俊郎作成：ビデオリサーチ調べ、関東・地上波アナログ放送

それに比べて今回のワールドカップの盛り上がりの意味は何だったのだろう。人々は「日本代表」に何を託したのだろう。世界のサッカーに何を見たのだろう。東京オリンピックのように、日本の戦後のアイデンティティを確認するような何かがあったとは思えない。また世界の晴れ舞台という感覚もそれほど強いとは思えない。それでは、あの盛り上がりは何だったのか、本書では、その盛り上がりに果たしたメディアの役割にとりわけ注目している。そして、そのメディアの現場で働く人たちの経験に基づいた論考と、研究者によるワールドカップの政治的・文化的意味についての分析が本書の中心となっている。

まず、第1部でメディアの現場で活動する人たちが、その経験からワールドカップを語る。第1章では、ワールドカップ取材の草分けの一人でもある牛木素吉郎が、長年のワールドカップ取材の経験からその歴史と変容を概観する。次に、第2章では、メキシコ大会の、あのマラドーナの活躍を伝えて以来、ワールドカップの名試合を中継してきたNHKの山本浩が今大会の「日本対ベルギー」戦を素材としながら、スポーツの実況とは何なのかを語る。第3章と第4章は、日韓のサッカー記者が、今大会をどう見たかをそれぞれ相手側の国のチームと監督の評価に焦点を当てて語っている。金徳起《キムドッキ》は、韓国でいう「大記者」であり、サッカーに関する著作も多いが、今回は、日本のトルシエがどのように日本で報道され描かれたのかを韓国のメディアのまなざしで評価していて、興味深い。また中小路徹は、大会前から韓国で取材を続け、日本人記者のまなざしで、韓国代表とヒディンク監督が韓国社会でどのように評価されたのかを語り、さらにワールドカップが韓国社会に与えたインパクトにも触れている。

ところで、「メディアスポーツ」という言葉が徐々に一般化してきた。一言でいえば、それはメディアに媒介されたスポーツ現象すべてを指す。もちろん、それはメディアのグローバル化、商業主義的傾向が強まったこと、さらに、世界的な規模で商品の販売戦略をもつ企業がスポンサーとしてスポーツに着目したこと、そしてもちろんスポーツ団体自体がその影響を受けて、あるいはメディアの変容を利用し、自らもグローバル化し商業主義的に変容してきた、ここ20年ほどのこのような傾向を踏まえて使用されるようになったものだ。東京オリンピックの例をあげたが、あれから40年近くが経ち、その間には、グローバル化したメディアビジネスの圧倒的発展があったのである。

今やスポーツ大会ばかりでなく、チームや選手個人までが商品化し、あるいは商品価値を生み出す媒体として機能しているのであり、グローバルなメディアスポーツは、世界の貿易量の3％を占めるといわれるほどの巨大な文化産業となっているのである（R.Brooks, 2002, p.54）。

さて、メディアスポーツという場合に、それは三つの側面を含んでいる。一つはメディアスポーツを制作し、伝える制度、あるいは仕組み。第二に、その内容、あるいは商品。第三に、そのオーディエンス。それぞれの側面に対して、そしてそれを総合する形で、研究者の注目も集まるようになってきている。たとえば、「Fields in Vision」（Whannel, 1992）は今やその古典的な研究としてしばしば引用されるし、「Media Sport」（Wenner, 1998）はタイトルそのものに「メディアスポーツ」の語を使用している。日本においても、ワールドカップの開催を経て、人々の注目も高まる中「現代メディアスポーツ論」（２００２）という論文集も刊行された。

メディアがスポーツを変えたのか。それともスポーツがメディアを変えたのか。メディアはスポーツに寄生しているのか。その逆なのか。あるいは共生的関係なのか。さまざまな議論が展開されるようになっている。

第2部では、メディアや社会に関心のある研究者が、メディアスポーツとしてのワールドカップに、さまざまなアプローチから考察を加える。

この日韓共催大会は、日本の地上波テレビの盛況とはいっても、衛星放送ビジネスのグローバル化の中の大会であり、それは、世界メディア資本の象徴でもあるニューズ・コーポレーションも出資したデジタル衛星放送「スカイパーフェクTV」（以下スカパー）が高額の放送権で全試合中継を実施したことでも明らかである。スカパーは着実に契約者を伸ばし、02年6月末には累計総登録件数32万件となっている。中でも、開幕前の5月には11万7000件と、それまでの4万件程度から倍以上増加させているし、前年度同期に比べて加入動機も「スポーツ視聴のため」が21%から56%となっている。そして、そのワールドカップ放送関連の契約キャンペーンを通して、知名度のアップという成果も得たという。

また、オフィシャル・スポンサーとなったある日本企業も韓国企業も、高額のスポンサー料をFIFA（国際サッカー連盟）に支払うものの、「世界の一流ブランド」として認知されることを含めて、世界での販売戦略にとって十分に意味のあるものと位置づけている。

日本のテレビ業界は、高額な放送権を負担した以上、その投下した資金の回収を目指すのは当然だった。さらにBSデジタルの普及なども関連づけられることで、2002年に入ってから、ワールドカップのキャンペーンは増加し、テレビCMにおいてもサッカーを素材としたものが増加した。また、明確に意図されたキャンペーンではなくとも、ワイドショーやニュースが取り上げることで、人々を急激にワールドカップに巻き込んでいくことになった。

こうして、サッカーの試合に直接かかわる情報だけでなく、フーリガン、ベッカム、そしてカメルーンと中津江村の騒ぎなど、サッカーの試合とは直接関係のないところでも大いに関心が喚起されていったことも、今回の大会の特徴かもしれない。逆にいえば、サッカーに関心のない人々にとっても、そうした話題がワールドカップにかかわっていく「ボーカーチップ」の役割を果たすことによって、本大会におけるテレビ中継の「盛況」を準備したといえるだろう。

その点に注目して、メディアが生み出したもう一つのワールドカップの意味について、第2部第1章「メディア・スペクタクルとしての『フーリガン』」の中で黒田勇がフーリガン報道を素材として考察している。また、第2部第2章「メディアイベントとしての街頭応援」では、日本でも話題となった韓国の街頭応援について、留学生として現場でその熱狂を経験した森津千尋が、大衆運動の政治的意図の解明ではなく、スポンサービジネスという側面に焦点を当てて分析している。韓国におけるワールドカップの意味は、大会前の準備段階ではナショナルなイベントとして意味づけが大きかったとの評価も多いが、韓国もまたメディアビジネスとしても大きく展開されたのである。

こうして、巨大なメディアビジネスとなったワールドカップのその中心は、やはり放送権ビジネスである。そして、そのあまりの高騰はスポーツ文化を変容させずにはおかない。第2部第6章「暴騰が残した不安」では、長く放送権の交渉にも携わってきた曽根俊郎が、歴史的な経過を踏まえて、その舞台裏も含めて明らかにしている。

「フットボールとむき出しのナショナリズムは遠いいとこではなく、同じTシャツを着た兄弟である」(英ガーディアン紙、Guardian, 22. June. 1998)

オリンピックとは異なり、ワールドカップは最初からナショナルによって色分けされたゲームであり、そのゲームが何らかのナショナリズムを喚起させるのは当然としても、それがどのように、そしてどの程度、メディアを通して言説化されるかについてはさまざまに議論がある。さらに今回は、開催それ自体とナショナルなるものの関連が問題とされた大会でもある。今大会の焦点の一つは、「日韓共催」であり、それぞれがこのイベントを通じて、どのように自己と他者を描くのかは関心の的となったといってよい。メディアスポーツは、「さまざまな集合的アイデンティティが節合されてきた重要な文化的アリーナである」(Boyle, R. & R. Haynes, 2002, p.161) といわれる。そこでは、国家や人種、民族、階級、地域、ジェンダーなどの文化的・政治的・イデオロギー的言説が飛び交い、せめぎあう戦闘場（アリーナ）であるというわけだ。この問題に取り組んだ黄盛彬《ファンソンビン》は、本書以外でも多くの関連研究を発表しているが、本書では第2部第3章「韓国メディアの描いた『ニッポン』」として、ワールドカップに関連して韓国のメディアに描かれる日本の意味について分析している。彼の論考は、ワールドカップ関連に限らず、日本サイドのもつ自明のまなざし、「われわれ」のまなざしを相対化するのに意義の大きい論考である。

ただ、グローバルビジネスがナショナルを介して自らを表現し、またナショナルスポンサーを通じてプロモートされている大会において、「日本代表」への熱狂が何を意味するのか、代表選手たち、ユニフォーム、そして日の丸が何を意味したのかを理解することは、東京オリンピックのときほど容易ではない。これは韓国の「ナショナリズム」についてもいえることだ。

ナショナルな記号が溢れるイベントにおいて、その実体としての所属とは無関係に個人の選択として、商品化された国と選手が選択されていることを見れば、そうしたナショナル記号が実際の政治学上のナショナルなものを表象したものとは言い切れない。多くの日本の若者がイングランドやアルゼンチンのTシャツを着用していたが、それは、その国への愛着とはまったく無関係であった。

こうして、日本においては、日本代表への応援以外にも、各国のサッカーを楽しむ層が多かったことをサッカー文化の成熟と見る見方があるが、それは同時に、すでにグローバルなメディアビジネスに巻き込まれていることを示しており、その結果、ヨーロッパのメディアスポーツにとっての望ましい消費者として大量に存在していることを示すものともいえる。要するに、日本人のサッカー文化に対する相対的な熟達とは、衛星ビジネスのよき消費者であることと同義であり、ヨーロッパのメディアの「まなざし」を内面化しているとも考えられる。このまなざしのあり方が試合の実況に反映しているのかを数量的分析を用いて迫ろうとしたのが日吉昭彦による第2部第4章「テレビ中継は何を語ったか」である。そこには、やはりヨーロッパのメディアビジネスに巻き込まれたアナウンスの偏りの存在が示唆されている。

さて、そのように展開されたメディアイベントを人々はどのように受容したのだろうか。あるいはどのように参加したのだろうか。第2部第5章「日韓共催と世論の動向」の尾嶋史章と小林大祐による考察は、両国の若者がワールドカップをはさんでどのように意見や態度を変えていったのかの分析である。直接的なオーディエンス研究ではないが、メディアによる「議題設定」に対して、両国の若者がどのような態度形成をしていったか、どのようにワールドカップを意味づけたのか、そしてその変容を明らかにしている。日韓の学生たちの意見は、決定的に異なっているが、その違いをたんに文化や民族性の違いとしてとどめるのではなく、日韓関係の中から読み取っている。

　本書は「日韓メディアスポーツ研究会」のメンバーを中心とした研究活動の成果の一つとして刊行する。日韓メディアスポーツ研究会は、ワールドカップ日韓共催大会の開催を機に、サッカーや日韓関係の勉強会として２０００年12月に結成され、ワールドカップの期間をはさんで、２年半の間に、ソウル、大阪、東京などで9回の研究会やシンポジウムを開いた。研究会のねらいは、あくまでワールドカップとメディアスポーツ、そして日韓関係にかかわる情報交換であり、各メンバーがそれぞれの機会に研究成果を公表してきた。したがって、本書において研究会の成果のすべてが本書に集約されたわけではない。本書では、研究会の運営に参加したメンバーとゲストスピーカーも含めて、ワールドカップ日韓大会の記録と分析を中心に、ワールドカップとメディアの関係に迫ったつもりである。さらにゲストスピーカーとしてお世話になった日韓の新聞特派員に相手国のワールドカップをどう見たのかのエッセイも寄せていただいた。また、巻末に参考文献リストと年表を付して、メディアスポーツ論のテキストとしても利用できるようにした。

　なお、日韓メディアスポーツ研究会は、「公益法人・高橋信三基金」より、２００１年度の研究助成を受けた。記して感謝したい。

二〇〇三年八月二〇日

編者を代表して　黒田　勇

▲「日本語が読めないから毎日戸惑っているけど、とても楽しいよ」と語ったイングランドサポーターたち：2002 年 6 月 12 日 大阪・長居スタジアム前で黒田勇撮影

第1部　メディア発信の現場から

Chapter 1

ワールドカップとメディアの歴史

はじめに

サッカーのワールドカップは、オリンピックと並んで、世界のスポーツの2大イベントである。ともに4年に1度、開かれる。規模としては、30以上のスポーツを集め夏と冬に開かれるオリンピックのほうがはるかに大きい。しかし、大衆の人気の点では、1競技の世界選手権であるワールドカップがまさっている。

この2大イベントは、20世紀のマスコミュニケーションのメディアに育てられ、メディアとともに発展してきた。また、互いに影響しあってきた。さらに、2つの大会そのものがスポーツを伝えるメディアであり、国際的な、あるいは民族的な、さらには商業的な情報を伝えるグローバルなメディアになった。

　ここでは、ワールドカップとメディアの関係の歴史を概観することにする。それによって、この本に収録されているワールドカップに関する論文の背景を知ってもらうことができるのではないかと考えている。

1　ワールドカップの始まり

■オリンピックがメディア

　サッカーのワールドカップは、オリンピックと並ぶ世界のスポーツの2大イベントだが、大衆の関心はワールドカップのほうが深く広い。観客数も、世界のテレビ視聴者数も、ワールドカップがオリンピックをしのいでいる。

　しかし、大会の歴史では、オリンピックのほうがかなり先輩である。第1回アテネ・オリンピックは1896年だが、サッカーのワールドカップの第1回ウルグアイ大会は1930年である。その34年の間に、4年に1度のオリンピックは、第1次世界大戦による第6回大会の中止を除いて、計9度開かれている。

　オリンピックは、ワールドカップよりも歴史的に先輩であるだけでなく、ワールドカップのモデルでもあった。4年に1度の開催はオリンピックを先例にしたものだろう。「サッカーの世界選手権を4年に1度開くことが可能だ」という情報は、オリンピックによって得られた。つまり、オリンピックそのものがワールドカップを生んだ情報のメディアだった。

ワールドカップ誕生の最初のきっかけになったのは、1924年の第8回パリ・オリンピックである。この大会のサッカー競技に、南米からウルグアイがはじめて参加して優勝した。「サッカーは欧州のスポーツだ」と思っていた人々は、大西洋の向こう側にも、すばらしいサッカーがあることを、はじめて知った。

次の1928年第9回アムステルダム・オリンピックのサッカーでも、ウルグアイが2連勝した。2位はアルゼンチンだった。欧州の人々は、南米のサッカーが、自分たちより高いレベルにあることを、オリンピックをメディアとして知ることになった。

第1次世界大戦の影響

ワールドカップ開催が実現した背景には、第1次世界大戦の影響がある。第1次世界大戦は1914年に始まり、1918年に終結した。戦争の影響は世界に及んだが、戦場は主として欧州だった。

大戦が終わった後、欧州と南米の関係は劇的に変わったのではないか。それがサッカーのワールドカップ実現を促したのではないか。

その第一は、大戦によって欧州は荒廃し、南米は繁栄したことである。欧州各国が戦争で生産力を使い果たしている間に、南米は欧州に物資を輸出することによって経済的に繁栄した。

第二には、大西洋の海運が発達したことが考えられる。南米から欧州へ、物資を輸送するために大西洋の船の行き来が盛んになった。大戦中は軍事物資の輸送が多かったにしても、大戦後は欧州復興のための輸送や人々の平和な往来が盛んになっただろう。第1次世界大戦のあと大西洋が狭くなったのである。

第1次世界大戦が終わった後、ワールドカップがスタートするまでに12年かかっている。そして、その間に3度のオリンピックが開かれている。

大戦終結2年後の1920年第7回アントワープ・オリンピックは、29カ国の参加で、サッカーでは地元ベルギーが優勝した。このときは、まだ南米からの参加はなかった。

しかし、次の1924年第8回パリ大会に南米からウルグアイが初参加して優勝し、さらに、1928年第9回アムステルダム大会では、南米のウルグアイとアルゼンチンが1、2位を占めた。

南米のサッカーが欧州で開かれたオリンピックに参加した背景には、南米の経済的繁栄と大西洋航路の発達があった。それがワールドカップ創設の原動力になった。これはワールドカップ創設についての一つの仮説である。

■ジュール・リメの回想

ワールドカップの創設者は、フランスの法律家ジュール・リメである。オリンピックの創設者のピエール・ド・クーベルタン男爵もフランス人だったが、クーベルタンが貴族出身の教育者だったのに対し、ジュール・リメは、弁護士で実務家だった。この2人の出自の違いは、オリンピックとワールドカップの性格の違いを象徴している。オリンピックはアマチュアリズムを掲げ、スポーツ・エリートの大会として発達した。これに対して、サッカーのワールドカップは、アマチュアリズムに反対して、プロフェッショナルも、アマチュアの競技者も区別しないで参加できる大会として、また、大衆のための大会として発展した。

ジュール・リメは、どのような考えで、またどのような方法で、ワールドカップを創設したかを『ワールドカップの回想』（1955年）（日本語版、牛木素吉郎監修、大空博・川島太郎訳、ベースボールマガジン社、1986年）で詳しく述べている。

リメは、国際サッカー連盟（FIFA）の会長として、自国のパリで開かれたオリンピックのサッカーで南米のウルグアイが優勝したのを見た。そして次のように考えた。

①サッカーの世界選手権は、欧州だけでなく南米が参加できるものでなければならない。
②真の世界一を決める大会にするには、プロフェッショナルの参加を認めなければならない。
③第1回大会は南米のウルグアイで開くべきである。

ウルグアイは建国百周年の祝賀行事の一つとして、ワールドカップを国家的行事として開催した。欧州からの参加チームは客船「コンテ・ベルデ」号で大西洋を渡って参加した。

当時の南米の経済的な国力と大西洋海運の発展が、ここにあらわれている。

2　メディアがサポートした発展

■新聞が誕生を支援

ワールドカップ誕生の背景には、第1次世界大戦後の欧州と南米の経済事情、中でも大西洋海運の発達があったのではないか。これが一つの仮説である。

さらに、ワールドカップの誕生と発展の背景には、メディアの発達、とくにラジオの影響がある。これは第二の仮説である。

南米にレベルの高いサッカーがあるという情報は、ウルグアイのオリンピックチームが大西洋を渡ってくるまでは、欧州の人たちは知らなかった。当時、1910年代までのマスコミは、その情報を伝えなかった。

しかし、1924年のパリ・オリンピックで、ウルグアイが初参加で初優勝してからは、マスコミも、大西洋の距離を縮めた。ワールドカップの創設者ジュール・リメは回想録に次のように書いている。

「当時、パリのコロンブ・スタジアムでの決勝戦でウルグアイを声援し、賞賛に満ちた新聞の戦評を読んだフランス人の多くは、南米のどこにこの国があるのか、はっきりは知らなかったのではないだろうか」

第1回大会を南米のウルグアイで開催しようというジュール・リメの計画に、欧州のサッカー界は、最初は冷たかった。そのときにジュール・リメを支援したのは新聞だった。ジュール・リメは書いている。

「新聞は私の努力を好意的に取り上げてくれ、これが励みとなって私は辛抱することができた」

そして、第1回大会を取材した「ジュールナル」紙の特派員ピエール・ピヨテ記者の記事を引用している。

「サッカーは地球上のどこでも同じように熱狂的に行われている唯一のスポーツだ」

ワールドカップは、その誕生のときから、メディアに支持されていたことがわかる。

■ラジオの普及とサッカー

ワールドカップの世界的熱狂に貢献をしたのは、ラジオである。ラジオは１９２０年代から１９３０年代にかけて急速に発達し普及した。第2次世界大戦前のワールドカップの発展期とほぼ時を同じくしている。

世界初のラジオ放送は、１９２０年米国のピッツバーグで行われたとされている。日本では１９２５年である。第1次世界大戦前のワールドカップが開かれたイタリアは１９２４年、フランスは１９２２年。いずれもワールドカップに間に合っている。南米のブラジルは１９２２年である（日本放送協会編「ＮＨＫデータブック世界の放送」による）。

１９３０年にワールドカップが始まったとき、ラジオは急成長のさなかにあった。テレビがメディアの主役となっている現在では、映像のないラジオのスポーツ中継が、なぜ人気を集めたのか不思議である。スポーツは動きが激しく、変化が多い。音声だけのラジオでは伝えにくい対象である。

しかし、ラジオが誕生してすぐにスポーツは人気番組になった。米国では、野球やボクシングが、すぐにラジオで取り上げられた。日本でも大相撲や甲子園の中等学校野球（今の高校野球）、東京六大学野球がラジオの始まりとほとんど同時に人気番組になっている。ワールドカップも、ラジオにとって絶好の対象だった。

当時は、国際放送が広く行われたわけではない。南米では、ラジオの始まりは欧州より遅れたから、ワールドカップの初期には、まだラジオは普及していなかった。アルゼンチンのラジオ放送開始は１９３５年で、第1回ワールドカップ（１９３０年）には間に合っていない。

しかし、識字率の低かったころ、ラジオはたちまち南米の大衆の娯楽の中心になった。中でもサッカーは地域ごとに、情報の主力コンテンツになった。

■テレビが大会を変える

ワールドカップが、はじめてテレビに映ったのは1954年スイス大会のときであるとされている。地上回線（ランドライン）で欧州8カ国へ中継された。

次の1958年スウェーデン大会では、スウェーデン国営テレビが本格的に放映した。その前年に開局したばかりで、それほど普及もしていなかっただろうが、ワールドカップに間に合わせたものだろう。

衛星によるテレビ国際中継が行われたのは、1964年の東京オリンピックからである。米国に向けて衛星による太平洋を越えた生中継が行われた。開会式と陸上競技など一部の競技はカラーだった。国家的事業として行われたオリンピックのために、NHKが中心となって計画したものである。

ワールドカップでは、1966年イングランド大会で、はじめて国際生中継が行われた。決勝戦は29カ国で4億人が見たといわれる。まだカラーではない。

全面的にカラーで衛星中継によるテレビ中継が行われたのは、1970年のワールドカップ・メキシコ大会からである。世界的にはサッカーのワールドカップは、オリンピックよりはるかに大衆的である。視聴者数も圧倒的に多い。そういう意味で、メキシコ70（メヒコ・セテンタ）と呼ばれた1970年のワールドカップは、スポーツとメディアの歴史の中で重要な地位を占めている。

メキシコ70では、主要な試合が現地時間の正午から行われ、暑いさなかなので非難を浴びた。これは時差を考慮して、テレビ中継を欧州の夜のゴールデンアワーに合わせたものである。

その後は、オリンピックでも、ワールドカップでも、テレビのための競技開始時間や競技形式の変更が、選手や現地の事情を無視して行われる例が多くなった。放送権問題とともに、テレビとスポーツの関係の問題点になっている。

3　日本とワールドカップ

■五輪至上主義の陰で

ワールドカップの第1回大会は、1930年にウルグアイで行われ、地元のウルグアイが優勝した。大会に参加した13カ国（うち欧州4カ国）の旅費、滞在費はすべて、開催国のウルグアイが負担し、それに開催の運営費を加えて、全経費を入場料収入でまかなって黒字が出た。剰余金は参加国に分配された。

このウルグアイ大会の成功は、それまでは懐疑的だった欧州の国々を目覚めさせた。

第2回大会は1934年にイタリアで開かれ、当時のムッソリーニ政権が全面的に支援し、イタリアが優勝した。

第3回大会は1938年に大会創始者ジュール・リメの母国フランスで開かれた。欧州には第2次世界大戦前夜の暗雲が覆いかぶさっていたが、世界各地域で行われた予選には、36の国と地域の協会が参加した。

フランスでの決勝大会に出場した15チームの中にはブラジル、キューバ、オランダ領インドシナ

（現在のインドネシア）が含まれ、ワールドカップは本当にグローバルなイベントになりつつあった。優勝はイタリア（2連勝）だった。

この第3回大会に日本も参加申し込みをしている。しかし、日中戦争が厳しくなったため予選にも参加できなかった。アジアからはオランダ領インドシナ（現在のインドネシア）が初参加した。

この当時も、また第2次世界大戦後も、日本では、ワールドカップはほとんど知られていなかった。

その原因は二つ考えられる。一つは、当時は競技別の世界選手権はサッカー以外ではあまり開かれていなかったこと、もう一つは、日本のスポーツ界が日本体育協会を中心に中央集権的に組織されており「オリンピック至上主義」だったことである。

■国家主義とアマチュアリズム

第2次世界大戦までの日本の国家体制は、オリンピックには向いていても、ワールドカップの考え方には合わなかったかもしれない。

オリンピックは、多くの競技種目を一つに統制して大選手団を編成して参加する。多くの競技の中には、世界注視の中で日の丸を掲げることのできる種目もある。当時の日本は、国全体をまとめて、戦争に向かって突き進んでいたから、オリンピックは国威発揚の場として適当だっただろう。

一方、ワールドカップはサッカーだけの世界選手権である。欧州と南米にはレベルの高いプロがあり、日本の国威発揚の場にはなりそうにない。そのころの日本のメディアが取り上げなかったのは無理もない。

表1　ワールドカップとメディアの関係の歴史

回	開催年	開催国	優勝国	参加国	できごと
1	1930	ウルグアイ	ウルグアイ	13	欧州からの参加4カ国
2	1934	イタリア	イタリア	16	全面的にラジオ中継始まる
3	1938	フランス	イタリア	15	
4	1950	ブラジル	ウルグアイ	13	
5	1954	スイス	西ドイツ	16	欧州8カ国へテレビ中継
6	1958	スウェーデン	ブラジル	16	欧州各国へ本格的テレビ中継
7	1962	チリ	ブラジル	16	欧州の協力で南米初のテレビ中継
8	1966	イングランド	イングランド	16	日本代表チーム観戦、日本から初の見学旅行団
9	1970	メキシコ	ブラジル	16	本格的カラー衛星中継。日本のメディアから初の特派員。東京12チャンネル録画放映
10	1974	西ドイツ	西ドイツ	16	東京12チャンネル決勝を生中継、ほか録画放映
11	1978	アルゼンチン	アルゼンチン	16	NHKがはじめてテレビ中継
12	1982	スペイン	イタリア	24	
13	1986	メキシコ	ブラジル	24	
14	1990	イタリア	西ドイツ	24	日本の新聞社がはじめて本格的に報道
15	1994	米国	ブラジル	24	
16	1998	フランス	フランス	32	日本が初出場。日本でテレビ中継高視聴率
17	2002	韓国・日本	ブラジル	32	初の2カ国共同開催。テレビ制作、放送方式変わる

もう一つ、サッカーのワールドカップが、日本のスポーツ界に受け入れられなかった要因がある。それはアマチュアリズムである。

日本のスポーツは、オリンピックの理念だったアマチュアリズムのもとで育成されてきた。そして、世界に類を見ない偏狭なアマチュア規則によって体育協会加盟の全競技を統制してきた。プロのスポーツとアマチュアのスポーツを厳重に区別し、プロは「汚いもの」とされ、プロとアマチュアがいっしょに競技することは許されなかった。

これは国際サッカー連盟（FIFA）の考えと対立する。サッカーではプロもアマチュアも同じ団体の中で管理する。ワールドカップはプロもアマも参加できる大会である。ワールドカップは、オリンピックに触発されて誕生したが、考え方としてはオリンピックのアマチュアリズムとは反対の方向を選んで発展した。これはオリンピック至上主義、アマチュアリズム絶対主義だった日本では受け入れがたいものだった。

日本の偏狭なアマチュアリズムが崩壊するのは、1986年の体協アマチュア規程廃止まで待たなければならなかった。

4　日本への紹介

ワールドカップが日本に紹介され始めたのは、第2次世界大戦後になってからである。戦後はじめての1950年第4回ブラジル大会のときは、日本は敗戦の痛手からの復興が始まったばかりで、ワールドカップの報道どころではなかった。

しかし、次の1954年第5回スイス大会では、日本にとっても取り上げるに値するできごとがあった。それは敗戦国の西ドイツが参加して優勝したことである。日本以上に戦争の惨禍に苦しんでいた西ドイツの優勝は、ドイツの国民を勇気づけ、その後の「奇跡の復興」のきっかけになったといわれている。

この大会については、当時の日本蹴球協会（サッカー協会）の機関誌「蹴球」第11巻第3号に村岡博人が6ページにわたって紹介している。村岡は東京教育大学出身で1954年の第2回アジア大会（マニラ）の日本代表チームのゴールキーパーだった人である。共同通信社の記者で、共同に配信されるロイターなど外国通信社の記事をもとに構成したものと思われる。

　このころは、海外からの情報は外電に頼るほかはなかった。しかし、新聞のページ数が少なく、スポーツの紙面は小さかったから、日本に関係のないサッカーの記事は外電を翻訳しても掲載してもらえなかった。そこで、サッカーの好きな記者が、メディアで働いている立場を利用して外電をかき集め、新聞以外のメディアで紹介したわけである。

　同じころ、大阪クラブの機関誌として、同人雑誌の形で発行されていた「キックオフ」という雑誌にもワールドカップが紹介されている。この雑誌はサッカーの名選手だったスポーツ記者の大谷四郎（朝日新聞）、岩谷俊夫（毎日新聞）、賀川浩（産経新聞）たちが編集していた。これも乏しい情報を、何とか一般に提供しようという苦心のあらわれだった。

5　日本のメディアの報道

■ブラジル黄金時代

第6回スウェーデン大会から、日本の主要な新聞にもワールドカップの記事が登場し始める。開催国のスウェーデンはPRに力を入れ、日本の新聞社に資料やポスターを送ってきた。また、在日大使館が日本体育協会の記者クラブで、ワールドカップPRの記者会見を開いた。日本のメディアは、ほとんど積極的な関心を示さなかったが、各新聞社にサッカー出身の記者がいて、それぞれが何とかワールドカップの紹介を紙面に出そうと努力した。

　この大会は、三つの点で世界のサッカー史上に特筆しなければならない大会になった。

第一は、ブラジルの初優勝である。南米から参加したチームが、欧州の大会ではじめて優勝した。これは20世紀後半のブラジル黄金時代の幕開けだった。第二は、ブラジルが4-2-4のシステム（布陣）を披露したことである。これは欧州で主流だったWMシステム（フォーメーション）とはまったく違う考え方で、その後の現代のサッカーの戦法の基礎になった。第三は、ブラジルのペレが17歳で登場し、たちまち世界のスターになったことである。

ただし、こういう世界のサッカーを変えた重要な動きが、当時の日本のメディアで詳しく紹介されたわけではない。

スウェーデン大会については、サッカー協会の雑誌「サッカー」（「蹴球」を改題）の第1号（1959年1月号）に国際サッカー連盟（FIFA）理事だった市田左右一の観戦報告と、東京新聞のスポーツ記者だった牛木素吉郎の記事が載っている。牛木の記事は外電を集めてまとめたものである。

どちらの記事も、ブラジルが世界のサッカーに残した業績の三つのポイントには触れていない。

■イングランド大会が転機

ワールドカップは、おおむね欧州と南米で4年ごとに交互に開催されていた。1962年の第7回大会は南米のチリで開催された。この大会については、協会誌「サッカー」の第23号が特集した。読売新聞に移っていた牛木が編集を担当し、その後記に次のように書いている。

「世界のあらゆるスポーツ大会の中で、もっとも人気があるのがサッカーのワールドカップです。スウェーデン大会の期間中に新聞社に伝えられるスポーツの外電の半分以上がサッカーのものでした。残念ながら日本の新聞では、そのほとんどが日の目を見ないで捨てられてしまうわけです」

「この特集号は、世界のサッカーの情報に恵まれない日本のサッカーファンのためにと思って準備したものですが……」

1964年の東京オリンピックを2年後に控えたこの時点でも、ワールドカップに対する日本のメディアの理解は、まだまだであったことがわかる。

ワールドカップに対する日本のメディアの目を変えたのは、1966年第8回イングランド大会である。

東京オリンピックのために1959年から日本のサッカーを指導したドイツのコーチ、デットマール・クラーマーは、日本のサッカーを根本的に改革しただけでなく、世界のサッカーの生々しい情報を日本に伝えた。

クラーマーのすすめで、東京オリンピック2年後の1966年に日本代表チームが欧州に遠征し、その帰途にイングランドでワールドカップを見学した。

また、このときに日本サッカー協会の企画で視察旅行団を募集した。中国新聞の河面道三記者がこの旅行団に参加した。ジャーナリストとして登録したのではないが、日本のサッカー記者が、直接ワールドカップを見て報道した第1号である。

メキシコ70に特派員

1970年第9回メキシコ大会には、日本のメディアがはじめて特派員を送った。共同通信、朝日新聞、読売新聞、日刊スポーツ、サッカーマガジンからの5人である。ほかにスポーツカメラマンの岸本健が組織委員会のスタッフとして写真取材をした。

日本の新聞社がワールドカップに理解を示し始めた裏にはいろいろな事情がある。第一には、東京オリンピックを機会に、海外のスポーツの事情が日本にもかなり伝わるようになったことだろう。サッカーでは、とくにドイツから招いたクラーマー・コーチがサッカー担当記者への啓蒙に努力したことがある。また新聞各社にサッカーに熱心な記者が、たまたま多かったこともある。

第二には、東京オリンピック以後、サッカーが日本でもかなり大衆的になってきたことがある。1965年から実業団（企業）のトップクラスによって「日本サッカーリーグ」が組織され、人気が上昇し始めた。また、少年層の競技人口が急速に増え始めた。

1966年に日本ではじめてのサッカー専門商業誌として「サッカーマガジン」が、ベースボールマガジン社から創刊された。東京オリンピック後のいわゆる「第1次サッカーブーム」を当て込んだものだったが、創刊準備号、創刊号とも、その年のイングランドのワールドカップを扱った。

このような第1次サッカーブームを背景に、メキシコ大会が日本の特派員によって報道された。特派員といっても、必ずしも新聞各社がワールドカップの意義を認めて喜んで送り出したものではなく、サッカーの好きな記者が申し出て無理に派遣してもらったケースだったが、これが、その後への実績になった。

この後は、ワールドカップには毎回、日本からも取材記者が派遣されるようになった。日本のメディアの扱いも、徐々にではあるが大きくなった。

6 テレビと商業化の時代

■テレビによる拡大

日本でのワールドカップへの関心が、１９７０年メキシコ大会以後に急速に拡大したのにはテレビの影響もある。

映像によるワールドカップの日本への紹介としては、１９６６年イングランド大会の映画「ゴール」の公開がある。

１９７０年メキシコ大会の映画も日本で公開されたが、この大会からは各試合のテレビ映像を日本で見ることができるようになった。

メキシコ大会のテレビ映像は、東京12チャンネル（現在のテレビ東京）の番組「ダイヤモンド・サッカー」で1年かけて毎週録画で放映された。「ダイヤモンド・サッカー」は、もともとイングランド・リーグの試合を紹介するために始まったもので、当時はただ一つのサッカー専門番組だった。この番組が海外のサッカーの魅力を日本に知らせた功績は非常に大きい。

１９７４年西ドイツ大会では、決勝戦を日本へはじめて衛星生中継した。ほかの試合は前回同様に1年がかりで、録画で紹介した。

１９７８年アルゼンチン大会からＮＨＫが放映し、それ以後、１９９８年フランス大会まで、ＮＨＫがほぼ全面的に放映した。

日韓共催の２００２年大会は、放送権料が高額になったため、日本では、なかなか放映が決まらなかった。結局、衛星波のスカイパーフェクTVが全試合を放映し、地上波ではNHKと民放の共同・分担によるジャパン・コンソーシアムが40試合を放映した。

1994年米国大会までのテレビ中継は、日本のもともとのサッカーファンをとりこにし、確実にファン層を広げた。日本が初出場した1998年フランス大会と、日韓共催の2002年大会は、予想以上の視聴率を獲得し、異常なほどの熱狂を生み、ファン層を一気に拡大した。

■スポーツの商業化

1970年代から1990年代にかけては、テレビ普及の時代であったとともに、スポーツ商業化の時代でもあった。

1970年代になって試合ごとに競技場内に看板広告を置く光景が多く見られるようになった。テレビ中継によって多くの人々の目に触れることをねらったものである。国内だけでなく、海外への宣伝効

▲日本中を熱狂させた02年日韓ワールドカップ開会式

果もあった。

１９７０年代の終わりごろに、英国人の設立したウエストナリー社が、国際サッカー連盟（ＦＩＦＡ）と契約して「インターサッカー・フォア」という広告企画を始めた。これは１９８２年第12回スペイン大会までの4年間、ワールドカップを含むＦＩＦＡ公式試合の一定数の場内看板広告の権利を一手に引き受けるものだった。

１９８２年のスペイン大会終了後は、新しく設立されたＩＳＬ社がとって代わった。ＩＳＬ社はオリンピック、陸上競技の世界選手権などにも手を広げ、テレビ放送権、ロゴやマークによるマーチャンダイジングなどで、スポーツ大会の資金を調達した。

１９８０年代からのテレビの多チャンネル化がこれに拍車をかけた。衛星放送とデジタル化によってチャンネル数が急増すると、放送する番組（ソフト）が足りなくなる。そこで世界的に視聴率の高いサッカーなどのスポーツ中継が「キラーソフト」として奪い合いになり、放送権料が高騰し始めた。

ＦＩＦＡは、ワールドカップの放送権料を比較的低く抑え、多くの人が見ることのできる公共放送の機構に与えていたが、２００２年と２００６年のワールドカップの放送権は、空前の高額でドイツのテレビ会社キルヒとＩＳＬのグループに売った。

こうして、２００２年第17回日韓ワールドカップは、スポーツ商業化の頂点に立つ大会となった。ワールドカップはテレビを通じて、広告のための最大のメディアになった。

■インターネットの時代へ

日韓共催の２００２年ワールドカップでは、メディアに関係した新しいできごとがあった。テレビ中継の制作に、開催国のテレビ局がかかわらなかったことが、その一つである。

世界に中継された試合の映像制作は、この大会のために設立されたＨＢＳ（ホストブロードキャストサービス）という会社が請け負った。この会社はパリに本社を置き、サッカーの中継に経験の多い欧州のカメラマンやディレクターを雇って日本と韓国に乗り込んだ。ＮＨＫをはじめ、日本のテレビ局はほとんどかかわらなかった。スポーツのメディアが国境を越えていることを、みごとに示している。

インターネットが、マスコミュニケーションのメディアとして公認されたことも特筆していい。コンピューターのネットワークによる情報提供は、１９８４年のロサンゼルス・オリンピックのころから、競技組織内のメディアサービスの手段として利用されている。１９９８年のワールドカップ・フランス大会では、インターネットを通じてＦＩＦＡのホームページから外部にも情報が提供された。

２００２年のワールドカップでは、さらに大きな前進があった。大会の運営にインターネットが全面的に利用されただけでなく、インターネットを利用して発信しているマスメディアからの取材登録も認められた。

ワールドカップの取材登録は各国別に人数を割り当てて制限している。これまでは主として新聞・通信社、雑誌などの活字メディアだったが、２００２年にはネットメディアにも一部開放されたのである。

インターネットを利用するマスメディアが、これからどのように発達するかは、まだよくわからないが、２００２年のワールドカップが、ネットメディアの発達の先駆けだったのかもしれない。

7 グローバル化の未来

■商業化の行き過ぎ

新聞、ラジオ、テレビなどのマスコミュニケーションのメディアとともに発達してきたサッカーのワールドカップは、２００２年大会で一つの頂点に達した感じがある。

もともと欧州と南米の争いとしてスタートした大会である。これまでは、欧州と中南米でほぼ交互に開催されてきた。

しかし、２００２年は、はじめてアジアで開催された。地元の韓国がベスト4に、日本がベスト16に進出し、アフリカとともに、世界選手権に参加するのにふさわしいレベルに達していることを示した。ワールドカップは本当にグローバルになった。

グローバル化は、メディアとの関係では大きな問題も残した。テレビの発達と組んでスポーツの商業化を担っていたISL社とテレビの放送権を握っていたドイツのキルヒが、事業拡大の失敗によりワールドカップの直前に倒産した。テレビ放送権料の高騰が限界に達していることを考えると、この2社の破綻は、スポーツとメディアの関係に見直しを迫るものであるかもしれない。

大会運営は、国際サッカー連盟（ＦＩＦＡ）とＦＩＦＡが契約したエージェント企業によって握ら

▲応援するサポーター（日本対ロシア）

れ、開催国の関与できることは限られていた。かつては、大会経費は入場料収入によってまかなわれていたので、開催国の発言権も大きかったが、現在ではＦＩＦＡに入るテレビ放送権料収入が大きいので、ほとんどの権限をＦＩＦＡが行使し、開催国は運営の下請けをするにすぎなくなっている。

テレビ映像の権利独占のため、総集編放映などの2次使用、3次使用が難しいのも問題点である。将来にわたって映像使用権が高額なものになっているので、スポーツの普及発展のためには障害になっている。

インターネットの将来

2002年には、インターネットの利用に関して興味深いできごとがあった。

その一つは韓国の大衆の熱狂的な街頭応援である。数百万の群衆が「レッドデビル」の赤いシャツを着て、街頭の大型テレビスクリーンを中心に集まり「テーハンミングック」（大韓民国）の応援を繰り広げたのは、各国からきた報道陣の注目の的になった。

この現象は、少数のグループからのインターネットによる呼びかけに始まり、それに目をつけた広告企業が仕組み、テレビが協力し、その他のマスコミが取り上げて、スパイラル的に急速に拡大した。インターネットを媒体とし、いろいろなメディアの複合効果が利用されて爆発的な社会現象になったものである。情報の送り手側の仕かけが成功した点が興味深い。

しかし、街頭に繰り出した人々は、必ずしもかたよった愛国心に目を血走らせて応援していたわけではない。若い女性や子ども連れの家族が多く、応援そのものを楽しんでいた。このことは多くの取材者によって観察されている。送り手の仕かけは、どのような社会層に、どのように受け入れられたのだろうか。受け手側の反応の仕組みも研究に値するだろう。

日本では、スポーツ専門のネット掲示板に大量の書き込みが殺到したことが話題になった。デジタルメディアの双方向性が活用されたということもできるが、韓国チームの上位進出をめぐって、嫌韓感情をあらわにした過激な意見も目について、ネット情報のあり方が問題になった。

マスメディアとしてのインターネットとスポーツ大会とのかかわりは、2002年ワールドカップから始まったばかりである。

いろいろな点で、ワールドカップはスポーツ情報とメディアの大きな実験場だった。インターネットに関しても、そうなるだろうと思われる。

（牛木素吉郎）

Chapter 2 放送席の現実

●縦に伝えたワールドカップ

1 戦いの構図

■6月4日、埼玉スタジアム

競技場の入り口をくぐるのは決まって、試合開始の2時間ほど前だ。しかし2002年6月4日は、いつになく早めに入った。

埼玉スタジアムは、収容人員およそ6万4000人。大きさのわりに、専用競技場の強みで観客席からはサッカーに集中しやすい構造になっている。テレビ・ラジオ用のブロックは、貴賓席に近い条件で、メインスタンドの中央というのが定番だ。メディア、ことに放送に関しては国際サッカー連盟（FIFA）も対応にかなり気を使っている。莫大な放送権料の見返りとも思えるが、放送がテレビやラジオを通じて、サッカー普及のメッセンジャーの役割を果たすと考えているからだろう。

ワールドカップには、世界から優に100を超える電波メディアがコメンタリーポジション[*1]を求めてやってくる。放送局によってはメインスタンドでも上段に追いやられてピッチからは遠くなってしまうこともある。日本代表が出場しなかったころのワールドカップではスタンド最上部、それも隅のほうにNHKの放送席があるのが当たり前だった。サッカーの実力のない国には、放送局に対してもそれ相応の待遇しか与えられなかったのだ。

＊1　実況用の放送席。放送権料とは別に使用料を払わなければならない。

■国際映像[*2]の仕組み

＊2　「映像」といえば、ここでは2次元的な画面と音声（サウンド）を意味する。

通常のJリーグ中継では、事前打ち合わせで放送のねらいと流れのすりあわせをし、両チームの特徴をチェックする。それがワールドカップともなると、段取りが複雑になってそれぞれの確認作業にずいぶんと時間が必要になってしまう。

NHKの放送は今回、総合テレビとハイビジョン、それにラジオの三つの波で伝えることになった。総合テレビは、FIFAと契約した第三者のグループ、HBS（ホストブロードキャストサービス）[*3]が制作した国際映像がベース。ハイビジョンは、基本的に8台のカメラを使っての放送だが、意思統一したスタッフによるNHK制作の態勢をとった。元来はユニ映像[*4]だが、FIFAはカメラポジションを与えるのを条件に映像提供を求めてきた。

＊3　HBS（Host Broadcast Services）は、フランス大会でも活躍した。欧州を中心とした、プロダ

クションやフリーランスの放送スタッフの混成グループからなっている。ドイツのキルヒスポーツ（その後倒産）が出資して作った子会社。

＊4　国際映像に対してそれぞれの放送局独自の映像をユニと呼ぶ。「ＮＨＫユニ」、「ＴＢＳユニ」といった映像が存在しうる。

国際映像は、常に一方的に送り続けられるだけで試合中、映像信号を受ける各国放送局の個別の要求には対応しない。[＊5]「映像のサイズがワイドすぎる」「もっとボールのないシーンを」。さまざまな注文に対しては、放送権を持つメディアとの情報交換の場が毎日用意されている。ＨＢＳの哲学は、「ワールドカップテレビの視聴者は、伝統的なサッカーの視聴者よりも理解レベルの幅が広い。そうした視聴者には、詳しい人に比べて試合のテクニカルな局面ではなく映像のサイズや視野、人間に対する興味といったものが優先する場合がある[＊6]」というものだった。

＊5　試合終了後、対戦当該国の放送局のインタビュアーがそれぞれの言葉で監督のインタビューをし、それを国際映像の中で流すことがある。

＊6　「ＨＢＳ ＨＡＮＤＢＯＯＫ」（非売品）29ページ。

国際映像は、アナウンサーや解説者にとっては難物だ。自主制作の試合映像なら、放送席のやりとりを聞いているディレクターが画面にのせる映像の選択に融通をきかせるし、音声担当の技術者も必要な音や声をしっかり拾うための操作ができる。これが国際映像となると、アナウンサーと解説者がボランチのバランスを確認したいと思っても、画面に映るのは前線の選手たちばかりなどということがある。20台のカメラを使ってワールドスタンダードを決め込んで、さまざまな角度から撮った映像を一方的につなぎ合わせていくのだ。NHKはそこに、限られた台数の独自のカメラの映像を加えていく。[*7]

＊7　HBSの制作した映像を一つの素材として取り込み、そこに中継車なり中継用のスイッチングテーブルを介して独自の映像を挿入していく。国際映像では試合の全体像を追っているのに、NHKは独自のカメラの映像でフィリップ・トルシエ監督をとらえているといったシーンがあった。

■段取りと準備

試合前、どの段階からワールドカップ放送を番組として始めるのか。各国放送局の事情を勘案して、国際映像には放送に取り込むための入り口がいくつか設けてある。試合開始30分前から映像配信を始め、20分前で一つの段落をつける。さらに、キックオフの10分前からでも切り替えられるバージョンを用意している。そこからはタイトル45秒、都市紹介映像45秒。サポーター、雑感、さまざまな色をコーディネートした映像が終わると2分30秒。そこでようやく選手のくぐるトンネルがライブで映される。

NHKは放送センターにスタジオを構え、[*8]前後にコメントをつける構成をとっていた。国際映像が始まっても2分30秒までスタジオベースで伝え、[*9]その後中継現場に渡す。試合が始まるおよそ7分半前だ。現場の映像は、何から入ってくるのか。中田英寿選手なのか、トルシエ監督なのか。それともベルギーのウィルモッツ選手なのか。大切な切り替えの瞬間に、ねらいの人物をとらえられるとは限らない。スイッチングするディレクターが手探りの状況下では、アナウンスを映像に合わせようとすると及び腰になりがちだ。

＊8　一部の試合では、試合会場に臨時のスタジオを設けたケースがある。
＊9　スタジオで2分30秒だけ放送するという意味ではない。国際映像の配信が始まる前の所定の時間に2分30秒を加えた時間。

「スターティングメンバーを早く知りたい」。放送の組み立てをするうえで、メンバー情報は欠かせない。ところが大きな大会になると情報管理が厳しくなって、肝心の日本代表でさえ正式発表まで待たなければならないことがある。状況は海外のメディアも似たり寄ったりだ。当該国の放送席に聞きにいっても、自信ありげなわりに蓋を開けてみるとまったく違うイレブンだったりする。試合の展開予想をするために、麻薬犬よろしく先発情報を嗅ぎまくるのが試合前の習わしになっている。

中心選手の状態把握も大切だ。フランス大会決勝のブラジル代表ロナウド選手[*10]のようなことがないとも限らない。すべての選手に不測の事態が発生していないか確認作業を急ぐ。トンネルから姿をあらわせば、間違った背番号をつけて出てくる選手もある。8番が2人登場するケースもあるのだ。選手の確認には細心の注意を必要とする。

＊10　ブラジル代表のロナウド選手は、決勝戦前日に体調を崩して出場不能と判断され、いったんはスターティングメンバーからはずれた。しかし、試合開始直前になって出場が決まり、名前を書き換えられた登録用紙が、放送開始後コメンタリーに回ってくるというハプニングがあった。

■放送席の空気と風

日本の第1戦という試合の重さが、何となくあたりを縛りつけている。3時間後に始まる勝負をゆったり、楽しみにしながら準備にかかるというのではなく、キックオフが近づくまでずっと、心のどこかがざわついている。解説者は、元日本代表監督の加茂周さんと元日本代表の木村和司さん。2人とも楽観はしていないが、自信を口にしている。私といえばいつまでたっても奥歯のかみ合わせが悪い。

放送席についたのは、試合開始の1時間ほど前だった。94年のアメリカ大会決勝戦では、加茂さんと5時間ほど前から放送席に入った記憶がある。テロに対する安全確保を優先するとして、早めに入って試合が終わるまで出られない状態だったのだ。何度やっても決勝戦の前は時間の進むのが速い。一つの確認事項を何度もチェックするからだろうか。

こんなとき、じっとしていると精神的に冷えてしまいやすい。自分を暖めるために、話題を掘り起こしては会話を続ける。期待というのではなく、どう戦ってくれるのかという読み。相手のゲームプランはどうなのか。解説者とやりとりをしながら、放送のメンタルなウォームアップを始める。試合開始が近づくとともに、解説者の息づかいが荒くなってくるのが何となく伝わってくる。

ハイビジョンは自主制作。その分、国際映像と違う独自の映像づくりが可能だった。青い波がスタンドのあちこちで揺れている。フランス大会のアルゼンチン戦の前。そそくさとプラットホームで直前リポートをし、あわただしく放送席に入ったときに感じたのとはまったく違う風が、埼玉スタジアムには吹いていた。

■第一声

「信じています」。確かそんなふうに始めたのではなかったか。テーマが終わって「さあ、いよいよ始まるぞ」と視聴者が息を吸う時間、そこが第一声のチャンスだ。剣道ではないが、相手が息を吸った瞬間に打ち込むタイミングが生まれる。この試合に対する思い、試合のポイント、試合をめぐる状況で忘れてはならないこと、いくつかの短いフレーズを束ねて思い切って投げる。ベルギーとのワールドカップ第1戦は、放送席にいる誰もが青いジャージを心にまとっていた。

第一声のコメントは、あくまでも試合会場に行ってから構想を練る。前もって決めた文章を棒読みにするのでは、試合会場に流れる風や湿り気を伝えることはできない。スターティングメンバーを見て、中田英寿選手がいなければ情報をコメントの中に織り込んでいかなければならなくなる。伝えようという意図がはっきりしているか。内容に誤りはないか。わかりやすさは。リズムは適切か。音韻は生きているか。長すぎないか。使い古した言い回しではないか。放送開始直前まで何度も口に出して推敲を重ねながら、ぎりぎりの決断でコメントを口にする。

この日、私に第一声をしゃべらせたのは、勝利を熱望する観客席の青いジャージの大集団のエネルギーだった。開場直後からその大音声は始まり、これ以上のボリュームにならないほどのパワーが長時間続いていた。屋根が抜けてしまったのではないかと錯覚するほどの圧倒的な音量だった。

情報は血液だ

試合を放送するうえで大切なのは、両チームの情報だ。といっても身長・体重、年齢、得点数といった数字を集めることではない。選手個々の特徴、監督の思想や哲学、チームの戦い方などを知っているかどうか。ワールドカップの紹介番組のためにベルギーの取材を済ませていた私は、控え選手のタイプ、本来代表に選ばれるはずだったのが、けがのために代表を逃した選手の情報など、さまざまなデータを頭の中にため込んでいた。

　こうして集めた材料はしかし、言葉にしようとしても必ずしもうまく伝わらないことがある。情報が頭の中に映像として残っているからだ。ピッチのどのエリアを占有するタイプなのか。どちらに流れていく選手なのか。頭の引き出しに入っているのは何枚もの図面だ。

　放送を受け取る視聴者の側の情報量も相当なものだっただろう。日本代表をはじめとして、対戦相手のベルギーはもちろんのこと、ブラジルやイングランド、イタリア、フランス、アルゼンチンといったサッカー強国に関しても世の中にはありとあらゆる情報があふれていた。テレビの特別番組、事前に出版された雑誌の特集号、新聞の特集欄。ロナウド選手の顔やベッカム選手の髪型は誰もが知っていたはずだし、大会の仕組みについても十分に伝えられていた。ワールドカップを待ち受ける誰もが、体内に血流量が多く、筋肉の暖まった状態にあったのだ。

2　スポーツ放送のベース

■野球とサッカー

　NHKのスポーツアナウンサーにとっての基本競技に、野球とサッカーがある。7月の高校野球の予選中継は全国の放送局で今も夏の風物詩であり、天皇杯サッカーの都道府県大会決勝戦は日本サッカー協会との共催イベントになっている。どちらも全国の放送局に勤務する、スポーツに携わるアナウンサーの必須競技なのだ。

　アナウンサーは、始めて5年から10年の間に仕事のジャンルがおおよそ決まってくる。スポーツを志望する場合は、ニュースや天気予報、ナレーションといった番組のほかにスポーツを見る目とスポーツ放送のリズムを身につけなければならない。見たものを伝える、見えないものを想像して探す。取材・分析・表現。必要とする技術は多様で、他のジャンルに勝るとも劣らない。

元来、実況放送を規定するのはスポーツの持つそれぞれのリズムだ。野球にはインプレー中にかなり長めのボールが動かない時間があり、さらにボールデッドが点在する。サッカーの長いインプレーを遮るのは、短いアウトオブプレーだ。

試合の中継は、プレーという名の台本に従っている。台本に台詞の書かれていないシーンが、ボールデッドやアウトオブプレーなのだ。流れが強ければ、プレーの勢いに乗っていく。黙って見せても、好プレーの連続はいろいろなことを伝えてくれる。流れのないときに何を伝えるか、意図した組み立てが必要なときもある。そこにアナウンサーの実力が求められる。

スプリントを伝える

スポーツのリズムは、競技の持つ特性に由来している。野球がスプリント系のスポーツの典型であるのに比べると、サッカーではスプリント系の技術を持久系の動きの中で要求する。野球が個人対戦型のスポーツでイニング制をとっているのに対し、サッカーは組織対戦型のベースに乗った、時間制の競技だ。野球、サッカーに限らずスポーツの多くは、大別すれば「持久系」と「スプリント系」に分けることができる。両方の要素が混在することもあるが、どちらか一方の特徴が顕著にあらわれた場合も少なくない。

野球に代表されるアメリカンスポーツは、スプリント競技の見本市だ。バレーボール、バスケットボール、ゴルフ、アメリカンフットボール。プレーとプレーの合間、スプリント能力発揮の合間は、肝心のスプリントを生かすために使われている。大げさな言い方をすれば、「スプリント能力を見せるために能力発揮の合間は休んでしまう」という発想なのだ。そんな間合いは、スプリント能力発揮後のクールダウン、精神的調整、作戦の打ち合わせ、相手のリズムを切るためなどに使われる。

スポーツ放送はその歴史上、スプリント部分をどう見せるかに知恵を使い続けてきた。ラジオの時代から、モノクロのテレビ、カラー放送そしてハイビジョンへ。究極的に伝えようとしてきたのはスプリント能力発揮の瞬間ではなかったか。高いスプリント能力はそれだけでスペクタクルであり、そこで発揮される超人的な技は、多くの人を引きつける力を持っていた。

サッカーは、スプリントの瞬間を大切にしながら、プレーとプレーをつなぐ局面に、常にある種の緊張感を引きずるスポーツだ。突然のチャンスやピンチの到来は、見る側にも伝える側にも不断の集中を要求する。しかも、「ボールのない局面がサッカーの勝負を左右する」という悩ましい現実がある。チームの能力発揮は、ボールの周辺でわかりやすく、ボールから離れたところでは見えにくいという特性があるからだ。ボールを見ながら、ボールのないところをどうやってみせるか。ゆるいバックパスや横へのパスといった勝負へのかかわりの薄いボールの動きを見せながら、いつ始まるかもしれないゴールへの動きをどうやって予感させるのか。もっと近くから映したいのに、遠くからのワイドな画面を多用せざるを得ない理由の一つがここにある。

■凸型と凹型のアナウンス

「プレーに集中できるのか」。指導者の声ではない。これがスポーツを見せようとする側のやまない欲求だ。集中力を切らさないためには、興味の対象が変化を続けていること。変化は、大きなくくり「勝負の流れ」と中ぐらいのくくり「展開」、そして小さなくくり「テクニック」とに分別することができる。さまざまなスケールの変化の連続をわかりやすく見せることができれば、あとは、見ている人を驚かせたり、感心させたりできるかどうかにかかっている。言葉を換えれば「スペクタクル性に富んでいるか」「ドラマチックであり得るか」どうかだ。

ドラマチックでスペクタクル。予感させてくれるのは「対決」の構図だろう。対決しない種目でもとにかく「対決」。メディアには、この言葉の魔力に頼ってしまうようなところがある。新体操の選手でも、ハンマー投げの選手でもとにかく「対決」でなければ収まらない。

一方で、審美的な競技が持つ最高の尺度は、美の極みということになろうか。それが器械体操であれば超のつく技となる。仰々しいといわれるのを覚悟で、メディアは「対決」の構図を探し、[*11]美の極みをとらえようとし、技のランクは「Z」に向かっているように見える。[*12]

＊11　「対決」には及ばないが「復活」というのもキャッチフレーズになりやすい。個人を単独で取り上げる場合、少々情感が強すぎるきらいがあるが、喜んで使いたがる場合もある。

＊12　体操競技の難易度には、Aから始まるランクづけがあり、かつてはC難度がもっとも難しいカテゴリーだったが、今ではそれが「スーパーE」難度にまで及んでいる。

集中してもらうためにする最初の方法論が「実況」だ。実況の本質は、変化を追うことにある。この種の実況には、言葉を口に出して変化を伝えようとする凸型の実況と、あらかじめ触れておいてプレーが始まったあとは黙ってみせる凹型の実況が存在する。理論上は可能でも現実にはしゃべりっぱなし、つまり凸型だけで放送を続けることはできない。あくまでも凹凸のバランスが肝心だ。凸型が増えるのか凹型が中心になるのかは、試合の内容に大きくかかわっている。一般にスペクタクル性が低く、スキル・展開が少ないものは凸型実況が多用され、逆に面白い試合では、凹型実況でも十分に興奮できる。凹の要素が多いと、凸を際立たせる効果があり、アナウンスの濃淡もつけやすくなって印象的なコメントに響くことがある。スペクタクルな試合、展開の大きな、スキルの高い試合がよい放送につながりやすい所以だ。

■情報と親近感

サッカーでは、変化はボールの動きにはっきりあらわれる。ボールの動きをそのまま追う手法、「左への大きなサイドチェンジ！」といった表現法もあるが、不特定の場所へボールが移動する競技では、ボールにかかわる選手名を伝えるのが簡便な方法だ。「宮本。簡単に、市川。左へ。サントス、上がっていいます。小野がきた。ワンタッチで。稲本入ってくるぅ。撃ったァー」。ピッチに選手名というピンを次々に打ち込みながら、勝負の綾をめぐるいろいろな情報を織り込んでいく。そのバランスと提示の強弱が、伝える側の個性につながっている。

ボールの動きを方向や位置で伝えるだけでは、情報が乾いていて「粘り」や「情感」に乏しい。これに対して選手名は「個性」「特徴」「能力」などさまざまな付加価値を伴っている。選手名を畳みかけるのか、繰り返すのか、それとも長く引っ張るのか。トーンやスピードを変えることで切迫感も伝えられる。こうした選手名に情報分析や解説者への質問を絡めながら実況は続いていく。

この手法が生き、受け入れられるためには、視聴者が選手の情報をある程度手にしていることが望ましい。はじめて見る選手ばかりのチームで同じようにやっても、視聴者は画面から目を離してしまいがちだ。地元の高校生の試合を放送するときなどがその一例だ。プレーの連続性がプロに比べると弱いうえ、技術・戦術的に強いエネルギーが生まれにくい。こんなときには、プロの試合のときとは違ったアナウンスの工夫が必要になる。一つの手だてとして、選手や学校の情報を豊富に注入することがある。プレーがとぎれたシーンで、登場人物のイメージをプレー以外でもふくらませ、選手に対する親近感をもたらすのがねらいだ。

対戦型のスポーツを観戦する場合、事前に持っている全体の情報量が平均しているのに、どちらか一方の情報が濃くなり反対のチームが薄くなることがある。赤のチームにボールがわたっても、その選手の顔が思い出せなかったり、足しか見えなくなったりする。さらに進めば、赤のチームがどんなにダイナミックな展開を見せても、意識がそこにとどまらず、青のチームが守備のために選手をどう動かしているか、どうバランスを取っているかが気になって視点が移ってしまうことがある。こうしたケースは、どちらか一方のチームに肩入れしている場合に生まれやすい。こんなとき、心はチームのマフラーを握りしめるサポーターになっている。

■スピードを上げよ

猛烈なスピードで走る車に乗るのと似て、緊張状態で実況に入ると、視野が狭くなってくる。思考回路がスムーズに機能しなくなり、解説者の話が上の空になったり、隣の席にいる人間の動きが過剰に気になったりする。リラックスしているかどうかが、放送の善し悪しを決める前提条件だ。視野が狭く、論理が不明確で、雑念が生じるとなれば、質の高いものを求めるのは難しい。

眼前のプレーのスピードが上がってきたのは、選手のレベルが高くなったからばかりではない。試合そのものの構造が変わったことも影響している。マルチボールシステム、けが人の処理。テンポを上げるためにさまざまな工夫がなされてきた。サッカー界の主張してきたプレーの実質部分を大きくしようという方針は、魅力的な時間を増やすのがねらいだった。選手もチームも、そのために準備を重ね、質の高い身体づくりを求められた。しかし、高度な要求の果てにいくつかのチームは終盤に疲労をつのらせ、得点のシーンを今まで以上に作り出すという副産物までもたらした。

プレーのエッセンス部分をバランス上増やして、休息の時間を減らしていく。エッセンスに人々が注目し、それ以外の部分ではチャンネルを変えてしまうのではないか。そんな心配を心の片隅でしながら、放送は時代とともに忙しくなってきた。試合の全編にわたって情報量を濃くしたい。これが、近年のスポーツ中継に共通する隠れたテーマだったといえる。そのために力を発揮したのがＶＴＲ[*13]でありグラフィックス[*14]だ。

＊13　スローモーションＶＴＲも現在では、一つのディスクに複数のカメラからの映像を取り込み、それぞれのカメラがとらえた同じプレーを角度を変えて次々に送出できるまでになっている。
＊14　コンピューター・グラフィックス。ＣＧともいう。ディレクターは常にグラフィックスの斬新なアイデアを必要としている。

3　ワールドカップの中継――縦に伝える

■横に座る

放送席は、全体状況を見渡せる位置が望ましい。しかも競技の流れを見せるカメラと、伝え手の視線の角度がずれないようにする必要がある。放送席の視線を視聴者の視線に重ね合わせるようにするのだ。

二つのチームが相対する場合は、放送者はその対決線の延長上にくることが多い。レースならば決勝線上ないし決勝エリアを間近にしたところとなる。コートゲーム（テニス、バドミントンなど）の場合には、現在では縦位置に放送席のしつらえられることも多くなった。横位置にいれば、縦への変化はつかみやすくなるし、縦位置にいれば、横の変化がわかりやすい。

横から伝える放送席は通常、メインスタンドに用意される。競技を順光でとらえることのできる場所だ。ここに放送席があれば、両チームに対して精神的に中立の位置にとまりやすい。サッカーでいえば、ゴールが遠ざかることもないし、右を見ても左を見てもゴールに近づく価値観が等しく見えるのだ。

放送の原則は、攻める側の立場に立つということだろうか。攻める側を主語にすることによって、得点の入る可能性を期待し、ゲームを見る側も伝える側も温度が上がってくる。横から伝えることは、どちらのチームが得点しても祝福することにつながる。いわば常にポジティブな姿勢で放送を続けるベースを維持していることにもなる。

■一体感と縦の放送

「縦に放送する」。これは、私が日本代表を放送するときの基本的なスタンスだ。もっとも放送席が縦位置に場所を変えるわけではない。通常の放送席だが、状況は明らかに違う。ベンチや選手を見る配分が、「横から放送する」ときとは変わってくる。日本に8割、対戦相手に2割ぐらいだろうか。ウォームアップの段階から、いつもと違った気持ちで目を凝らす。身体の重そうな選手はいないか。リザーブの動きはどうか。キーパーはどんなシュートに対して準備しているか。ベンチはリラックスしているか。試合が始まる前から、ウォームアップを材料に解説者と代表選手の状態を探っていく。

代表の存在は格別だ。ボール扱いのうまかった同級生を思い起こしてみよう。自分がどんなに練習しても絶対に勝てないと思ったような同級生。そんな同級生が、市の選抜チームに入ると見劣りがする。市選抜のチームのキャプテンは抜群の力量だ。そのキャプテンが地域代表になるとどうだろう。さらに上を行く選手たちがごろごろいる。そんなふうにして、世代を超えて集めたのが日本代表だ。どうしても自分にはかなわないと思っていた同級生でさえ、頭を下げるような日本代表。そう、代表とは私にとって実のところ、体育祭の延長上で戦ってきた選手たちなのだ。同じ空で戦い同じ土壌から生まれた代表は、精神的にはチームメートだと思っている。

縦の放送は、直ちに応援放送を意味するのではない。情報量の違いが、縦の状況を作ることもある。そのバランスが異なるとき、情報量の多いチームが近くに見えて、少ないチームが遠くに展開する。頭の中に縦の構図が自然に生まれてくる。左サイドを攻められる回数が増えると、修正のためにどんな対応をすべきか、持ち合わせる情報の中から回答を引き出そうとする。情報量が少なければ、特定の選手のプレーの質や、そのチームの試合運びを平均的な他のチームのやり方と比較して論評することになる。

見る側の関心はもっと極端だ。思い入れのあるチームが戦っているとなると、気持ちはチームと一つになる。攻めていれば背中を押し、守りになれば手薄な守備を案じる。放送は、そうした状態にいる視聴者を想定して、欲しがっている情報を提示する。

試合が始まれば、選手たちがどんな位置でプレーを始めるのか目を凝らす。攻めようという気持があるのか。相手のゴールに近い位置でディフェンスをしようとしているのか。相手より人数をかけてプレーをしようとしているか。ボールがあれば攻撃のきっかけを探し、ボールがなければ守備のバランスを気にかける。縦の放送は、一つのチームに重心を置き続けることで、視聴者に不用意な思考の切り替えを強いないでいられるのだ。

選手の視線と同じ方向に自分のサッカーを見るベクトルを置きたい。現代的な感覚でいえば、縦の放送が受け入れられるのは、見るものが「戦うものの視点で見たい」という欲求を高めているからなのかもしれない。

■テレビと組み合わせ

すべてがテレビを前提にして動いているように見える。テレビで取り上げやすいように。テレビで伝えやすいように。テレビの箱の中に収まるかどうかの大きなポイントは、時間の枠とプレーイングフィールドの枠、それにルールという概念をどう普遍的なものにするかにかかっている。しかし、テレビを前提にしたルールの変更は、一つのスポーツを別物にしてしまう可能性がある。それぞれの特性を生かしながら、生き残るために競技団体が悪戦苦闘している。

野球のスピードアップもその一つの例だろう。果たして本当にテレビのために、忙しくなった観客のためにスピードアップすべきだろうか。野球の持つ本来の魅力やリズムが失われてしまわないだろうか。短い投球感覚で投げ続けても、投手の身体に問題は生じないのだろうか。ルールやレギュレーションを観客や視聴者本意に変えることによって、選手の身体や、スポーツの持つ個性に大きな変化を来すのではないか。

固有のリズム。プレーの密度に呼応したプレーの休止の時間。一つの試合に投入されるべきエネルギーの総量が、一つのプレーの密度の濃さが、試合と試合の間の休息を決めてきたのではなかったか。発想を転換したのは、ほかならぬアメリカンスポーツだ。スペクタクルな展開を際限なく繰り返すために、最高のパフォーマンスを見せられる人間を、ある一定の活躍できる時間だけに限定して登場させる。選手は絶えず交代させられることによって、プレーによって被る疲労から解放され、一人休息と回復の時間を享受する。2時間以上にわたって、1メートル50センチのジャンプを繰り返すために、選手はベンチでいくども息をつく。そこではパフォーマンスが、知らないうちに切り売りの対象となっている。

■勝負は動いた

試合は、45分を終えて両チーム得点なし。サッカーの世界ではよくあることだ。数字が内容に直結しない点において、サッカーはデータとの折り合いが必ずしもよくない。ゴールの枠をボールが貫いたかどうかより、日本代表のベルギーゴールに向かう気持ちだけが頼りの45分だった。後半に入るとまずベルギーが先取点。放送席では、小さなショックを振るい払おうとして怒気を含んだ言葉が飛び交う。2分後に日本は鈴木隆行選手の同点シュート。本来の伝えるという仕事を一瞬忘れそうになる。知らないうちに声に力が入る。解説者がにわかに饒舌になってきた。

サッカー中継の基本は実は、いかに見るかにかかっている。見る力そのものが備わっていない限り、伝える行動に移ることはできない。ただ見るのではない。何を見るか。いつ見るか。なぜ見るか。どう見るか。ねらいと、違いと、計算と、予想外と。さまざまな要素が詰まった展開を、瞬時に見てとらえ、直近の動きと関連づけながら判断を下す。あとは、どう伝えるかだ。

スポーツアナウンサーの仕事は、眼前に起こる事象を取り込んで、胸の内で過去や未来と足し引きをし、言葉にして吐き出すことで成り立っている。それは、膨大な情報量をプレーとシンクロさせながら編集する仕事だ。編集者が悩むように私たちは悩み、また一方で編集者が感動するように私たちも感動することがある。そんなときは知らず知らずのうちに、プレーをありのままに伝えてしまう。すべては個々のプレーの持つエネルギーにかかっている。

■幻の勝ち越し点

それから10分とたたないうちに、稲本潤一選手が勝ち越しゴールを決める。テンションの高いまま、賞賛の言葉が続く。胸の内では「稲本様、稲本様、稲本様」。しかし、幸せはわずかな時間しか続かなかった。バン・デル・ヘーデン選手の同点ゴール。喜びから落胆への急降下。それが勝負の世界なのだと経験で知っているはずの解説者から、「ああすればよかった、こうしたら避けられた」と、原色の言葉が飛び交う。

残り時間が減っていくのに合わせて、勝利の可能性が下がっていくように感じられる。「勝ち点さえ取れればいい」。この状況を納得させようという自分がそこにいる。伝統国ベルギーに対して日本の追加点は生まれない。開催国日本に対して、ベルギーの決勝点もまた遠い。目に見えない何かが、試合を引き分けへと導いていくようにも感じられる。

そこに笛は鳴った。はじめての勝ち点。スタジアムの大興奮が頭の片隅に急速に収縮していった。呆然と放送席を立った私が我に返ったのは、人気のなくなったスタジアムの外に出たときだった。

■2006年は、先を伝える

まだまだ先のことのようにみえる2006年ドイツ大会に、羅針盤を合わせる人がいる。放送局のメンバーもそんな人間の一人だ。歴史的にワールドカップは、サッカーの新しい戦術を知らしめるのと同時に、テレビの新しい技術を実行に移す場でもあった。サッカー放送の世界標準を提示する役割も果たしてきたのだ。2002年、国際映像としての規格で臨んだハイビジョンは、イタリア大会で実験的に取り組んでからここに至るまで12年の歳月を要した。鮮明でなおかつ多彩な映像を作るために、技術者たちは今も前進を続けている。

アナウンスメントは変容を来すのだろうか。1980年代半ば、ハイビジョンの実験放送に際してスポーツアナウンスの改革を求められたことがあった。映像が鮮明で画面が広がった分、アナウンスの量を減らすべきだといった趣旨の議論が相次いだ。フィルムのコマ落としのように部分部分を外していくアナウンスはしかし、整合性のある新しい放送スタイルにはならなかった。それから15年、画面が伝える情報は増え、アナウンサーが伝える情報量も増加している。

新しいスタイルが生まれるのかどうかは、次世代の映像とグラフィックスにかかっている。NHK

では、オフサイドラインを画面上にあらわす装置の開発を進めている。ドイツ大会では、世界最先端のアクセサリーが画面に登場する可能性がある。VTRの再生もこれまで以上にきめ細かくなるだろう。そうした画面上にあらわれては消える密度の濃い情報を巧みに扱いながら、アナウンスは少しずつ様相を変えるにちがいない。

トータルで何を求めるか。視聴者が先を読めるような放送の時代はこないのだろうか。実際のプレーの起こる前に、ボールのわたる先に注目できる放送だ。そのとき、アナウンスはボール保持者だけを追う現状から解放されていることだろう。煽動家でもなく音響効果者でもない存在。しかし、あくまで前提は映像の鮮明度が肉眼に近づき、画面上のアクセサリーが情報力を高めていることだ。

おわりに——共催の遺産

日本代表と同じように韓国代表の放送に臨むときにも、縦から伝える気持ちがあったのではなかったか。韓国に対して持つ情報量、代表の中に入っているJリーグの選手たち。韓国代表は、多くの人たちにとって縦から見るチームだったと思っている。

韓国が強いことは、アジアが強くなることにつながる。アジアが強くなることは、日本がワールドカップに出場するチャンスを将来、増やしてくれる可能性を高める。強い国のそろった地域は、出場枠が増える価値があると考えられるからだ。

2003年4月16日、ワールドカップ後はじめての韓国との試合が韓国のソウルスタジアムで行われた。海外でプレーする選手を招集せずに戦った日本は、韓国の不運なシュートもあって共に得点のないまま終盤に突入した。勝負が動いたのはロスタイム。途中から投入された浦和レッズの永井雄一郎選手が、左サイドを突破し、ゴール前に運んだボールから勝ち越し点を奪った。

韓国にとっては、ノ・ムヒョン新大統領を迎えての大切な試合。最後の最後で日本に得点を許し、気まずい雰囲気がスタジアムに漂った。しかし、試合終了からおよそ15分。小さな不安は消えていった。スタジアムの階段下で、日本の青いサポーターを韓国の新しいショッキングピンクのTシャツを着たサポーターが取り囲み、記念写真を撮っているのだ。新しい時代を照らすフラッシュの光。それも一カ所ではなく、スタジアムの周りのそこここで同じような光景が展開されていた。

（山本　浩）

Chapter 3

韓国代表とヒディンク監督

1　ベスト4の余熱

あの熱狂から約10カ月。2003年4月16日、ソウル・上岩洞《サンアムドン》のワールドカップ競技場周辺は、約2年4カ月ぶりの日韓戦を前に、赤いユニホームであふれていた。「宿命の対決」特有の殺気はない。漂っていたのはエンジョイムードだった。

「今回の韓日戦は、反日感情を抑えた応援をする計画です」。韓国代表サポーター「レッドデビル」のホームページに、こんな記載が登場したのは、試合の3日前だった。

「ワールドカップ開催を成功させ、アジアサッカーを引っ張っていく主体である韓国と日本のお祭り的な雰囲気を演出するつもりです」。文面はこう続いていた。

ワールドカップでは、日本への対抗心や競争心が露出した。もちろん、反日感情は以前より激しくはなく、共催を日韓友好の機会ととらえる人は多かった。それでも、代表チームの成績から運営の善し悪しに至るまで、日本との「競催」の色は隠せなかった。被支配という歴史の根深さを、改めて認識させられた大会でもあった。

それが、この日韓戦では、本当に「反日」が感じられなかったのだ。

サポーターの何人かに聞いてみた。20歳の男子学生は「互いに50％の戦力なので勝負には意味がないと思う」と語った。この試合は、欧州クラブに所属する日本選手9人と韓国選手7人が招集されなかった。もともとベストメンバー同士の決戦でないことが、勝負を度外視させていた。

だが、ワールドカップベスト4という躍進がもたらした余裕と自信が大きく作用しているのも、間違いなかった。先の学生と連れ立っていた同い年の男子学生は、「今日も当然勝つだろうと思う気持ちが、やわらかい雰囲気にさせているのでは」と話した。

「ワールドカップでは国民が12番目の選手として一つになって応援し、韓国の底力を見せた。韓国もやればできるんだと実感した」。兵役中の23歳男性のこの言葉からは、サッカーを超えた次元での自信の増大がうかがえる。

日本への親近感もみえる。職業軍人の23歳男性は、「日本のベスト16、韓国のベスト4という結果は、実力差があったからではない」と前置きし、「それより、共催を通じ、相互協力が互いのためになることを知った大会だった。韓日の若い世代は憎み合うことはない」と指摘した。

試合は1－0で日本が勝った。日本にとっては、日韓戦史上、アウェーで3勝目（14敗2分け）という快挙だった。翌日の韓国のスポーツ紙の報道は冷静だった。この試合はポルトガル人のコエリョ監督の就任２戦目。初戦はコロンビアに０―０で引き分けていた。２試合で勝ちがなく、ホームで日本に負けたとなると、以前なら、早くも監督更迭論が出かねないところだ。

だが、「無得点行進の解決師（著者注：解決するFW）は誰か」（スポーツ朝鮮）、「４バック、ワントップは実情に合うか」（イルガンスポーツ）など、選手起用や戦術を模索する前向きな記事が目立った。「今は何も言わずに見守るとき」（スポーツソウル）という記者コラムには、「ワールドカップのヒディンク前監督も、当初は０―５の大敗を記録した。そのとき、信じるのをやめていたら『４強神話』は生まれなかった」と書かれていた。もはや、日韓戦の結果ひとつに一喜一憂する韓国の姿はない。

２００２年末、ソウルＹＭＣＡが行った意識調査では、１０７９人の回答者の95％が、「大韓民国を誇りに思う気持ちが強くなった」と感じているという結果が出た。最大時は７００万人が繰り広げた街頭応援は、国家と共同体への肯定的な意識を人々に持たせ、欧州勢に勝って日本を上回る成績を遂げたことで、西欧や日本へのコンプレックスをぬぐう機会になった。

こうして、ワールドカップの韓国代表は、人々の意識の変化までもたらした。そのキーパーソンこそ、オランダ人のフース・ヒディンク監督だった。そのチーム作りの過程は、サッカー指導論の枠を超え、韓国社会のあり方を考えさせる材料にまでなった。ヒディンク監督は韓国の既成概念の何をえぐり出したのか。そして、韓国の人々はヒディンク監督の成功から何を読み取ったのか。

スポーツ記者の私は２００１年５月から２００２年６月まで、ワールドカップ担当としてソウル支局に赴任した。

スポーツ記者の仕事には、一般記者とは違った要素があると思う。事実の伝達、権力の監視、社会問題の提起といった役割のほかに、エンターテイメント性が期待されていることだ。競技の面白さや選手の内面を描くことで、目標に向かって一体になるすばらしさや、生きる勇気を読者に感じ取ってもらうという面で、やはりスポーツの伝達者はエンターテイナーだと思っている。

その意味で、韓国での取材では、日韓共催の意義の問いかけや、大会運営の考察といった仕事とともに、「韓国でワールドカップを観る楽しみ」の追求が、私のスタンスだった。サッカーを通じて垣間見える韓国社会の動きは、実にダイナミックだった。そんな隣国観察の面白みの一つとして、一人の英雄が韓国にもたらしたものをみてみたい。

2　英雄ヒディンクの誕生

2002年5月27日。もはや韓国の空気は完全に変わっていた。ワールドカップ開幕4日前。韓国代表はソウル近郊の水原《スウォン》で、フランス代表と親善試合を行った。2—3と敗れはしたが、前回優勝国を相手に前半は2—1とリードした。同月21日には、強豪イングランド代表と1—1で引き分け、本番直前で最高の状態に仕上がっていた。

人々の心持ちも、劇的なまでに変わっていた。ちょっと前まで、人々は開催国のノルマともいえるベスト16進出を本当に果たせるのかという不安にさいなまれていた。私が日本のスポーツ記者だと知れば、友人からメディア関係者、タクシーの運転手に至るまで、決まって、「韓国はベスト16に行けるか？　日本は行けそうだが」と聞いてきた。私は「韓国も日本も60%の確率」と答えるようにしていたが、大部分の人は首を振った。日本が優勝し、韓国が3位に終わった2000年のアジアカップの結果に加え、1次リーグの組み合わせが日本より厳しかったことが、悲観論を助長していた。だが、そうした不安はかき消され、きっとベスト16に行けるだろうという期待へと、比重は移っていた。

フランス戦の取材と出稿が終わり、スタジアム前で拾ったタクシーの運転手は、自宅でテレビ観戦していたと話した。「仕事をしないでよかったんですか」と尋ねると、「試合中はお客さんもいませんよ」との答えが返ってきた。そして、「こんなことは、最近はなかったねえ」と続けた。

ソウルの街に食事に出ていた知人によれば、人通りは通常の半分以下だったそうだ。店では、客たちがテレビの前を占拠し、従業員も画面に釘づけ。水を頼むと、従業員はテレビから目を離さずに注ぐから、水がこぼれまくっていたという。

こうしたワールドカップへの急速な関心の高まりとともにわき起こったのが、「ヒディンク・シンドローム」だった。ヒディンク監督は、98年のワールドカップ・フランス大会で母国オランダ代表をベスト4に導いた名将だ。共催国である日本サッカーの急成長に危機感を抱いた韓国サッカー協会が、2000年12月、純血主義を捨て、最後の頼みとして招いた。韓国代表には過去、2人の外国人監督が就任したことがあるが、排他性の壁にもはね返され、失敗に終わっていた。韓国サッカー協会にとっては大きな賭けだった。

その評価が、ここに来てうなぎ登りに高まった。メディアはこぞって代表チームの足跡を特集し、ヒディンク監督の手腕とリーダーシップの秘訣を分析した。

大会でベスト4という偉業を遂げると、ヒディンク監督は「国父」扱いだった。名誉ソウル市民の栄誉を受けたほか、監督退任後も、韓国サッカー協会は技術顧問契約を結び、関係の維持を図った。

人気はとどまるところを知らなかった。２００２年９月にソウルで行われた北朝鮮代表との南北交流試合では、監督を退任したはずのヒディンク氏が韓国代表のベンチに入り、観衆から大喝采を浴びた。監督代行として代表を引き継いだ朴恒緒《パクカンソ》コーチが、「私への通告もなく、ヒディンク氏をベンチ入りさせた。私を軽く扱い、気分が悪い」と、韓国サッカー協会に不快感を表明するハプニングもあった。

年明けまで韓国代表の後任監督が決まらなかったのは、韓国サッカー協会の鄭夢準《チョンモンジュン》会長が年末の

表1　ヒディンク監督就任時の韓国代表の成績

【カールスバーグ杯＝3位】			
2001. 1.24	●	2－3ノルウェー	(香港)
1.27	○	1－1(PK 6－5)パラグアイ	(香港)
【ドバイ4カ国大会＝2位】			
2001. 2. 8	△	1－1モロッコ	(UAE)
2.11	○	4－1 UAE	(UAE)
2.14	●	0－2デンマーク	(UAE)
【エジプト4カ国大会＝優勝】			
2001. 4.24	○	1－0イラン	(エジプト)
4.26	○	2－1エジプト	(エジプト)
＊5.25	△	0－0カメルーン	(韓国)
【コンフェデレーションズカップ＝1次リーグ敗退】			
2001. 5.30	●	0－5フランス	(韓国)
6. 1	○	2－1メキシコ	(韓国)
6. 3	○	1－0豪州	(韓国)
＊ 8.15	●	0－5チェコ	(チェコ)
＊ 9.13	△	2－2ナイジェリア	(韓国)
＊ 9.16	○	2－1ナイジェリア	(韓国)
＊11. 8	●	0－1セネガル	(韓国)
＊11.10	○	2－0クロアチア	(韓国)
＊11.13	△	1－1クロアチア	(韓国)
＊12. 9	○	1－0米国	(韓国)
【北中米カリブ海選手権(ゴールドカップ)＝4位】			
2002. 1.19	●	1－2米国	(米国)
1.24	△	0－0キューバ	(米国)
1.28	○	0－0 (PK 4－2)メキシコ	(米国)
1.30	●	1－3コスタリカ	(米国)
2. 2	●	1－2カナダ	(米国)
＊ 2.13	●	1－2ウルグアイ	(ウルグアイ)
＊ 3.13	△	0－0チュニジア	(チュニジア)
＊ 3.20	○	2－0フィンランド	(スペイン)
＊ 3.26	△	0－0トルコ	(ドイツ)
＊ 4.20	○	2－0コスタリカ	(韓国)
＊ 4.27	△	0－0中国	(韓国)
＊ 5.17	○	4－1スコットランド	(韓国)
＊ 5.21	△	1－1イングランド	(韓国)
＊ 5.26	●	2－3フランス	(韓国)
【ワールドカップ＝4位】			
2002. 6. 4	○	2－0ポーランド	(韓国)
6.10	△	1－1米国	(韓国)
6.14	○	1－0ポルトガル	(韓国)
6.18	○	2－1イタリア	(韓国)
6.22	○	0－0 (PK 5－3)スペイン	(韓国)
6.25	●	0－1ドイツ	(韓国)
6.29	●	2－3トルコ	(韓国)

(注)かっこ内は開催場所。UAEはアラブ首長国連邦。
＊は親善試合。

大統領選に出馬するにあたり、ヒディンク人気にあやかろうとしたためでもあった。
ワールドカップの関連書籍も約50冊が刊行され、ヒディンク監督の手腕の秘密を探る本があふれた。英雄から学ぼうという空気が、国中に満ちていた。

3　ヒディンクの衝撃①　長期的視野

ヒディンク監督のチーム作りは、韓国のスポーツメディアやサッカー界の既成概念を覆し、衝撃を与えた。そのおもなキーワードは「長期的視野」「地縁・学閥からの脱却」「科学的分析」の三つだったように思う。

ヒディンク監督の「長期的視野」は、とくにメディアとの葛藤を呼んだ。印象に残るのは、2001年9月に繰り広げられた韓国メディアとヒディンク監督のやりとりだ。

この時期は韓国国民がもっとも不安に陥っていた時だった。5、6月のコンフェデレーションズカップでフランスに0―5と大敗、8月のチェコとの親善試合でも0―5で敗れ、ヒディンク監督は、「オ・デヨン氏」（韓国語で5―0の意味、韓国の姓名にありがちな発音）というあだ名までつけられていた。代表経験の浅い若手を試したり、主力を本来とは異なるポジションで起用していたヒディンク監督に対し、メディアでは早くレギュラーを固定して組織戦術を磨くべきだという論調が主流を占めていた。

そんな時期の9月13日と16日、韓国代表はナイジェリア代表と親善試合を行った。結果は2―2、2―1とまずまずだったが、ヒディンク監督は相変わらずテストを繰り返していた。

「なぜベストメンバーを組まないのか」。13日の試合後の記者会見では、当然のようにこんな質問が飛んだ。

「Don't be afraid（心配しないで）」。ヒディンク監督は、このフレーズを6度までも交えながら答えた。「観衆やマスコミは混乱するかもしれない。だが、今は準備段階だ。『負けて成果が出ない』と、おびえないでほしい。主力選手が、自分がレギュラーだという安易な考えを持たないよう、新しい選手と競争させることでレベルをあげることができると信じている。私も勝ちたいという野望は持っている。安心してほしい」

16日にも「いつまでテストをするのか」との質問が出た。記者たちは苛立っていた。

ヒディンク監督の答えはこうだった。「一つのポジションを最後まで競争させ、生き残った選手を残すのが原則だ。それに、今回は欧州クラブとJリーグに所属する選手が日程の都合で合流しなかった。そもそも君たちが、国内リーグの選手はたいしたことはないという固定観念を持っているから、国内の選手が自信をなくすじゃないか」

ヒディンク監督はこの時点で、「メンバーは65%が決まっている」と明かした。その後も、メンバーを徐々に固めながら、テストは続き、3、4月の強化試合では事実上、フォワードの残り1人をスター選手の李東国《イドングック》と安貞桓《アンジョンファン》に競わせた。結局、鬼気迫るプレーでアピールした安貞桓が代表入りし、ワールドカップで2得点した。

種々のポジションをこなし、ヒディンクサッカーの申し子といわれた宋鍾国《ソンジョングック》は、後に、「ヒディンク監督は『練習の過程だから、できることもあれば、できないこともある』と言い続け、選手に力を与える行動に徹していた」と語っている。長期的な視野を礎に競争原理を維持した点と、周囲の批判にも揺るぎなかった態度は、チームのレベルアップと選手たちの自信の源になっていた。

韓国各紙のサッカー担当記者たちが寄稿し、ワールドカップ直後に出版された『世界が驚いたヒディンクの力』（チュガンM&B、2002年7月）の中でも、長期的視野に基づく固い信念は、驚きだったことが明かされている。

「ヒディンク監督は自身が好んで歌う『My Way』のように、自らのみが考える方法で代表チームを作り上げた。就任当初、ヒディンク式の『My Way』は新鮮な衝撃だった。代表チームが不振を繰り返したときは、ヒディンク監督は非難の対象になるしかなかった。しかし、ヒディンク監督は気にもせずに自分のやり方を信じ、その後の試合結果を通じ、非難の射程から自然と抜け出た」

韓国人は、よく自らの民族性を「急ぎすぎる性格」「すぐに結果を求めたがる」と自嘲する。親善試合などで結果が出ず、さまざまな批判を浴びながら「目標はワールドカップ」と言い続け、本番への布石を打ち続けていたヒディンク監督の揺るぎない信念と長期計画性は、学ぶべきものとしてとらえられた。

一時の結果に左右されてもしようがない――。2003年4月16日の日韓戦のサポーターたちのゆったりした雰囲気や、日本に負けたこと自体にメディアが無反応だった点は、こうした成功経験が植えつけられたことが背景にあったと思われる。

4　ヒディンクの衝撃②　地縁・学閥からの脱却

「地縁・学閥からの脱却」というキーワードは、韓国社会の本質を突く成功要因として、メディアに頻出した。縁故、派閥に縛られず、現状の実力を反映した選手起用で最強のチームを作り上げたという分析だ。こうした分析が盛んに出てきたことは、韓国の人々が心の奥底で持つ縁故社会への苦々しさを想起させる現象として興味深い。

この部分は、当初から期待されていた。2001年5月、私がはじめて韓国代表合宿を取材したとき、韓国の5大スポーツ紙の一つである「スポーツ・トゥデイ」紙の記者が、こう言った。

「ヒディンク監督には、僕らも期待している。韓国に『学縁・地縁』という言葉があるのを知っているでしょう？　歴代の韓国人監督は自分の出身大学や、出身地の縁故に縛られて選手を選んでいた。ヒディンク監督は外国人だから、もともとそういう面からかけ離れているのです」

代表監督が実力のある選手や、自らの戦術に合った選手を選ぶのは当たり前だ。だが、これまでそうではなかったというのだ。

韓国社会で縁故、学閥がものを言うのは確かではある。有力企業への就職活動には、まず縁故があるかどうか、有名大学の出身かどうかが、勝負の分かれ目になる。韓国サッカー協会内も、現代財閥の御曹司である鄭夢準《チョンモンジュン》会長がトップにいるせいか、現代系企業から移ってきた関係者が多い。

私も、ある企業を取材で訪れたとき、「延世大学で1年間、韓国語を学ぶために留学したことがある」と話したところ、なぜか相手が、取材とは関係ない部署から延世大卒の職員を連れてきたことがあった。友人と酒を飲めば、「自分と同じ大学出の上司がいない。出世は難しいかもしれない」といった話になるのも日常茶飯事だった。

ヒディンク監督が重用した選手をみると、確かに、代表経験が少なかった選手がいる。守備ラインを洪明甫《ホンミョンボ》らと支えた崔鎮喆《チェジンチョル》は過去、国際Aマッチは1994年に1試合しか出場したことがなかった。激しい動きを持ち味とした中盤も、宋鍾国《ソンジョングック》はヒディンク監督就任前の代表経験は2試合、李乙容《イウルヨン》も2試合、金南一《キムナミル》は4試合と、国際経験が浅い若手が軸となった。決勝トーナメント1回戦のイタリア戦で途中出場し、あわやゴールというオーバーヘッドシュートを放ったフォワードの車ドゥリ《チャ》は、ヒディンク監督がはじめて代表に呼んだ選手だ。

だが、ヒディンク監督が開拓した選手はその車ドゥリだけで、実際には、許丁茂《ホジョンム》前監督時代までに呼ばれた選手が大部分を占めた。メディアがいうほど、ヒディンク監督が代表チームを刷新したという印象は濃くはない。

この点については許丁茂氏も、月刊誌「月刊中央」の2002年8月号で、反論している。「ヒディンク監督が硬直した韓国サッカーの病を治したといわれる。以前の代表監督たちが学閥や地縁に縛られて選手を選んだという意味が含まれており、その立場に立った人間からすると、相当の忍耐が要求される。いったい誰が学閥や地縁にこだわったか。ヒディンクが新しく選んだ選手は果たして誰なのか。こう問いたい」

ただ、若手からベテランに至るまでさまざまな選手を試し、自らの戦術に合った最終メンバーを決めたという点では、ヒディンク監督は選手の過去の名声にとらわれず、固定観念もまったくなかった。

2002年5月1日、ワールドカップの最終エントリー発表の記者会見で、スター選手の李東国《イドングック》が落選し、韓国メディアからは「どうして李東国は入っていないのか。国民は残念に思っている」との質問が投げかけられた。だが、ヒディンク監督は「スター選手はグラウンドで作られるのだ。周囲が作るものではない」と一蹴した。

ヒディンク監督は、競争原理を導入し、最終的に自分の目にかなった選手を選んだだけだった。サッカーの監督としては当たり前のことではあった。こうした人選が、「地縁・学閥を超えた」とまで絶賛されたのは、韓国の人々がこれまで矛盾を感じつつも受け入れてこざるを得なかった縁故社会を打破する象徴として、メディアが提出したからだろう。

ただ、1節で引用したソウルYMCAの意識調査では、「ワールドカップ以降、縁故主義は減ったと思うか」との問いに対し、「ある程度、減った」と「大きく減った」と答えた人は、合わせても10%にしかならなかった。逆に、「全然減っていない」が11%、「減っていない」は49%だった。ヒディンク監督の人選は理想的なモデルケースとはなったが、多くの人は、実際に縁故社会を打破するのは容易ではないと感じている。

5　ヒディンクの衝撃③　科学的分析

「ポルトガルよりポーランドのほうが手ごわい」

「スポーツソウル」紙にこんな見出しが躍ったのは、2001年12月。ソウル近郊の坡州《パジュ》に代表チーム専用のナショナルトレーニングセンターが完成した記念として、ヒディンク監督が行った講演の記事だ。

「ヨーロッパの上位チームと韓国代表の差」と題したこの講演の中で、ヒディンク監督は1次リーグで戦うポルトガルとポーランドを比較したとき、「力を前面に押し立てるスタイルのポーランドが、ポルトガルよりやりにくい」と語った。2000年の欧州選手権でベスト4に入ったポルトガルが最

表2　2001年12月にヒディンク監督が講演で発表した韓国代表の戦力分析

(1)個人技	85 %
(2)戦術	30 %
(3)体力	
①スピード	80 %
②持久力	60 %
③パワー	50 %
(4)精神力	
①闘志	99 %
②挑戦意識	30 %
③責任感	30 %
④執念	60 %
⑤モチベーション	100 %
⑥経験	30 %
⑦コミュニケーション	20 %

＊数字は、欧州の上位と比較したときの完成度を示す。

大の難敵で、続いてポーランド、米国の順に手ごわいというのが大方の見方だっただけに、意外な分析だった。

この講演で、ヒディンク監督は韓国代表チームの現状と不足要素を数字で示してみせた。それが、科学的分析の卓越さを示す代表例として、メディアに大きく取り上げられた。

ヒディンク監督は、まず、チーム強化に必要な要素を個人技、戦術、体力、精神力の四つに分類。個人技に関しては、韓国代表の完成度は85%に達しており、大きな問題はないとした。戦術理解度は30%。体力は、スピード、持久力、パワーの3項目に分け、それぞれ80%、60%、50%の完成度とした。一緒くたに体力といわず、そのうちのどの要素が不足しているのかを提示した。実際に、翌年1月から2月にかけての米国遠征では、選手が疲労して試合結果が芳しくないのに委細かまわず、筋力アップのトレーニングに重点を置いていた。

もっとも説明に時間が費やされたのは、精神力の部分だった。「韓国ほど闘志のある国はない」。こう前提を置きながら、「しかし、グラウンドで必要なのは闘志だけではない」と続け、精神力の要素として闘志のほか、挑戦意識、責任感、執念、モチベーション、経験、コミュニケーションの計7項目をあげた。それぞれの完成度は、モチベーションが100%、闘志が99%、執念は60%と高い評価を与えたが、挑戦意識、責任感、経験はそれぞれ30%、コミュニケーションは20%と、大幅に不足している要素とした。

　これらの分析は、既成の韓国サッカー観をガラリと変えるものだった。それまでの韓国サッカーのイメージは、強靭な精神力と体力が技術不足を補っているというものだった。韓国国内のみならず、日本でもそれが一般的な見方だった。だが、ヒディンク監督にすれば、個人の技術はヨーロッパと大差はなく、むしろ、体力と精神力に劣る部分があるというのだった。

　ヒディンク監督は早い段階から、これを見抜き、選手に伝えていた。就任して間もない2001年3月、当時、Jリーグ京都パープルサンガにいたミッドフィールダーの朴智星《パクチソン》が、「ヒディンク監督がいう精神力とは、闘志ではなく、どんな状況でも常に冷静にプレーできるかどうかという心の強さを示している」と、目から鱗が落ちたように話したことがあった。

　ゴール前の好機にシュートが決まらない決定力不足は、プレッシャーのかかった場面で冷静さを保てない精神的な弱さであり、それは経験不足からくるものだというのが、ヒディンク監督の分析だった。

▲元韓国代表ヒディンク監督

98年フランス大会まで、韓国が欧州勢に歯が立たなかったのは、西洋コンプレックスに起因する挑戦意識の欠如が原因とみたヒディンク監督は、大会直前にスコットランド、イングランド、フランスと親善試合を組み、好成績を収めて選手に自信をもたせた。

後に、韓国サッカー協会の李容秀《イヨンス》技術委員長が「ヒディンク監督は『フランスもイングランドも、優勝をねらうチームだ。コンディションを整えるため勝負にはこだわってこない。われわれは引き分けるか、負けても1点差までに抑えられるだろう。そこで得られる自信は相当なものだ』と、両国との親善試合を組んだ理由を話した」と明かしている。西洋コンプレックスを払拭するため計算ずくのマッチメークだった。

コミュニケーション不足については、「先輩と後輩の間で対話がない。能力があるのに、若いという理由で何も表現できない風潮がある」と、上下関係が色濃い韓国社会の縮図が、グラウンド内にも持ち込まれている問題点として言及した。合宿中の食事では先輩と後輩が同じテーブルにつくように席を配置。1時間以上は席を立ってはいけない、携帯電話は禁止などのルールを作り、世代間のコミュニケーションを図った。

歴代の韓国代表監督も、体力と精神力を重視した点では同じだった。ただ、試合に負けた翌日には懲罰としか思えない持久力トレーニングを科したり、耳にけがを負わせるほど選手を殴ったりというのが、韓国人監督の現実だった。どういう体力トレーニングがなぜ必要なのか、求められる精神力がどういうものなのかを選手に説明しきれたかどうか、がヒディンク監督との差の一つだった。曖昧模糊としたメンタルな部分までも論理的に明示した科学的アプローチが、選手やメディアに受け入れられたのだった。

以上、ヒディンク監督がスポーツメディアや韓国サッカー界の既成概念を打ち破った成功要因を、三つのキーワードに大別してみてきたが、サッカー協会がなりふり構わない全面的な協力を敷いたことも、成功要因につけ加えねばならないだろう。

たとえば、ヒディンク監督はビデオ分析の米国人専門スタッフを招き、相手国の戦術や中心選手の特徴を特殊なソフトで編集してミーティングで生かしたが、これについて、許丁茂《ホジョンム》前監督が、先の「月刊中央」で、「以前、韓国サッカー協会に試合分析用のビデオ装備を要請したことがあるが、受け入れられなかった。予算の都合もあるだろうが、戦術水準を向上させる機会が遅れたのは確かだ」と歯がみしている。

２節で述べたように、ヒディンク監督の招聘は、韓国代表の巻き返しを図る最後の手段だった。遠征、環境整備には金に糸目をつけなかったほか、２００２年前半は、代表選手は所属クラブから離れて合宿に専念し、国内リーグに出場しなくてもいいような措置までとった。

6　企業も学ぼう

ヒディンク監督の影響は、サッカー界にとどまらなかった。その衝撃の大きさは、成功要因を企業経営に生かそうという発想に転化されたことでもわかる。

たとえば、３節で引用した『世界が驚いたヒディンクの力』では、ヒディンク監督のチーム作り戦略を企業経営にたとえ、ポイントを四つあげている。

要約すると、第一が「ビジネスモデルの修正」。当初の目標を「勝たねばならない」ではなく、「負けない、簡単には倒れない」に設定し、実が伴わない目標より、まず競争の場に立てる基盤作りに重点を置いたのが成功の源泉になったと分析する。

第二は「価値創出」。この「負けないサッカー」を土台に、「勝てるサッカー」という新しい価値を創出したが、そのための戦略を組織力の強化に見いだしたと分析する。「競争力を高めることのできる分野を集中育成し、新製品（プレースタイル）を開発することで売り上げ（ゴール）を増やす方式は、企業経営の大原則を連想させる」とたとえた。

第三は「水平の組織文化」。ヒディンク監督がコミュニケーションの重要性を強調する中で、年功序列主義がそれを妨げがちだったと分析し、年下がものを言えない雰囲気が労働効果を低くしていると指摘する。

第四は「競争力第一主義」。代表歴がなかった車《チャ》ドゥリの抜擢のように、地縁・学閥にこだわらない目は、人事管理の神髄を見せたと分析する。個人の能力を優先し、適材適所に配置することこそ、勝利と企業存続の条件だととらえた。

シンクタンクも、盛んに研究発表した。「三星《サムソン》経済研究所」が出した報告書「ヒディンクのリーダーシップの教訓」（2002年6月）では、ヒディンク監督の成功が、グローバルなリーダーシップの確保の必要性を示唆すると指摘する。

「人種や国境の障壁が問題になる時代が過ぎたことを見せてくれた」「外国人リーダーへの漠然とした拒否感を持ってきたわが国の社会の因習的偏見をなくす契機になりうる」と、世界的な競争力を持つためには、世界的なリーダーシップの確保が必要とし、韓国社会の特徴といわれる閉鎖性、排他性を乗り越える機会ととらえている。

また、自らの履歴に敗北という傷がつくことも恐れず、当初から実力上位の欧州勢と親善試合を重ねたことを取り上げ、「企業は、現状の力量より高い目標値を設定することにより、職員の潜在力が一段階高い水準で発揮されるように誘導しなければならない」という示唆を与えてくれたとした。

日本でも、かつてプロ野球の名監督のリーダーシップを企業の上司の部下管理に転化させる本などがよく刊行されたが、ワールドカップ前後の韓国でも、同様の現象がみられたのだった。

7　ワールドカップの遺産

2003年5月31日。ワールドカップ開幕1周年のこの日、東京・国立競技場では再び日韓戦が行われた。今度は韓国が1―0で勝ち、4月の雪辱を果たした。

1周年といっても、日本で特別な感慨をもって迎える向きはなかった。だが、韓国では「記念日」だった。あの街頭応援の聖地ともなったソウル中心部の光化門《クワンファムン》では、またも赤いTシャツを着た市民1万人以上が集結。大型テレビで日韓戦を見ながら応援を繰り広げ、1年前の熱狂が再現された。

1勝1敗に終わった日韓戦2試合も、内容は総じて韓国が上回っていた。とくに、2試合目は、日本がシュート2本という体たらくだったのに比べ、韓国がメリハリのある動きで攻め立てた。ヒディンク監督が植えつけた組織サッカーとアジア最強国としての自信は、ワールドカップの出場メンバーだけでなく、若い選手たちにも受け継がれている。

1節で、韓国の人々の意識の変化について述べたが、ワールドカップ後の韓国サッカー界の変化にも触れておきたい。目立った変化がない日本サッカーとは対照的だからだ。

まず代表選手には、ワールドカップの活躍で、欧州移籍への道が開けた。大会後に欧州に移った選手は6人。前年からベルギーのアンドレヒトにいた薛琦鉉《ソルギヒョン》を含め、２００２年から２００３年にかけてのシーズンには、7人が欧州クラブに所属した。そのうち4人は、ヒディンク前監督が指揮をとるオランダでプレー。ワールドカップで培った関係は、こんな形でも生かされている。

オランダ・PSVの李栄杓《イヨンピョウ》、同フェイエノールトの宋鍾国《ソンジョングック》、トルコ・トラブゾンスポルの李乙容《イウルヨン》、薛琦鉉《ソルギヒョン》ら、移籍先でレギュラーポジションを獲得した選手も多く、身の丈にあった移籍で実力を伸ばしている。

「ベスト4という大きなことを成し遂げてくれた労に報いたい、と政府が多くの投資をしてくれることになった。代表チームがサッカー界の未来と若者に向け、多大な役割を果たしたのだ」。こう話すのは、韓国サッカー協会の趙重衍《チョジュンヨン》専務理事だ。ワールドカップの収益金から、５５０億ウォン（約55億円）を投じ、全国計16の広域市・道ごとに芝のグラウンドを2面ずつ造ることが決まったという。

韓国サッカー界にとって、インフラ整備は大きな課題だった。とくに芝のグラウンドは、かつてJリーグヴィッセル神戸に在籍した元韓国代表ディフェンダーの河錫舟《ハソッチュ》が「大学に入るまで見たことがなかった」というほど、不足していた。実際、高校の全国大会ですら土のグラウンドで開かれ、野球場にサッカーコートを作って行うケースもある。趙重衍専務理事は「広域市と道が土地を用意し、われわれが施設を作る。これで各地方で若い世代のリーグ戦を行うことができる」と見込む。

プロサッカーKリーグには２００３年、新球団が誕生した。ワールドカップで6万５０００人収容のスタジアムを造りながら、プロチームがなかった大邱《テグ》市である。市民3万８０００人が出資公募に応じ、「大邱FC」が生まれた。財閥系企業が広報活動の一環で所有するチームばかりだったKリーグにあって、韓国初の市民型クラブだ。

ホームゲームでは1万人平均の観衆が入り、まずまずのスタートを切った。1口10万ウォン（約1万円）の出資をしたという26歳の会社員男性は、「企業主導ではなく、こうして市民が一つになって参加する球団運営が、当然だと思う」と興奮気味に語る。

「ホームタウン制を敷くリーグにとって、画期的な転化の機会になる」とは、金源東《キムウォンドン》Kリーグ事務局長。今後は、Jリーグと目指す方向を同じくする地域密着型への模索が、各地で始まりそうだ。地元の建設会社が経営参加から撤退した大田《テジョン》シチズンは、大田市がチーム運営予算の半分を負担し、ワールドカップスタジアムも無償で使用できるようにした。

ワールドカップは、韓国で有形無形の財産を生んだ。

大会直後の2002年7月、韓国の人々の意識の変化を探ろうと、延世大学で若者をつかまえては話を聞いたとき、ある学生が「この大会から得たものは、日本より韓国のほうが大きかった」と言ったのは、示唆に富んでいた。大躍進と国中の熱狂で世界の注目を浴びたことは、人々に自国の国際的地位の高まりを自覚させ、ヒディンク監督という英雄の誕生は、社会変革の方向性にヒントを与えるものともなった。

「ワールドカップの遺産は、日本より韓国のほうが大きい」。改めて韓国サッカー界の変わりようをみたとき、そう思わざるを得ない。

（朝日新聞スポーツ部・中小路徹）

Chapter 4

韓国の記者がみた日本代表チームとトルシエ監督

はじめに

韓国には、五つのスポーツ新聞がある。すべてソウルで発行され、全国に読者をもっている。最初に発行されたスポーツ新聞は日刊スポーツで、１９６９年の創刊である。その後、スポーツソウル（１９８５年）、スポーツ朝鮮（１９９０年）、スポーツTODAY（１９９９年）、Good day（２００１年）の順に創刊された。街の売店で購入する新聞は１部６００ウォン、定期的に購読した場合、１カ月の購読料は１万２０００ウォンになる。

五紙すべてが朝刊新聞であり、１日に6～7版を制作する。１版は、夕刊と同じ午前10時が締め切りで、昼12時ごろに発行される。そして２版は午後10時くらいが締め切りとなる。１版は、ソウル地域の街販読者のために制作されるが、記者たちはこのような制作形態に不満が多い。2～6版は地方版として、1面トップ記事を該当地域関連記事が飾る。2版は、配達が脆弱な江原《カンウォン》山間と島嶼《とうしょ》地方、3版は湖南《ホナム》、4版は忠清《チュンチョン》等の中部、5版は嶺南《リョンナム》、6版はソウル地方版として作られる。深夜2～3時に締め切られる7版は、ソウル地域の街販最終版でもある。

五紙の間では熱い販売競争が行われているが、トップの新聞は60万部前後、最下位の新聞は20万部程度の販売部数があるとされている。販売部数は、各新聞社別に企業秘密であり、どんな機関も正確な統計を持っていない。こうして今や韓国の人々の生活に浸透したスポーツ新聞は、今回のワールドカップにおいても過去最大の関心を払って報道した。

1　韓国スポーツ新聞とヒディンク監督

スポーツ新聞のすべてが、2001年に就任したヒディンク監督に対して、当初友好的ではなかった。それは監督個人の問題ではなく、試合結果に対する批判であった。しかし、ヒディンク監督の所信表明後、ヒディンク監督を正確に批判するだけの実力を持たない記者たちは、自信に満ちたヒディンク監督のサッカー哲学と所信に次第にすりより始めた。しかし、期待したほどの結果が出ない場合には、相変わらず批判の刃を立てたが、いつでもヒディンク監督の勝利であった。

スポーツ新聞は、2001年5月コンフェデレーションズカップでフランスに5－0で敗れ、さらに8月15日のチェコ戦でまたも5－0で敗れたヒディンク監督を「オ・デ・ヨン（韓国語で5－0の意）」と嘲弄したが、ヒディンク監督は眉ひとつ動かさなかった。

２００２年1月、アメリカで開かれたゴールドカップでは、不振な試合内容で敗北したにもかかわらず、ヒディンク監督が強い態度で「高い体力訓練をさせるよい機会だ」と発言したために、批判の声が高まった。しかし、そんな批判にヒディンク監督は「私に望んでいるのはゴールドカップか、ワールドカップか」と反論し、「ゴールドカップで勝利を求めるのなら、すべての訓練サイクルをゴールドカップに合わせて準備することもできた」と答えた。韓国のスポーツ紙がヒディンク監督の目標達成に対する真摯さを発見したこのときから、彼に対するメディアの評価が変化し始め、ワールドカップが近づくにつれ、次第に友好的な雰囲気へと変化していった。そして、本大会に入りポーランドに勝ち、韓国国民の50年の「恨」がはれると、本格的な英雄扱いになっていったのである。

2　日本のメディアとトルシエ監督

韓国が、02年韓日ワールドカップの1年6カ月前にヒディンク監督を迎え入れたとき、日本ではトルシエ監督を憂慮する声が高まっていた。ワールドカップのような大きな大会であれば、何といってもヒディンク監督のように経験豊富な監督を新しく迎え入れるべきではないかということだ。トルシエ監督は99年9月に日本代表監督に就任後、99年のナイジェリア世界ユース大会準優勝、00年シドニー・オリンピック8強、同年アジアカップ優勝など、大きな足跡を残していた。しかし、日本のサッカー専門家たちはワールドカップを前にして不安な気持ちを消せなかった。

当時、韓国チームの成績はよくはなかったが、98年フランス大会でオランダを4強まで導いたことなど、大きなゲームを経験してきたヒディンク監督の力量は買われており、ワールドカップのような大きな大会では、トルシエ監督とは明らかに異なる姿を見せてくれることだろうと想像された。そしてその予想は、的中した。韓日両国の監督のどちらもが、史上初の16強進出という大きな成果を出したが、トルシエ監督は力量の限界だという批判を受け16強にとどまり、一方、ヒディンク監督は4位となり、偉業を達成した。

トルシエ監督は、トルコとの16強戦は、十分にやれる試合ではあったが、かっこいい作品を作ろうと欲を出し、結局敗戦したと日本のメディアは指摘した。2トップとして、これまで1回も起用したことのない西澤を新たに起用するという驚くべきカードを使ったが、結局これが自らの首をしめることとなり、敗北の原因を提供することとなった。

日本のマスコミは、トルコに1—0で負けると、トルシエ監督の用兵術について一斉に批判した。サンケイスポーツは「どうして、西澤、サントスが先発？」という見出しでトルシエ監督の選手起用を批判した。日刊スポーツはブラジル出身のスター選手で、今は日本代表チームの監督となったジーコのコラムを通して「どうしてサントス、どうして稲本交代」と書き、トルシエ監督の用兵術を皮肉った。これ以外にも、主要マスコミはトルシエの出した驚くべきカードを指摘し、一様に批判した。同時にワールドカップを最後に契約満了になったトルシエ監督と再契約をしてはいけないという世論とともに、06年ドイツ大会では、8強を達成するために日本も大物監督を迎え入れなければいけないという声が高かった。

互角にやれる相手であったトルコに、むしろ自ら首をしめるような形で敗北を招いたトルシエ監督と、難攻不落のイタリア・スペインを破り4強神話を創造したヒディンク監督との明暗は、16強戦を通してくっきりと変わっていった。

トルシエ監督とはどういう人物か？

選手時代は無名だったトルシエ監督は、彼の祖国のフランスではただの一度もよいチャンスをつかむことができなかった。１９５５年3月21日パリで生まれたトルシエ監督は、チームを変えながら、はじめはパリ、その後フランス全土を縦横に駆け回った。１９７５年から１９８３年まで現役選手として走っていた彼は、フランスのサッカーファンには、ほとんど知られていなかった。その後、物理療法士の資格とスポーツ科学修士学位を取ったが、サッカー界からは完全に忘れ去られていた。

１９８４年から１９８９年の間に、監督として彼が積んだ経験の中で大きく取り上げるようなことはとくに見あたらないが、この時期がむしろトルシエ自身の決意を固くする契機となった。

先駆者で平凡ではない性格、そして勇敢なトルシエ監督は、海外で成功した数少ないフランス出身の監督として、はじめての赴任地コートジボアールに、１９８９年から１９９４年まで4年以上とどまった。彼はCSアランソンチームを3年連続リーグチャンピオンにさせ、１９９３年には代表チームの監督となった。彼の名声は瞬く間に広まり、南アフリカ共和国にしばらくとどまった後、１９９５年から１９９７年までモロッコのラバトで監督生活を送った。そして彼は一度も過ごした経験のない場所で、成功に向かって燃え上がるような野望を胸に3年もの長い時を過ごした。

ナイジェリアで過ごした１９９７年3月から10月までの7カ月の時間は、98年フランス大会での伝説的な「白い魔術師」が誕生するのに十分な時間であった。トルシエ監督は、ブルキナファソ政府のために去らなければならなくなるまで、世界サッカー界の辺境であるブルキナファソ代表チームを98年アフリカネーションズカップ4強に導く奇跡を起こした。しかし、98年フランス大会で南アフリカ共和国チームを率いたとき、彼はそれほど影響力を発揮することができなかった。選手たちに対する

▲元日本代表トルシエ監督

誤解と非妥協的な態度に対するマスコミの批判に彼は苦しめられ、自身の意思がこれ以上通じない環境の中で、彼の栄光は夢と散っていった。

疲労困ぱいの中、なお新しい活動の舞台を夢見ることを忘れなかったトルシエ監督は、日本からの興味深い提案を受けた。日本サッカー協会が02年ワールドカップを前にして彼に全権を委任するという提案である。そして野心的な彼は、自らの哲学に日本サッカー協会を従わせ、代表チームがこれまでみせることのなかった規律とプロ精神を鼓舞することとなった。

トルシエは、ユース代表チームと代表チームを同時にまかされた。彼は地方の幼い選手たちを視察して、全世界から選手たちについての情報を収集した。そして99年ナイジェリア世界ユース大会準優勝、00年シドニー・オリンピック5位、00年アジアカップ優勝を果たし、見事逆境をはねのけた。再び伝説となったトルシエ監督は、中田英寿のような海外組のスーパースターに大声でどなりつけるまでになった。

では、トルシエ監督は成功した監督だろうか。それとも失敗した監督だろうか。

■どんな旅にも終わりがあるものだ！

トルコとの16強対決で敗北の苦杯をなめたトルシエ監督は、記者会見で敗北を謙虚に受け止めた。「日本サッカーは驚くべき成長をなしとげた」と語った彼の顔には、長い旅を終えた安堵感がにじみでていた。この日の記者会見は、日本代表をまかされた4年の間、さまざまなトラブルがあった記者団に対する謝罪から始まった。日本サッカー協会に対しても、協会がこの間、マスコミにのせられて、自身を快く思っていなかった点について、彼なりの不満や徒労感もあった。しかし、彼は日本代表チームの史上初16強進出というまばゆい成長に満足しながら、選手個々人に対するコメントも忘れなかった。しかし、２００人を超える記者団たちとの会見後、一人一人と握手をしながらも自身の今後の去就についての質問には一言も答えなかった。

トルシエ監督は、日本にワールドカップ16強という成績を残して飛び立った。日本サッカー界のトルシエ監督に対する評価は、コインの裏表のように、肯定と否定がともにあった。しかし、筆者はトルシエ監督が成功した監督だと明言できる。その理由は日本をワールドカップ出場2回目で16強へ進出させ、日本サッカーを戦術的に完成させたことに間違いはないからである。韓国の4位に比べ、16強という成績は小さく見えるかもしれないが、決して16強に導いた偉業を過小評価してはならない。もし、韓国が16強にとどまっていたなら、韓国と日本のワールドカップの結果に対する評価は大きく異なっていたことは明らかだ。

■トルシエ監督が残したもの

トルシエ監督は、多くの戦術を日本チームに合わせて変形させ、完成させた。日本は3人の守備選手の間の緊密な協力が要求されるスリーバックラインを構築し、中盤でプレスを強くかけ、高い位置で守備をし、身長と体力が劣ることをカバーするために、そこから攻撃展開した。トルシエ監督は、このような日本サッカーの伝統を西欧の戦術とつなぎ、ワールドカップを前に行われた評価戦では、このような接木方式が成功だったということを証明してみせた。

トルシエ監督は、選手を起用するとき、いつでも融通のきく余地を多く残した。日本は、ゲームメーカーとして活躍する才能のあるミッドフィールダーを大勢確保していた。彼らは一様に所属チームで大活躍しているスター選手たちだ。トルシエ監督は彼らに、「代表チームで走りたければ、二つ以上の異なるポジションで走ることができるように訓練しなければならない」とあくまで要求をし続け、その結果、日本は東洋版「トータルサッカー」を見せる多機能的なチームとして生まれ変わった。

トルシエ監督は、結局1990年代はじめのオフト監督が試した戦術サッカーを仕上げた監督として十分に評価されるに値する。また、トルシエ監督が成功した理由として、粘り強い闘争精神があげられる。

■メディアによるトルシエ報道（開幕前後）

98年フランス大会直後、日本サッカー協会と契約したトルシエ監督は、就任当初から選手たちと頻繁に不和を起こし、その地位は危うくみえた。日本サッカー協会関係者やマスコミは、彼の更迭をしつこく取り上げた。

しかし、ナイジェリアで行われた99年世界ユース大会、モロッコで開かれたハッサン2世国王カップで日本がよい成績を収めたことにより、トルシエ監督は幸いにもその地位を守ることができた。そのうえ、引き続いて00年のシドニー・オリンピックでは、日本は8強に進出する快挙をなしとげ、00年アジアカップでは優勝を手にし、危機を乗り越えた。

「中山、トルシエを追放しろ」「この馬鹿監督の言葉を聞くと、必ず負ける」「ショック！　ベルギー、ロシアに日本は勝てない。サッカー協会幹部が明言。日本は4―6で不利」（週刊現代）、「トルシエ監督のセックス厳禁令に代表23人爆発寸前」（週刊ポスト）、「独占入手！　トルシエが開幕直前に暴露した本音」（フライデー）。これらの見出しは、歴史的なワールドカップの特集としてはひどすぎるくらい単刀直入で冷酷であり、またあまりに辛らつだ。さらに、ひどい週刊誌の本文内容を読んでみれば「トルシエ！　さっさと代表チームの監督をつまみ出せ！」というような内容だ。日本有数の週刊誌が、トルシエ監督にどんな悪感情があって、日本戦の始まる約1カ月も前からこのような暴言に近い記事を出したのか。

ある日刊紙は、韓国のヒディンク監督とトルシエ監督を比較分析し、ヒディンク監督は名将として、トルシエ監督は独善的で偏狭な監督として評価を下げるような記事を掲載した。このように、日本のマスコミが一度に爆発したのは、日本代表選手の選抜についての不満のせいであった。

日本には三大人気サッカー選手がいた。韓国でもよく知られている国際的なスター選手である中田、小野、そして中村である。そして、問題は代表選手の名簿に中村選手の名前がないことだった。まず、サッカー担当記者たちから疑問の声が上がった。ほかでもない中村が代表選手から除外されたことは、あってはならないことだった。トルシエ監督にその理由をたずねたが、彼は記者たちに会おうともしなかった。それだけではなく、日本サッカー協会も沈黙を守った。

これには日本のサッカーファンも不満をあらわにした。日本サッカー協会では、トルシエ監督を非難する抗議の電話が鳴りっぱなしだった。すぐに中村選手を代表選手に選抜しろという脅迫的な圧力が高くなっていった。それでも、協会は沈黙を守った。そうするしかなかったのは、ワールドカップ大会がもう目の前までやってきていたからである。協会も内心不満が多かったが、頑固者として知られるトルシエ監督と中村選手問題で意見のぶつかりあいがあれば、一歩間違えば、ワールドカップを目前にチームワークを崩壊させる心配があった。それで涙を飲んでトルシエ監督の意思に従ったのだ。

常にマイペースのトルシエ監督に対して、そうでなくても不満を持っていた日本の記者たちは、約束したように一斉に批判の砲門を開いた。記者たちがトルシエを一番嫌っていた部分は言語の問題だった。トルシエ監督は日本の記者たちに、「自分にインタビューしようと思うならフランス語を習ってフランス語でインタビューしろ」と宣言した。それだけではなく、トルシエ監督は選手たちに関する簡単な情報やコメントさえもしてくれなかった。しかし、暇があれば自分の不満だけは口にした。このような状況で、トルシエ監督の印象がよいわけがない。そのうえ、国民的人気のある中村まで代表選手選抜から除外したため、記者や熱烈なファンが一度に爆発したのである。

「韓国のヒディンク監督は自国オランダチームを優勝に導いた名監督だけあり、評価戦では驚くべき技術を発揮した」と褒めちぎる一方で、トルシエ監督については、「中田など選手との内紛をかかえ、実力ある選手を起用せず、独善的な運営をして、日本代表監督をまかされて4年がたっても日本語を学ぶ考えはおろか、むしろ記者たちにフランス語を習ってインタビューを申請しろと宣言する傲慢さをもっている……」など、はっきりと攻撃した。

このように日本のマスコミは、開幕前から露骨に、そして継続的にトルシエ監督を非難した。週刊文春の記者が言っていたように、６月４日のベルギーとの初戦で、日本が負けでもしたらいったいどんな事態が起こっていたか。98年フランス大会で、韓国が車範根《チャボムグン》監督を中途解任した二の舞を日本も演じることになったかもしれない。

しかし、ワールドカップが開幕したとたん、雰囲気は変わっていった。このような状況は韓国と日本両国で同じように起こった。トルシエ監督とヒディンク監督当人たちが、このような雰囲気の変化を誰よりも一番痛切に感じただろう。なぜなら両氏はそれぞれ韓国と日本で代表チーム監督をまかされた後、天国と地獄を行ったり来たりしたからである。

歴史的な初勝利の喜びを満喫したポーランド戦後、韓国では誰もヒディンク監督についてどうだこうだという否定的な発言をすることはなかった。このような反応は日本でも同じだった。試合をすればするほど、選手たちの技量が向上していることを自分の目で直接確認した日本人たちは、もうトルシエ監督を非難することはなかった。一部の新聞では非難することもあったが、16強進出が確定した後からは、そんなことは忘れたかのように批判記事は姿を消した。

トルシエ監督とヒディンク監督についてのマスコミと国民の態度は、まったくおかしいほどだった。韓国では、念願の16強進出を達成すれば、ヒディンク監督に韓国国籍を与えようという動きが出た。しかし、日本では韓国よりもさらに具体的であった。日本がはじめての16強進出に成功したとき、日本選手たちが寝泊りしていた宿舎の横に「トルシエ公園」を造成し、東京・渋谷のスペイン通りにあるスタジオには、「トルシエ神社」まで登場したそうだ。この神社には黄金でできたサッカーボールが設置してあり、寺と同じように参拝客も訪れているという。面白いのは、この神社を訪れる参拝客が、設置している録音機に応援メッセージを残すということだ。

このように、ワールドカップが始まるまでは地面を這っていた外国人の二人の監督が、試合に勝ち、そろって16強に上がったとたん、評価が180度完全に変わってしまった。一夜にして英雄になってしまった。どちらにしても、このような状況を振り返ると筆者の気持ちはまったく苦々しい。ワールドカップが始まるずいぶん前から、この二人の監督を批判するだけしておきながら、今になって試合結果がよいので英雄扱いというのは、どちらにしろ赤面するほどの豹変ぶりだ。韓日ともに。

■ヒディンク監督とトルシエ監督比較

02年ワールドカップ共同開催国である韓国と日本は、偶然ながらともに外国人監督にサッカー代表チームをまかせた。しかし、両国の代表チームはまったく異なる道を歩き、韓国での中間評価は、確かにトルシエ監督がヒディンク監督より一歩前に出ていた。トルシエ監督の日本サッカーがアジアカップ優勝、コンフェデレーションズカップ準優勝、キリンカップ優勝、アジア・オセアニア・チャレンジカップ優勝など、朝日が昇るごとくの勢いである一方、ヒディンク監督の韓国サッカーは、エジプト4カ国大会が唯一の自慢なくらい、貧相なものであった。とくに、フランスとチェコ戦で、相次いで5―0で敗北したときは、ニックネームで「オ・デ・ヨン」と呼ばれたりもした。指導者としての経験と能力に一定の評価があるヒディンク監督が、どうしてトルシエ監督のように、よい成績を出すことができないのか。

当時、韓国のマスコミは、ヒディンク監督は欧州サッカーのエリートコースを歩み、指導者生活の黄昏期にさしかかっているが、トルシエ監督は、乏しい経歴しか積んでいないが、努力ひとつで全世界の注目を集めているとみていた。ヒディンク監督は98年フランス大会オランダ代表チーム監督として4強に上り、「一番独創的な戦術を駆使したチーム」という賛辞を受けた。オランダ１部リーグにおいて選手生活を送ったヒディンク監督は、オランダの名門ＰＳＶアイントホーヘン（86年〜90年）を率いて欧州チャンピオンズカップ優勝を果たし、世界のプロサッカーの中心であるスペインでも長い間活躍した。そしてヒディンク監督は、２００１年１月韓国代表チームの監督に就任した。

一方、フランス２部リーグでつまらない選手生活を送ったトルシエ監督は、１９８９年アフリカ・コートジボアールのクラブチームをはじめとして、黒い大陸で指導者生活の大部分を送った。賢い戦術と選手指導で「白い魔術師」という愛称をもって、１９９８年に南アフリカ共和国の代表チーム監督としてワールドカップ舞台を踏み、１９９８年９月、日本代表チーム監督としてアジアの地を踏んだ。

ヒディンク監督は歴代のどの韓国代表チーム監督とも比較することのできない超特級の待遇を受けた。年俸１００万ドルと推測され、これに16強以上の成績を残した場合の成果給が上乗せされる。ソウル・ソゴン洞にあるロッテホテルの１泊43万ウォンのレジデンシャルスイートルームと、運転手つき最新型韓国製高級車も提供された。年間４回の海外往復航空券（ビジネスクラス基準）もサッカー協会が負担した。あるカード会社のＣＦ広告出演で受け取ったモデル料まで含むと、ヒディンク監督は、韓国サッカーの念願であるワールドカップ16強を担保としてとんでもない富と名誉を享受した計算になる。

トルシエ監督もヒディンク監督には及ばないが、特級待遇を受けた。年俸1億円と東京渋谷区の高級マンション、運転手つき高級乗用車の提供も受けた。フジテレビと別に契約を結び、数千万円の副収入も入っていた。

ヒディンク監督は大会開幕の1年半前にあたる2001年1月に韓国にやって来た。したがって、ヒディンク監督は1日も惜しいくらいであったはずなのに、暇さえあれば休暇だ負傷治療だという理由で欧州へと飛び立った。一方、トルシエ監督は日本で4年間生活をした。ヒディンク監督とは反対に、時間的な余裕が出てきたトルシエ監督は、日本サッカーの研究に連日没頭した。トルシエ監督は、3年目のJリーグ1・2部競技を含み、高校選手権大会へ直接現場まで足を運び、選手を発掘していた。さらに休暇期間を利用し外国チームの動向把握まで行っていた。一方、ヒディンク監督はプロサッカーの正規リーグの開幕時期にはオランダへ長期休暇に旅立った。

▲練習中のトルシエ監督

二人の監督を最高経営者にたとえたら、ヒディンク監督はカリスマ型、トルシエ監督は徹底した現場確認型だ。ヒディンク監督は欧州でサッカー生活をしていた時期にもその独創性は認定されていたが、勤勉ではないという指摘を受けていた。トルシエ監督は、日本選手と一緒に走り「赤い悪魔(鬼)」と呼ばれるほどにすさまじかった。このような違いは、韓国と日本の代表チームの戦術の違いとしてあらわれた。

ヒディンク監督は、「韓国型戦術」を開発できず右往左往した一方、トルシエ監督はすばらしい日本型守備戦術を開発し成績につなげた。中間評価では先を行っていたトルシエ監督は16強に終わり、マスコミの非難を受けていたヒディンク監督は4強という期待以上の成績を残した。このような結果については、もちろん両監督の個人的な能力の違いがあったのだが、環境は無視することのできない条件だ。ヒディンク監督はたった1年6カ月という短い期間、韓国代表チームをまかされたが、好きな時期に好きなだけ代表チームの訓練をすることができた。しかし、トルシエ監督は規定で定められた時間内で選手を訓練させるしかなかった。もしかすると、代表チームとしての練習時間だけをみてみるとヒディンク監督のほうが長い時間をもてたのかもしれない。したがって、筆者はときどき、ヒディンク監督が日本代表チームを、トルシエ監督が韓国代表チームをまかされたなら、どんな結果が出ていたかと想像してみる。それでもおそらく、日本は16強、韓国はそれ以上の成績を収めたことだろうと考える。

98年フランス大会の1ラウンド3試合にすべて負けた日本は、熱烈な自国のファンの前で試合を繰り広げる02年韓日ワールドカップでの目標は16強進出だった。ワールドカップに4回出場した経験をもつ韓国の目標も、ワールドカップ初勝利であり、16強が1次目標であった。そうであれば、目標が達成された以上、トルシエ監督もヒディンク監督もともに肯定的な評価を受けるのが妥当であろうと思われる。02年韓日ワールドカップを通して、韓国と日本両国の代表チームが得ることができたものは、どんな強豪と戦おうと堂々としていられる自信だろう。これはやはりトルシエ監督とヒディンク監督が韓日両国サッカー界に残した宝である。

■おわりに

02年大会を通して、日本は近くて遠い国から、とても近い国になったようだ。とくに韓日交流がさらに活性化したサッカー部門では、そのような印象を強く持つことができる。サッカーではないほかの部門でも交流が拡大し、互いの理解の幅が広がっていくことを皆が望んでいる。ワールドカップ共同開催を成功裡に終えた信頼を基礎として、互いのために06年ドイツ大会を準備すればよいと考える。もちろん、同じ組に編成され熾烈な競争をする場合や、またそれぞれに壁を乗り越えなければならない現実的な問題もあるが、それらは大きな夢をかなえるためには必ず必要なことだろう。

（金　徳起／森津千尋訳）

第2部　ワールドカップとメディア――さまざまな現象を読み解く

Chapter 1

メディア・スペクタクルとしての「フーリガン」[*1]

はじめに

「ベッカムとフーリガンは、イングランドから日本を訪れる『天使』と『悪魔』であった」[*2]。開催前からメディアで語られたこの両者が、サッカーファンのイベントを超えて大会でのある種の熱狂を用意したが、本章では、結局実際に見ることのできなかった「悪魔」がどのように語られたのかに焦点をあて、ワールドカップというメディアイベントの開催にどのような意味をもったのかを、おもにテレビ番組の分析を通して明らかにしたい。

＊1　本稿は、『日韓ワールドカップ大会の熱狂と遺産』（黄順姫・杉本厚夫編、世界思想社）所収の拙

稿「フーリガンという幻」をベースにして、テレビの報道のあり方を中心に修正・加筆したものである。

＊2　英紙「ザ・ガーディアン」東京特派員ジョナサン・ワッツの発言。日韓メディアスポーツ研究会・日本スポーツ社会学会共同主催シンポジウム、『日韓ワールドカップの熱狂を読む』関西大学百周年記念館、２００２年9月7日。

小笠原博毅は、「きみはフーリガンを見たか？　見るわけがない、そんなやつらはいないのだから。」といった刺激的なタイトルでエッセイを書いているが、彼はその結論で「代表チームを追ってくる男たちの『群』を『フーリガン』にするか、それとも『サポーター』にするのか。ホスト側の視線と態度がフーリガンとしか言いようのない現象を生み出すのではないか」（小笠原、２００２、１６６頁）としている。

大会に入って、イングランド人である英文朝日のジェレミー・ウォーカーは、「過剰な警備のほうがむしろ心配」（朝日新聞、２００２年6月6日）と次のように主張した。

「地元の人間の挑発。騒ぎを起こしてもイングランドのファンのせいにできる、と考える地元の不満分子がいる……日本ではこの種の心配はむしろ無用だろう。むしろ懸念されるのが、警察の過剰反応だ。警備する側は、酔って歌うファンと暴徒たちの区別がつかないかもしれない」

ウォーカーや小笠原は、フーリガン現象が予言の自己成就的に起こる不安を語っているが、一サッカーファンの私は、「フーリガン」騒ぎはないだろうと、大会前から思っていた。明確な根拠を持ってそう考えていたわけではない。大会後、日本の警備陣の徹底した警備がフーリガンを押さえ込んだのだという見解もある（今拓海、２００２）。確かにそうかもしれない。ある意味では人権侵害とも考えられる予防拘束的な改正入管法によって、出口の英国でも、入口の日本でも厳しい統制がなされた。私なりの見方では、そうした警備よりも何よりも、イングランドから日本は経済的には当然として、文化的にも遠すぎる、ということだった。

94年アメリカ大会では、イングランドが不参加でも、フーリガンを抱えるといわれたドイツやオランダ、そしてアルゼンチンが参加したが、何事も起きなかった。もちろんそれ以前の86年メキシコ大会では、イングランドも参加したが、そうした騒ぎは起こっていない。もちろんヨーロッパ大陸から遠く離れているという地理的要因もさることながら、スタジアムと都市の関係、そして飲食店のあり方など一般的な文化コードが異なるところでフーリガンは起こりにくいと考えられる。

さらに、ウォーカーも指摘するように、イングランドを敵ととらえるコミュニティが存在しない日本で、まったく地理的にも文化的にも不慣れなフーリガンたちが組織的に暴れることは不可能だろうと予想した。しかし、そうした思いとは関係なく、「フーリガン」報道は盛り上がりを見せ、実際に開催都市の競技場周辺の地域ではその不安が高まっていった。[*3]

＊3　大阪・長居と神戸における聞き取り調査、番組録画、新聞記事検索は、関西大学社会学部黒田ゼミ（02年度卒業研究）所属の清水さやかさんの協力による。新聞記事は「大阪本社」発行のものによる。

１　因縁の対決「イングランド対アルゼンチン」戦のもう一つの期待

■因縁の対決

６月７日の札幌での「イングランド対アルゼンチン」戦は、メディアにとってワールドカップ前半戦最大の山場であった。これより半年前、12月１日組分け抽選会で、Ｆ組にイングランド、アルゼンチン、ナイジェリア、スウェーデンと決まったとき、メディアは早速、「死のＦ組」と名づけた。確かにこのＦ組の各対戦はまことに面白い試合が期待できた。とりわけ「イングランド対アルゼンチン」は「因縁の対決」と呼ばれた。１９８２年のフォークランド紛争（マルビナス戦争）という「本当の」戦争があり、その４年後の86年のメキシコ大会における準々決勝での対戦があった。「神の手」によるゴールとともに、ワールドカップ史上最高とも呼ばれるマラドーナの５人抜きシュートが印象に残るあの対戦である。

さらに、前回大会での対戦、ベッカムがシメオネへの報復行為で退場となり、辛くもアルゼンチンが勝った試合、もちろん古くは66年のイングランド大会、アルゼンチンはラフプレーを繰り返したとして、「ビースト（野獣）」などと呼ばれ、本国意識の強いイングランドから軽蔑の言葉を投げかけられていた。そうした歴史を抱えた両チームの対戦は確かに「因縁の対決」であり、ともに優勝をねらえる前評判の高い強豪チームであることから、大会前から注目は集まっていた。そして、この試合の放送権を手に入れたＴＢＳは、日本戦にも劣らない、ビジネス上の期待を持ったことは当然といえば当然である。

しかし、この両チームの対戦にはもう一つの「期待」があった。フーリガンの対決である。12月1日の抽選会で、イングランドが日本で試合と決定してから、それまでの漠然としたフーリガンの話題はより現実味を帯びたものとして取り上げられるようになった。すでに、組分け抽選会の中継を放送したNHK-BSでは組分け決定後、番組中でもフーリガンの危険が語られ、翌日12月2日の新聞では、各紙がフーリガンを取り上げ、「迫られるフーリガン対策　イングランドとドイツ迎え」(朝日新聞)の見出しが躍る。とりわけ、埼玉、札幌、長居はイングランドの試合会場となったため、「地元ピリピリ　フーリガン対策」(毎日新聞、12月10日)として、地元商店街などの不安が語られる。

しかし、前回の対戦でも暴動は起こらなかったにもかかわらず、危ないという報道のフレームはこの段階でできあがっていた。そしてこの「フーリガン襲来」には、サッカーに関心のない人をワールドカップというメディアイベントにひきつけるスペクタクルな魔力があったようである。

■スペクタクルへの期待

ところで、ケルナーはギー・ドゥボールによる議論（ドゥボール、1993）を援用しながら、「メディア・スペクタクル」という概念を展開する。彼によれば、それは、現代社会の基本的な諸価値を具体的に表現し、その社会の生活の仕方へと個々人を導き入れたり、あるいはまた、その社会の論争や闘争、そして問題の解決法などを劇化するといった、さまざまなメディア文化の現象を指す。そして、それには、大統領就任式やオリンピック開会式などの豪華なショーやスポーツイベント、政治的事件から、一般に注目されるセンセーショナルなニュースなどが含まれるという。もちろん、それは、メディアのもたらす情報だけを指しているのではなく、徹底したメディアの発達とその生み出す情報の商品化を前提として、そのスペクタクルな商品に人々が巻き込まれていく現象をも指している（Kellner, 2003, pp.2-11）。大会前から大会期間の前半に至るまで盛り上がったフーリガン騒ぎは、まさにスペクタクルへの「期待」であり、そうした一連の現象をメディア・スペクタクルととらえることができるだろう。

■フーリガン中継の思惑

「イングランド対アルゼンチン」の試合当日には、両国のフーリガンがぶつかる危険性のもっとも高い試合として、メディアも警察も、そして一般市民も、その「定義」を受け入れていた。テレビは、朝からワイドショー、ニュースともに札幌の様子を放送した。とくに、ワイドショーは当然ながら、試合の中身にはほとんど注目せず、フーリガンとベッカムであった。

さて、この試合の放送権を手にしていたＴＢＳは、試合中継とフーリガン騒動という二つのスペクタクルを期待した番組編成を行った。うがった見方をすれば、日本戦の中継を引き当てられなかったＴＢＳにとってこの対戦は、何が何でも盛り上げて高視聴率を獲得したい試合であった。そして、試合中継の前に「日韓！　熱血警察官24時　札幌決戦直前！　緊迫の札幌から完全生中継ＳＰ」を1時間にわたって放送したのである。

この番組は、およそ半年間にわたって展開されたメディアのフーリガン言説の集大成というものでもあった。

「アルゼンチン・イングランド戦といえば治安・安全面が非常に懸念されるところだったんですけれども……」と司会者は冒頭から番組のねらいを明言した。「緊迫の札幌から完全生中継」として、まず、ススキノにポータブルなカメラをもって配置される十数名のスタッフの存在が紹介され、「緊迫」と騒乱を伝えることを宣言した。番組全体としては、イングランドのフーリガン「来襲」をいかに防ぐのか、いかに開催都市での治安を守るのかが描かれる。そして、札幌を中心に、埼玉と鹿島、六本木、成田空港、千歳空港、海外では、英国のリーズ、そして韓国のソウルの街頭応援と水原《スウォン》のサッカー場前が登場する。

基本的な構成は、従来からある警察の協力を全面的に受けた「警察もの」ドキュメントである。一般に、「警察24時」シリーズは、警察と犯罪者、違法者が明快に分離される。「われわれ」の守り手と、われわれの秩序を乱す「彼ら」の対決の物語でもある。これほど明快に「彼ら」の思いを気にせず、「われわれ」の側から描ける素材はそうはない。あるといえば時代劇かスポーツの国際大会中継ぐらいだろうか。時代劇なら善と悪で境界が引かれ、スポーツならば日本と外国で境界が引かれる。今回の特別番組は、その両方が満たされている。悪と不道徳、そして無秩序が外国から日本を襲い、警察がわれわれの安全、そして国際的な大会の安全を守ってくれるのである。これほどまでに視聴者の道徳心と正義感、そして場合によってはナショナリズムを満足させる番組はないだろう。さらに、一人の「人情刑事」に焦点を当てるなどして、その物語は個人化され、「われわれ」の立場は揺らぎないものとなる。

番組の冒頭で、「各開催地で何度も問題を起こしているサポーターたち」として、1985年に起こったベルギーの「へイゼルの悲劇」の映像が紹介される。ただフーリガン暴動の映像自体はすでにこの半年間繰り返し使用されてきたためか、この番組内ではそれほど多く使用されない。つまり、視聴者にはすでにフーリガンの暴動の映像はこの時点までに定着しているともいえる。

■フーリガンのイメージの形成

たとえば、これより12日前の5月26日、カメルーン対イングランドのフレンドリーマッチが神戸で行われた夜、ゴールデンタイムに全国ネットで放送された「特命リサーチX」（日本テレビ系）は、長時間にわたってフーリガン問題を「科学的」に取り上げ、それまでフーリガンについて関心のない人々にも相当の認知をもたらした。

番組は次のように展開される。①ヘイゼルスタジアムの事件などヨーロッパや南米の事例からフーリガンのこわさを紹介。②2000年の欧州選手権における一般サポーターの暴徒化の事例から、どんな対策を立てても予測不可能と指摘。③阪神大震災におけるデマの例を出しながら、群集心理のこわさを強調。④問題のチームと同系色の服装で会場に近づかないこと、また「外国人」と安易な交流を持たないように、などという「安全対策」のアドバイスと続く。

しかし、この番組では、冒頭で指摘したような今回のワールドカップにおける特殊な条件は考慮、解説されないまま、「群集の集まるところでは群集の判断力が低下し、『感染』理論によってパニック現象が起こりうる」という社会心理学の古典的な仮説を今回のワールドカップに適用する。さらに、ナレーションの効果を高めるため、フーリガン騒ぎの映像が繰り返し流されるが、その映像にはワールドカップ大会時の騒動でないものが流され、その一方で、明らかにワールドカップ大会を楽しむサポーターたちの映像がはさみ込まれていた。その中でも、繰り返し使用された映像は、98年フランス大会の開幕戦で楽しむ、顔に「セント・アンドリューズ・クロス」をペイントし、キルトスカートをはいたスコットランドの男性がレンズに向かって目をむくシーンであった。しかし彼らは、対戦国のブラジルのTシャツを着ており、サッカーファンであれば、「彼らとブラジルサポーターとの交歓があったのだ」と読み解くはずのものである。さらに、もう一つは、ロンドンのチェルシー・サポーターたちがパブで楽しむシーンであった。ここでも、少し腹の出た中年男性たちがビール片手にパブで歌っている様子が映し出された。ともに、おそらくこの段階までに日本人にフーリガンとしてイメージされるようになっていた異形の大男たちの映像が利用され、フーリガンと英国の大男が結びつけられたのである。

■話のタネとしてのフーリガン

開幕が近づくにつれ、ワイドショーやバラエティショーなどでもワールドカップの話題が増加する。ニュースのアプローチが「警備対策」が中心であるのに対し、これらでは「フーリガンがいかに凶暴か」が話題の中心となり、ニュース以上に彼らの恐怖を露骨にあおる。そこでは、出演者たちの知識と会話力に依存して番組を構成する。

たとえば、「ワールドカップ直前！　フーリガンがやってくる!?」というテーマで、お笑いタレントたちが語り合う「情報バラエティ」番組があった。

「ヨーロッパでは勝った負けたで騒ぐ人たちが多い。とくに長居に来るイングランドには多い。勝ったら喜びを、負けたらストレスを発散させるのだろう」

「観客を二駅に分断するとのことだが、守らなくて柵を乗り越える人に、勝ち負けが加わるとこわい。ペットボトル禁止についても当然。フーリガンはものすごくペットボトルを投げるからだめ。長居の開かずの踏み切りにもイライラしてきっと暴れるに違いない」

「185センチ、186センチある人たちが100人とかで一斉に暴れたらどうしようもない。サッカーと同じで組織で対抗しないとだめ」（テレビ大阪「土曜なキブン」5月11日）。

この番組では、フーリガンがあくまで井戸端会議的な「話のタネ」であり、話し手のタレントも、その発言に情報としての責任を持っているわけではない。ここでは、フーリガンのステレオタイプイメージを利用して視聴者への「ウケ」をねらい、つまり「面白い話」になることが重要であり、フーリガン現象の文化的・歴史的背景や、フーリガン襲来の真偽は不問に付される。こうして、話すべきタネとして「フーリガン」が供給されたことによって、ワイドショーも、バラエティも活況を呈する。そして、サッカー自体に関心のない人もまたフーリガンという話のタネを通じてワールドカップにかかわることになっていったのである。

2　「彼ら」の排除と包摂

■「われわれ＝警備陣」対「彼ら＝フーリガン」

さて、前記「警察24時」では、フーリガンの映像よりも、治安を守る警察の行為に重点が置かれている。「7000人が治安を守る」「水際作戦」「威信にかけて治安を守ろうとする警察の執念」などのナレーションでもそれが強調される。そして「もっとも危険性が高いといわれている北海道警の警備訓練」が紹介される。雪原の中での訓練を指揮する機動隊長の個性が表現され、警察の機動隊という匿名のシステムがパーソナル化され、われわれの中に確固とした存在を得る。さらに、「市民の協力」を得るための、商店主などとの合同の説明会が開催され、われわれの側の交流が表現される。そして、商店主たちは自衛手段として現金の入った自動販売機の撤去、放置自転車、ごみ箱の撤去などが映し出される。

その後のセクションでは、英国・リーズの取材映像が流され、「リーズのフーリガンは悪名高い」という語りとともに、彼らへの警備の様子が紹介される。パブでのいざこざと取材班とのトラブルが映像で紹介され、「こんなフーリガンたちが日本にやってくるという」と語り、そしてフーリガンだという男のインタビュー。さらに「フーリガンを阻止すべく日本とイングランドが提携し、出国を禁止」の措置の紹介に続いて、成田空港入管の模様が映し出される。ここでも英国系の大柄でTシャツを着た男性やスキンヘッドの入国者が入国審査に入る列がアップで映され、彼らの顔の部分にはぼかしがかけられる。そして緊迫感が持たされるが、結局、「しかし善良なサポーターであった」というナレーションが入る。そしてついに、フーリガンのリストにあった一人の男性の拘束の様子が映され、「危険な芽が摘み取られた」とする。しかし、あくまでもフーリガンのおそれがある人物であって、日本人はフーリガンを見たわけではない。

■善良なサポーターたち

番組の後半では、イングランドとアルゼンチンのサポーターたちが札幌へ移動していく過程に密着し、彼らの行動が警察とのかかわりにおいて描かれていく。警察の側は、埼玉での「事故を未然に防ぐための工夫」、六本木では「400人による厳戒態勢」などが紹介される。ここでは、サポーターの彼らが歌い楽しむ姿の映像を通して、彼らは「善良」であるという表現が繰り返される一方で、日本人のわれわれとは違うというメッセージが、以下のようにちりばめられる。

「異様な雰囲気の車内」「飲酒を引き金にフーリガン化のおそれもあり、緊張が高まっている」「一見陽気に見える、しかしアルコールが入ったらわからない」「周辺の迷惑をまったく顧みない」「今のところ整然と」「アルゼンチンのほうも熱狂的」「イングランドのサポーターと鉢合わせ、笑顔の中にも緊張感が漂う」「試合の展開によっては暴動が懸念される」「エキサイトしたサポーターが暴動を起こさないとも限らない」「ビールをあおる」「その盛り上がりが暴動に変わらぬよう、臨戦態勢を引く」「決戦前の不気味な静けさ」などなど。

こうして、サポーターたちの楽しげな雰囲気は、われわれ日本人とは異質のものであり、また善良な彼らがいつ暴徒に豹変するかわからないという不安が喚起される。彼らの行為は常に暴動と背中合わせであるというメッセージが全編に語り続けられる。そして彼らの暴発を防ぐのが秩序の守り手である「われわれ」の側の警察である。

■韓国はエネルギッシュ!?

共催国の韓国も取り上げられるが、韓国についての語りは複雑である。まず、徹底したフーリガン対策として、「軍隊まで動員した」訓練の模様が紹介される。さらに、大会直前のフレンドリーマッチの対フランス戦の開始前に、「一部ファンが会場事務局とのトラブル」に偶然居合わせた取材班は、水原スタジアム前の「サポーターの大群衆がもめごと」を起こしたと説明するが、映像を見れば、その人数は100人程度であり、通常の会場規制と大差がないように見える。次に、ソウル市内での同日の街頭応援の混雑ぶりに対し、現場の取材アナウンサーは絶叫して伝える。そして、札幌の中継現場に戻り2人の司会者は韓国の模様についてコメントする。

「日本では考えられないような、韓国ならではの熱狂的なサポーターたちとそれに対する警察官たち」「非常にエネルギッシュな国という印象を皆さまもお持ちでしょうが、」「日本のサポーターたちとは一味もふた味も違う」「警察の守りもまたすごいですね」「日本ではこんなシーンを見るとドキッとしてしまう」「同じ韓国人同士のことですからね」

共催国・韓国については、フーリガンに関係させつつ、「われわれ」とは異なるもの、「熱狂的」とか「エネルギッシュ」という形容詞を用いて、「われわれ＝日本人」のもつ「秩序」「控えめ」という価値と対比させることで境界を引く。しかし、そのような差異を強調しつつ「共催国として頼もしい警備陣の徹底ぶりですね」という語で締めくくられ、警察への信頼という、この番組のもう一つのテーマにおいて、韓国は再び包摂されることになる。

フーリガンへの期待!?

この「警察24時」の番組にはフーリガンに対する「おそれ」と「期待」が凝縮されているともいえるが、また同時に矛盾も抱えている。目の前にいるサポーターは現実に「陽気」で「善良」なのである。したがって、このわれわれと彼らの物語を完遂するためにはいくつかの補助線としての仮定が必要となる。一つは、彼ら外国人は、われわれと価値を共有しておらず、得体の知れないところがあり、また血の気が多いので、いつフーリガンに豹変するか信用できないという仮定である。もう一つは、彼らを善良にしているのは、とりもなおさず警察の警備のおかげなのだという仮定である。したがって、この番組の生放送は非常に危うい要素をもったまま進められることとなる。というのもフーリガン騒動というスペクタクルを期待しカメラを何台も設置したが、しかし、万一現実に起これば、「われわれ」の秩序の守り手の警備陣の信頼性が損なわれることになるのである。

しかし、結局まったく何事も起こらなかった。2人の司会者も、試合そのものの緊迫感よりも、両国のフーリガンたちの暴動の予兆を発見しようと必死であったが、何事もなく試合が始まった。そしてこの試合、予選リーグ中、日本戦を除いての最高視聴率41・6％（関東地区）を記録した。ちなみに、この「警察24時」は10・7％（関東地区）である。

3 「フーリガン来襲」説から「過剰反応」説へ

■二つの言説の衝突

テレビがフーリガンの恐怖をとりわけ映像によって表現したのに対し、新聞では、02年春以降、「それは誤解だ」とする報道が登場し始め、「フーリガン襲来の不安」についての報道とぶつかり合った。

もちろん、新聞においても圧倒的に多いのはフーリガン対策の報道であった。たとえば、「厳戒ワールドカップ並み」(毎日新聞、3月22日)という見出しで、前日の「日本対ウクライナ」の試合を開催した長居競技場の模様を、全体としてフーリガン対策のテストとして描き、今回はよかったが、「外国人が多く来るワールドカップ本番でも同様にできるか」という市民の不安の声が掲載されている。

また、「線路の砂利　投石こわい　フーリガン封じ　樹脂で固めろ　JR西長居近くの阪和線」（読売新聞、4月6日）という見出しで、「『怪力ぞろい』のフーリガンに備え、新幹線に使う合成樹脂よりも強力な樹脂の使用も検討している。JR西日本は『凶器に使われたら大変。最悪の事態も想定し、対策をとっておきたい』」という談話を掲載している。

一方、春以降は「過剰反応」説も増加する。

「熱狂的サポーターとフーリガンは違う！　英国政府　不安解消ねらい講習会」（読売新聞、3月30日）、「ファン代表・長居で説明『イングランドサポーター99％は友人』」（朝日新聞、4月26日）。また、「フットボールの母国を歩いた　イングランド・サッカーの魅力」（読売新聞、4月25日）では、「お祭り・地鳴りの応援、暴徒豹変は一部」とする現地取材の記事を掲載している。

さらに、明確に「フーリガン　過剰反応は逆効果」（朝日新聞、5月27日）とする記事も登場する。00年の欧州選手権で、「柔軟」警備のオランダにトラブルが少なく、「鎮圧」警備のベルギーにトラブルが集中した例などをあげつつ、英国の関係者が案ずるのは「一般ファンが暴徒扱いされる」ことであり、「不測の事態への備えは必要だ。だが、それが不安や不満をあおるものなら、それこそフーリガンの思うつぼ」と、記者は主張する。

テレビにおいても、NHK大阪は5月27日夕方のニュースで在日イングランド人の応援風景や意見を取材し、また英国領事をスタジオに招いて意見を聞いた。フーリガンとはごく一部の人々であり、多くは善良なファンだという主張である。

このように、英国人自身がフーリガンの不安はないと指摘し、また英国での取材をもとに、その不安を打ち消そうとする内容となっている一方、日本での取材はフーリガンの「襲来」を前提とした不安と国内での対策が語り続けられる。どちらにしろ、日本のメディアはフーリガンの「日本襲来」について、何ら確証をもってはいなかった。

■フーリガンはこなかった！

大会が始まっても、結局フーリガンを見ることはできなかった。メディアはいまだ見たことのないフーリガンを追い求め、その頂点が前述のＴＢＳの「警察」特番だった。

同日の試合後の「ニュースステーション」〈因縁のイングランドVSアルゼンチン　ススキノ厳戒〉では、「両国のサポーターは試合いかんでは殺人や放火を犯すほど過激で知られている」「札幌はおそれていた。そして悩んでいた」というナレーションで始まる。久米宏は、中継現場とのやりとりの中で、「危ない危ないといわれていましたが、私は、日本人は少しフーリガンに対して過剰反応してしまったかなと思っているんですが、結局札幌の夜はどうなんでしょうね」と発言し、また、「試合が終わって30分たちますけど、サポーターに何か変化はありますか」と問いかけた。これに対し、レポーターは、次のように答えた。「ぶつかり合いや衝突やいがみ合いはまったくありませんでした。逆に肩を組んで両国のサポーターが仲よく出てきたり、こちらに来てからフーリガンはいなくてサッカーを愛する気持ちを両国の人に教わった気がしました」。

この段階で、フーリガンが暴れるスペクタクルとしてのワールドカップという、日本のメディアが事前に描いてきた報道のフレーム「フーリガン来襲」説は、ほぼ終了もしくは崩壊した。

■「ガイジンさん」としての包摂

そして、過剰反応説と遠来の客人を歓迎すべきだという主張が急浮上してくる。その典型が「とくダネ！」（フジテレビ系）でシリーズとして放送されたイングランドサポーターの「珍道中」である。

6月6日放送の「わたしがフーリガン？　密着爆笑珍道中」、イングランドサポーターのリー・ワトソン（24歳）が仲間とともに安宿に泊まり、また外国人向けのＪＲパスを利用して日本中を移動していく様子を取材したものだが、彼らを非常に好意的に描いている。

ワトソンとその仲間は、その表情と言動の素朴さ、そして陽気さが強調される。そして、日本の缶ビールを持ち歩くこと、畳の部屋でくつろぐ様子、日本の狭い宿舎への満足の表明、日本滞在中の節約、日本の女性たちとの和やかな記念写真、仲間の乗換え駅での迷子、特急列車の回転可能な座席への関心などが描かれる。こうして、彼らは、日本社会にとって脅威の存在ではなく、日本人が歓迎し、保護すべき無垢な子どものようにも描かれていく。とりわけ、日本社会の欠点とも思われる住環境の貧弱さや物価高を受け入れ、日本が誇るべき「技術の高さ」に感心することは、日本人にとってもっとも望ましい西洋人（ガイジン）のあり方でもある。

こうして、われわれ＝日本人に受容された彼らが、日本の警官と遭遇する場面は、緊張感をもって描かれる。先の「警察24時」とはまったく逆の視点をとり、カメラはワトソンたちの目から警官を眺めることとなる。彼らが楽しく歌いながら歩いていくところが映された後、埼玉スタジアムに到着したところで、「ストップ」と無表情にいったん制止されたりする。その後札幌に移動し、駅で電話をしているところに、また警官があらわれ、「荷物を移動しろ」としぐさで命令を受ける。この無表情で無言の警官の態度は、視聴者には非常に無礼な態度に見える。その後、「札幌の警官はフレンドリーじゃない」「こんな失礼なやり方はかえって問題を起こす」という彼らの意見が流される。その後の映像で再び彼らが宿舎で無邪気に騒ぐ様子と、札幌の警官が街頭をパトロールし、外国人グループを無言で一瞥《いちべつ》して通りすぎ、グループが戸惑いながらすれ違う様子などが流される。

すでに、この映像に至るまでに、「われわれ＝視聴者」の視点は「彼ら＝サポーター」の側になっており、過剰反応説はよりリアリティを持ち、警備陣の存在は、われわれにとっての遠来の客に対するホスピタリティが欠如したものと受け取られる。この後、スタジオから、「フーリガン対策」の結果、フーリガンは入国しておらず、彼らは、気のいい熱心なサポーターたちなのだという意味の発言がなされる。

こうして、潜在的フーリガンとも見られていたイングランドサポーターたちは、日本文化への敬意の表明と敵意のない無邪気な行動によって日本社会に受容され、「愛すべきガイジン」へと変化していった。そして、ワールドカップという国際的イベントが、日本人に欠けていた国際感覚を身につける絶好の機会だという言説が支配的となっていく。7日のアルゼンチン戦を経て、12日の大阪でのナイジェリア戦の後には、メディアから「フーリガン」への不安の表現はほとんど消えた。

■結びにかえて

半年間にわたって形成されたフーリガン言説は、言い換えればうわさによる言説でもあった。シブタニの定義によると、うわさとは、「あいまいな状況にともに巻き込まれた人々が、自分たちの知識を寄せ集めることによって、その状況についての有意味な解釈を行おうとするコミュニケーション」（シブタニ、1985、35頁）なのだが、多くはマスメディアなどの公式的な制度的チャネルからの情報によって沈静化する。しかし、フーリガン襲来のうわさの中心にあったのはあくまでメディアであった。

メディアは、大きなうわさの渦の中心にあって、フーリガンのイメージを可視化し、具体化し、拡大していった。メディア自体が、そのあいまいな情報を検証することなく、警備当局のフーリガン対策の情報に依存した報道を行い、さらにメディアがそれぞれにフーリガンイメージの形成に相互依存の形をとりながら、フーリガンについて「有意味な解釈を行おうとして」、うわさを拡大再生産していった。ただ、この情報の真偽を問う検証や欧州におけるフーリガン現象の社会的背景を追わなくても、メディアはフーリガンの「うわさ」によって十分に視聴者や読者をひきつけることができた。ニュースキャスターが語った次のコメントが象徴的である。

「フーリガンをめぐる国際協力がどこまで功を奏するかもワールドカップの見所ではないでしょうか」〈フーリガン対策に助っ人〉(フジテレビ「スーパーニュース」5月27日)。

フーリガンは、もう一つのワールドカップの「見所」であり、期待されたスペクタクルだった。このフーリガン言説が、結局大会の終幕ブラジル対ドイツの決勝戦の視聴率58・1%にどれだけ貢献したかは実証できないが、メディアのワールドカップビジネスという点から見れば、大会前から前半に至るまで、サッカー競技そのものに関係のないメディアに格好の素材を提供したし、また、サッカーに関心のない多くの日本人に、ともかくもワールドカップという国際イベントに「参加」する意味を提供するものだった。さらに、このメディア・スペクタクルを通して、拡大する国際テロの恐怖や外国人犯罪の増加などの国際化がもたらす漠然とした不安感が日本社会のもつ価値に照らして表現され、また一方で、国際理解や国境を越えた人権問題などの普遍主義的なイデオロギーとの衝突も象徴化されて提示された。そうした形で劇化され、象徴化された日本社会の価値の葛藤を人々は画面のこちらで楽しんだのである。もしかすると、サッカーの試合よりもフーリガンのスペクタクルだけを期待して大会を待った人もいるかもしれない。競技場周辺の人々と、現実にスタジアムで試合を観戦したサポーターたちにはいい迷惑ではあったが。

(黒田　勇)

■エッセイ■

興味深き現象――ワールドカップをめぐる韓国メディアの総括

ワールドカップが終わって1カ月半後の2002年8月15日、韓国の金大中《キムデジュン》大統領は日本の支配から解放された記念である「光復節」の記念演説で次のように述べた。

「ワールドカップが開かれた6月、われわれは8・15光復の日に次ぐ感動と解放感を再び感じとることができた。われわれは一つになり、『なせばなる』『大韓民国の未来は明るい』と信じるようになった。われわれはワールドカップを史上もっとも成功的に開催し、大韓民国の底力を全世界に示した。ワールドカップ4強に続く経済4強、世界一流国家ももはや夢ではない。ワールドカップの成功的開催で今や大韓民国はアジアの中心に高くそびえている」

これが日韓共催だった2002年ワールドカップの韓国における総括である。

こうした総括はメディアによって大々的に展開され、大統領以下政府はそれに乗っかって国民との一体感を楽しんだ。つまり、韓国国民はワールドカップでサッカーを楽しんだのではなく、やはり自らのナショナリズムを楽しんだのである。韓国より上の3位になり、よりドラマチックに好成績をあげたトルコで、果たして「世界の経済3強へ」とか「オスマントルコの栄光よ再び」とか「アラブ世界の中心にそびえるトルコ」などといった議論が語られたのだろうか。

ワールドカップをめぐる韓国メディアの総括は、自己陶酔にも似た圧倒的な自己賞賛で占められた。これは1988年のソウル五輪でも見られなかったことである。その自己賞賛はサッカーの成績よりも自らの民族、国家、国民、歴史に広がった。中には「世界4強の文明国へ」といった主張もメディアを飾っていた。韓国にとって2002年ワールドカップは文明史的なできごとだったのである。あの詩人・金芝河《キムジハ》氏もまた「民族的ながらも全人類的、全世界的なアジア復興、世界文化革命の発火」とする感動と感激の文章をマスメディアに寄せていた。

韓国以外では誰もそう思っていないのだから、これらは「自己陶酔」ということになるが、スポーツ・ウォッチャーではないコリアおよびコリアン・ウォッチャーにとっては限りなく興味深い現象だった。日本はそういう隣国とワールドカップを共催した。あれは日本人にとっては隣国理解（！）の絶好のチャンスだった。

＊拙著『ソウルが平壌になる！』２００３年6月ビジネス社刊を参照。

（黒田勝弘）

Chapter 2

メディアイベントとしての街頭応援

●レッドデビル（赤い悪魔）の真実

■はじめに

韓国における２００２年ワールドカップを振り返ったとき、韓国国民にとって、何よりも代表チームの４強進出は大きな驚きであり喜びであった。ポーランド戦で、悲願のワールドカップでの１勝を果たしたのを皮切りに、16強・８強・４強と進出し、人々はその夢のようなできごとに「熱狂」した。そしてまた、その「熱狂」は、真っ赤な「応援の波」となって韓国全土を埋め尽くしていった。大会直前のイングランド戦、フランス戦では、２試合あわせても２万人ほどしか集まらなかった「街頭応援」は、ドイツ戦ではついに全国７００万人にまで膨れ上がった。ワールドカップ後の韓国ギャロップの全国調査では、「街頭応援に参加した」と答えた人は全体の57・３％、「赤い服を着て応援をした」人は63・5％、「『大韓民国（テーハンミングック）』というかけ声で応援した」人は93・7％であった（韓国ギャロップ、2002年7月1日実施　www.gallup.co.kr）。

このように、韓国内のいたるところで行われ、回を重ねるごとに大規模化していった「街頭応援」は、いったいどのようにして起こったのだろうか。よくいわれているのが、今回のワールドカップ以前より設立されていた「レッドデビル（赤い悪魔）」という代表チームのサポーターズクラブの先導である。「街頭応援」というと、おなじみの「Be the Reds」の赤いTシャツと「大韓民国（テーハンミングック）」というかけ声のイメージが強いが、このような応援方法をレッドデビルが広め、それに人々が呼応・追随していったといわれている。もちろん、最初はレッドデビルの先導力は大きかっただろう。しかし、本当に彼らの力だけで、あのように「街頭応援」を韓国全体に拡大することができただろうか。というのは、今回のワールドカップは、日本同様、韓国においてもメディアイベントとしての側面が大きかったからである。韓国戦の試合中継については、予選では地上波3局（KBS2・MBC・SBS）で放送し、16強以上ではKBS1も加わり、地上波では全3社4つのチャンネルで韓国戦の同じ映像が映し出された。たとえば、イタリア戦の地上波全体視聴率は、72・4％（占有率90％）、ケーブルTVのスポーツチャンネルも含むと占有率98・3％となった（ニルソンメディアリサーチコリア調べ、http://www.tnsmk.com/）。また大会期間中、一般紙の紙面・平均約3〜4割においてワールドカップのニュースが伝えられていた（デジタル朝鮮日報・日本語版、2002年6月26日「韓国新聞のワールドカップ報道、日本の1・7倍」）。

このような中、「街頭応援」も例外ではなく、その大規模化にメディアがかかわっただけではなく、その運営や宣伝自体をメディアが行っていた。本稿では、「街頭応援」がいかにしてメディアイベントとして作り上げられていったのかについて検討を行いたい。

1 「街頭応援」の概要

まずは「街頭応援」自体がどのようなものであったか、韓国でどのように「語られたか」についての検討から始めたい。

2002年ワールドカップ中、「街頭応援」は、ソウル市内では市庁前・光化門《クワンファムン》などの約9カ所、また全国では約70カ所で行われた。そして、たとえば6月10日の韓国対アメリカ戦では、ソウル市庁前に10万人、全国では100万人が「街頭応援」に参加し、6月25日の準決勝の韓国対ドイツ戦では、市庁前では80万人、全国では700万人が参加した。

また、街頭応援は、大規模なものは企業（市庁前・SKテレコム／光化門前・朝鮮日報・スポーツ朝鮮・デジタル朝鮮／蚕室《チャムシル》野球場・KTF／漢江《ハンガン》LG舞台・SBSなど）が、また中・小規模のものについては、各自治体や学校、教会などが主催したものが多かった。さらに、韓国戦のある日は、仕事や授業を短縮や休みにする会社や学校もあった。[*1] このように、「街頭応援」は韓国代表チームが勝ち進むにつれ、大小あわせてさまざまな場所・主催で行われるようになり、またワールドカップ中、どこかに集まって集団で韓国代表の試合を見るということが習慣化されていった。

＊1　中央日報（韓国語ネット版、2002年6月25日）では、韓国対ドイツ戦の応援に向けて、以下のような記事が掲載された。「職場、学校でも決勝雰囲気が最高潮…（中略）…各会社や学校は、この日

職員や学生が待望の街頭応援に参加できるよう短縮勤務・授業、または一時休務・休業をして雰囲気を盛り上げた…（後略）」

ところで、韓国のメディアでは、「街頭応援」は政府に動員されたのではない、人々の自発・自主的な応援という面が強調された。そして、「ダイナミック・コリア」や「R（Red）世代／W（ワールドカップ）世代」といったような言葉をもちながら、今まで神聖化されていた「太極旗」の大衆化や、世代間の交流、女性ファンの台頭など、「街頭応援」を「新しい世代」「新しい文化」を生み出した「社会現象」としてとらえた。[*2] 一方、日本のメディアでの「街頭応援」の取り上げられ方は、「国民が一体となった応援」「ナショナリスティックな韓国」といったようなものであり、このような、日韓両国の言説についての「ずれ」については、黄盛彬（2003）などの研究に譲りたい。

表1　ソウル・釜山での主要な街頭応援（アメリカ戦）

ソウル	光化門付近	20 万人
ソウル	ソウル市庁前	10 万人
ソウル	漢江市民公園 LG 野外舞台	10 万人
ソウル	蚕室野球場	3 万人
ソウル	マロニエ公園 TTL 舞台	2000 人
ソウル	平和公園ソウルプラザ	6 万人
ソウル	麻浦文化体育センター	2500 人
ソウル	貿易センター野外舞台	8000 人
ソウル	漢江公園・蚕室地区	5000 人
釜山	アジアード主競技場	5 万人
釜山	釜山駅プラザ	1 万人

（朝鮮日報 2002.6.10）

＊2　たとえば、東亜日報（2002年7月8日）では、「女性サッカーファン」という題で、以下のような記事が載せられた。「夢にも思わなかった4強進出の神話を作り出した今回のワールドカップにおいて、最高の場面は、世界を驚かせたレッドデビルの応援文化だ。

しかし、街頭の熱い応援の半分以上は女性であった。…（中略）…韓国女性は、（サッカーから）チームワーク精神を学び、国内の政治・経済・文化だけでなく、世界の舞台へ進出していくだろう」。また、「レッドエコノミー」（韓国日報、2002年6月13日）、「レッドマーケティング」（京郷新聞、2002年6月12日、デジタルタイムス、2002年6月14日）など、「レッドデビル」にまつわる言葉も韓国のメディアに氾濫した。

そしてメディアでは、「街頭応援」が政府からの動員ではなく、あくまで自分たちの意志と楽しみのために集まった自発的集団だと強調するために「レッドデビル」のイメージが利用された。たとえば、ハンギョレ21（2002年6月20日）では、「赤い熱情、赤い歓喜─ワールドカップを国家動員行事ではない全国民の祭りとして…レッドデビルの力と未来を話す」という題の記事が掲載された。この記事でも「レッドデビル」の応援は、今までの動員された観衆に比べ「自由で能動的」であり、「（機械的ではなく）競技内容に合わせた応援」だと述べられた。また週刊朝鮮（2002年7月4日）でも以下のような記事がみられた。「韓国人は、自ら『レッドデビル』という名前の街頭総合劇を、または舞踊を、またはミュージカルを、市民の名前で制作・演出し出演した。この経験を地域文化へもつなげなければならない……」。このように「レッドデビル」と「街頭応援」はいつも関連づけられて語られた。

しかし、この「レッドデビル」とは、もともと韓国サッカー代表チームのサポータークラブの名称で、「街頭応援」に参加した人すべてがレッドデビルの会員というわけではなかった。「街頭応援」が拡大するにつれ、メディアは、「街頭応援」に集まる人々をひとくくりに「レッドデビル」ととらえ、彼らの「自発的・自由な参加」が「新しい文化（社会現象）」を生み出したという図式を繰り返し描いていった。

さらに、多くの研究者たちも、その「レッドデビル」が生み出した「新しい文化」に注目し、それを「新しい社会現象」として位置づけた。彼らの関心もメディア同様に、「街頭応援」の現場で起こった新しいアイデンティティの形成や、さらに「われら民族」としての新しい共同体意識の芽生えなどに集中して議論がなされていた。

たとえば、姜尚中《カンサンジュン》（2002）は、韓国での街頭応援の盛り上がりについて次のように解釈する。「それは韓国の過剰な愛国主義のなせるわざだけでは説明できない。というよりは、あの地鳴りのような歓声は自らの無力感を骨身にしみて味わわされてきた民族の悲哀の歴史なしにはありえなかったのではないか。…（中略）…20世紀が終わり、新しい世紀の世界的なイベントの舞台に躍り出ることで、無力感の悲哀を味わってきた分断国家の国民は、おそらくはじめて力の充実感に満たされたのではないか」「その充実感は民族の存在そのものを絶対化し、そのアイデンティティを純化していくような自閉的な民族主義によってではなく、グローバル化の脱領域的な力がせめぎ合う異種混合的な空間に身をさらすことによってかなえられた」とした。そして、それはたとえば「Pride of Asia」というレッドデビルのカードセクションにあらわされるように、韓国が分断を越え、アジアというより広域的空間への帰属感をもつ可能性を見いだしたのではないかとした。

しかし、ここでいう韓国国民の「力」は、メディアによって「街頭応援」という目に見える「形」として映し出され、メディアによって再評価されたことで、より人々に満足を与え、説得力をもったのであり、姜のいう「街頭応援」は、本稿で検討するような「メディアイベント」としての視点に欠けている。韓国戦の日は、街頭とスタジオを交互に中継した応援番組がどの局でも放送され、さらに試合が開始されると、どのチャンネルを回しても韓国戦の同じ画面が映っていたのである。このような逃れられない状況の中で、メディアによって「応援」そして「感動」を押しつけられた側面も見逃してはならない。

また黄順姫《ファンスンヒー》（2003）は、「…ストリートはサッカーの観戦で、意味空間がリフォメイションされた。そこに『世界イベントの開催』『観戦・応援の快楽』『連帯感』『ナショナルアイデンティティ』が刻まれた。その結果、この空間には連帯感、ナショナルアイデンティティを共通項にした多様な意味の重層的構造が形成されている」と述べ、「街頭応援」で人々は、日常を抜け出し、日常の身体技法が破壊される中で快楽を味わったとしている。確かに、そういった応援の「快楽」はあっただろう。しかし、当日の街頭応援の現場では、数多くの企業がマーケティングの場として、そこに集まる人々に自社の名前の入った応援グッズや飲料水を配り、自社のイメージアップをはかった。街頭応援は、ただ純粋な「応援の場」として構成されていたのではなく、そこではメディアを中心としたさまざまな企業のマーケティングが実施されていたのである。

このように、姜尚中も黄順姫も、「街頭応援」に人々がいかに参加し、満足または快楽を得たかについてのみ注目し、そのメディアイベント的性格やマーケティングの場としての「街頭応援」にはまったく触れていない。

また、韓国でも、ワールドカップ後に開かれた「ワールドカップは私たちの社会に何を残したか」というテーマのシンポジウムで、「レッドデビル現象の社会的意味」について先と同様の議論がなされ、他にも同様のシンポジウムが数多く開催された（社会政策研究院・文化改革のための市民連帯・

体育市民連帯主催。於ソウルアニメーションセンター、2002年7月9日）。

このように、メディアや研究者の間で、「街頭応援」はさまざまに語られてきた。しかし、ここでもう一度「街頭応援」のプロモーションは、レッドデビルだけが行い、運営したのではないということを強調しておきたい。その主催は、メディアや企業が主体となって行っていたものが多く、そこには、さまざまな方面からのサポートがあったにもかかわらず、「街頭応援」の「新しい文化」の中にある商業性については、今まであまり注目されてこなかった。

2　レッドデビルと街頭応援

レッドデビルは、1997年PC通信のサッカー関連同好会からスタートし、98年ワールドカップアジア予選に向けて組織的な応援が必要だという意見の掲示が誕生の発端となった。その後、ネット掲示板を通して、正式名称を公募し、98年8月に「レッドデビル」に決定した。このレッドデビルはワールドカップ前までは、会員約9000人の団体であり、彼らの活動はおもにボランティア、インターネットを中心に行われていた。

このように運営されていたレッドデビルは、02年ワールドカップに向けて、その活動をサポートしてくれるいくつかの企業と提携を結んだ。外換（銀行）カード3億ウォン、東亜製薬1億1000万ウォン、現代自動車3億3000万ウォン、SKテレコム3億ウォンなど、企業とスポンサー契約を結び、総額で10億4000万ウォン（約1億4000万円）の後援金を得た。もちろん全額が現金収入となったわけではなく、イベントでの経費や備品をスポンサーが提供するという形もあわせての契約であった。

こうしたスポンサー企業の中でも、とくにSKテレコムとレッドデビルの関係は、当初、非常に協力的なものであった。後で説明をするように、ワールドカップに向けてのレッドデビル会員の募集については、SKテレコムもKリーグ会場や広告を通じて勧誘活動を行った。そしてSKテレコムの広告には、エキストラとして多くのレッドデビル会員が起用された。このように、ワールドカップ前までは、両者の関係は良好であったのだが、ワールドカップ開始後、両者の関係は徐々に離れていった。*3

＊3　一部のメディアでは、SKテレコムが契約違反をし、「レッドデビル」の名称を無断で使用してイベントを開催したとして、レッドデビルがSKテレコムに損害賠償を要求するという内容の記事まで出た。

以下は、レッドデビルのメディアチーム長・申同民《シンドンミン》氏が、ワールドカップ後のシンポジウムにて語ったものである。

「…レッドデビルと協賛提携を行った企業の中でも、SKテレコムはレッドデビルのイメージを活用した広告を通して、大きな効果を得ることができました。しかし、この過程で、SKテレコムはレッドデビル執行部と円滑な意思疎通を図ることができず、若干の摩擦も起きてしまいました。しかし、だいたいの場合、大企業の論理で、SKテレコムが有利な立場で事を進めていきました。…（中略）…企業との関係が簡単ではないことがわかったレッドデビルは、今後企業との協賛行為はしないと暫定的な決定を下しました」（日本スポーツ社会学会研究プロジェクト「日韓ワールドカップの熱狂を

読む」シンポジウム、於関西大学百周年記念館、2002年9月7日）

結局、ワールドカップ中のレッドデビルとしてのまとまった応援活動は、競技場でのカードセクションや大型太極旗を使ったものが中心となった。また、街頭応援については、当初行われた光化門を中心に、会員それぞれが参加する形となった。

さらにワールドカップ以降の活動については、「街頭応援」などであまりにもレッドデビルのイメージのみが先行し、商業的・政治的な利用が多くなったため、会長が辞任、事務局閉鎖となり、会員の登録、活動の告知等はすべてインターネットでのみ行われることになった。

ワールドカップ以前は、一部のサッカーファンの集まりでしかなかったレッドデビルが、ワールドカップにより全国民的団体となり、その結果、今までのような「純粋なサッカーファン」としての自己意識を維持することが困難になったことは何とも皮肉なことである。

3　SKテレコムの「街頭応援」戦略

次に、SKテレコム側がどのようにレッドデビルと提携を結び、どうマーケティングを行っていったのかについて見ていきたい。

まず、韓国での02年ワールドカップのオフィシャル・スポンサーは、韓国テレコム（KT）、現代自動車、そしてオフィシャル・サプライヤーは、国民銀行、現代海上、ポスコ、KCC、大韓航空、ロッテホテルであった。これらの企業には、ワールドカップのオフィシャルロゴ、商標、オフィシャルマスコット、ワールドカップトロフィーの使用、そしてイベント会場や公式刊行物、メディアでの社名や商品名の露出が許可されている（オフィシャル・サプライヤーは一部制限あり）。

また、「アンブッシュ・マーケティング」といわれるオフィシャル・スポンサーやサプライヤー以外の企業が、ワールドカップのイメージを利用したマーケティング活動も、韓国では盛んに行われた。その「アンブッシュ・マーケティング」中でも、今回のワールドカップで非常に成果をあげたとされるのが、移動体通信業のSKテレコムであった。[*4]

＊4　その成果については、「SKT『レッドデビル』マーケティング大爆発」（世界日報、2002年6月12日）、「レッドデビルはSKTの孝行息子、3億後援で2000億広告効果」（朝鮮日報、2002年6月18日）、「レッドデビル後援、SKT、ワールドカップマーケティング大成功」（内外経済新聞、2002年6月8日）など、メディアでも多く取り上げられた。

ところで、SKテレコムは、韓国有数の財閥SKグループの中心部門の一つで、移動体通信の会社であるが、その業績は業界1位であった。しかし、今回のワールドカップでは、通信業では韓国テレコム（KT）がオフィシャル・スポンサーであったため、その関連移動体通信会社であるKTフリーテル（KTF）がワールドカップのオフィシャルなマーケティングを行うことになった。そこで、KTフリーテルとの競争のため、SKテレコムは、98年フランス大会のアディダスとナイキのマーケティング競争を参考にしながら、FIFA（国際サッカー連盟）のもつ権利の外での「アンブッシュ・マーケティング」活動を行った。SKテレコムとその広告代理店であるTBWAは、オフィシャル・スポンサーが活動しない早い時期からのイメージ戦略、単発集中ではなく長期的な広告展開を行った。とくに、オフィシャル・スポンサーとは差別化された「ノンオフィシャルエリア」の構築に力を注ぎ、代表チームサポータークラブ「レッドデビル」へ3億ウォンの後援金を出し、彼らの協力を得て広告・キャンペーンを展開していくことにした。

■SKテレコムの広告

まず、SKテレコムと代理店のTBWAは、ワールドカップに関連した広告を制作した。広告は、ワールドカップ1年前の2001年6月からTBWAのSKテレコムチームによって企画された。ここでは、その中でも、とくにSKテレコムの主力ブランドであるスピード011のテレビ広告を中心に、TBWAの企画案に従い、プロモーションを3段階に分けて見ていきたい（「スピード011・2002ワールドカップキャンペーン」TBWA企画書）。

①2001年10月～2002年2月「Be the Reds」（図1・図2）

まず、ワールドカップに向けての最初の広告が流されたのは2001年10月で、この期間は「Be the Reds」の期間とされた。ここでは、一部のサッカーマニアの集団であるレッドデビルを認知させ、「サッカー応援」が、「感動的」なものであるという提示を行った。広告では、若い男女を主人公にした「身振り編」と「涙編」が作られた。舞台をスタジアムに置き、彼らが涙を流し汗をかきながら韓国代表チームを応援する様子が描かれ、最後に、「全国4000万人がレッドデビルになる日まで」というナレーションがいれられた。

さらに、「レッドデビル」の会員勧誘として「レッドデビルになろう」フェスティバルが、ホームページやKリーグ会場、またSKテレコムの支店などで行われた。そして加入者にはレッドデビルの応援ユニフォームである赤いTシャツやマフラーが配布された。

「世界で一番美しい身ぶりがあります。レッドデビルです」
図1　身振り編

「世界で一番美しい涙です。レッドデビルです」
図2　涙編

（写真提供：SK テレコム・TBWA）

①私もレッドデビルになりました。レッドデビル応援。皆さんもついてきてください。

②まず拍手 5 回。

③チャチャッ、チャッ、チャッ、チャッ。

④両手を広げて。

⑤大～韓民国（テーハンミングック）。

⑥韓国サッカーの力、レッドデビル、スピード 011 が一緒です。スピード 011。

図 3　大韓民国（テーハンミングック）編

（写真提供：SK テレコム・TBWA）

①今度は歌です。レッドデビルの応援歌。皆さんもついてきてください。

②オー必勝（ピルス）コリア♪

③もっと大きな声で。

④オー必勝（ピルス）コリア♪

⑤韓国サッカーの力、レッドデビル、スピード 011 が一緒です。

⑥スピード 011。

図 4　オー必勝（ピルス）コリア編

(写真提供：SK テレコム・TBWA)

ここまでのキャンペーンでは、レッドデビル自体の認知度はあがったものの、SKテレコムとサッカーとの結びつきが弱いため、広告主のSKテレコム自体の印象は薄かった。

②2002年2月〜5月「Learn the Reds」（図3・図4）

次に、2002年に入ってからワールドカップ期間前までの期間は、「Learn the Reds」というキャンペーンを展開した。ここでは、ワールドカップ以前からのSKテレコムのイメージキャラクターであった韓石均《ハンソッキュ》をもちい、SKテレコムと「応援」のイメージを結びつけた。そこでは、一般にあまり知られていないサッカーの応援方法をわかりやすく教える広告を放送した。提携を結んでいたレッドデビルと協議し、従来のレッドデビルの応援方法の中から、今までサッカーを応援したことのない人でも覚えやすい応援2パターンを選定した。

「チャチャッ、チャチャッ、チャチャッ、チャチャッ（5回手拍子）、大韓民国（テーハンミングック）」という連呼形式（大韓民国編）のものと、「おー必勝（オーピルスコリア）」という歌形式（オー必勝コリア編）のものである。

さらにSKテレコムは、「レッドデビルヨーロッパ遠征団」を募集し、3月24日〜29日の間、韓国代表チームのヨーロッパ遠征に同行し応援を行った。

③2002年5月〜7月「Do the Reds」（図5）

次に、大会直前、また大会中においては、引き続き「応援方法」の広告を流すとともに、「Do the Reds」の期間として、直接応援会場で撮影した広告や、代表チームの成績に応じた広告を放送した。試合を見た後の高揚感を視聴者と共有し、さらにそれを持続させ、次の応援を誘引する広告を制作した。

①ついにポーランドです。

②今度はアメリカです。

③今、ポルトガルです。

④

⑤

⑥韓国サッカーの力、レッドデビル、スピード 011 が一緒です。スピード 011。

図5　ポーランド/アメリカ/ポルトガル編

(写真提供：SK テレコム・TBWA)

たとえば、ポーランド戦の後、SKテレコムの広告では、「今度はアメリカです」というナレーションとともに、大型星条旗と太極旗を映し出した。さらに、ポルトガル戦の後には、韓国チームの勝敗によって2種類の広告を用意し、結果に応じた広告を流せるよう準備した。

また、ワールドカップ期間に入ってからは、実際の「街頭応援」の映像も取り入れた広告を制作・放送した。予選では、SKテレコムが主催した街頭応援に、エキストラを数人参加させ、彼らが自由に応援する様子を映像にしたが、それ以降については、応援に参加している一般の人々の様子を広告に使用した。この時期からは、街頭に出ればみんなが「レッドデビル」であるため、もともとのレッドデビルのサポーターたちを広告に使用する必要もなくなっていた。

以上のように、ワールドカップ前から継続したキャンペーンにより、視聴者の間にSKテレコムとレッドデビルのイメージが重なって、視聴者の間に定着していった。そして大会期間には、試合を応援した直後の視聴者の感情にあわせた広告を繰り返し流すことで、「SKテレコム＝応援」というイメージを視聴者に浸透させた。そして、今までレッドデビルによる応援のイメージを強調していたSKテレコムは、大規模化した「街頭応援」の映像を使いながら、「私たちは大韓民国です」「大韓民国はやりとげました」「大韓民国の話をしよう」など、「街頭応援」自体が何かを「達成」したような表現を全面に押し出した広告に移行していった。

またSKテレコムは、このワールドカップ関連広告に多額の費用を投入しており、先の広告代理店TBWAのチョンミンギ次長は、この期間の広告について次のように語った。

「…ワールドカップ1カ月だけのSKテレコムのワールドカップ関連広告費は約80億ウォンで、これは中小企業の1年分の広告費に値します。確かに多くの金がかかりました。…（中略）…でも、3月以降はこの広告が成功することを確信しました。…（中略）…ですから、SKテレコム側でも、もう費用については何も言いませんでしたよ…」（著者インタビュー、2003年3月13日）。

SKテレコムの2002年度上半期の広告費は、4大媒体において911億ウォンにのぼる。もちろんこれはワールドカップに関するもののみではないが、ライバルであったKTFの668億ウォンと比べても、また前年度のSKテレコムの同広告費が473億ウォンなのを考えても、かなりの額であった（韓国言論研究院「ワールドカップ電波媒体最大好況『新聞と放送』、2002年9月）。この結果、SKテレコムの応援方法は普及し、レッドデビルの認知度もあがったといえる。

ところでSKテレコムは、このような広告と並行し、「全国民応援フェスティバル（Red Stadium）」として、街頭での応援イベントも企画・主催した。そして、このイベントにも巨額の費用を費やした。このイベントこそが、韓国メディアで「街頭応援のメッカ」とされ、日本のメディアでもおなじみのソウル市庁前での「街頭応援」である。

■全国民応援フェスティバル

この「全国民応援フェスティバル」は、おもにインターネットや街頭ポスターによって告知が行われ、最初の親善試合は光化門にある世宗会館で行われ、おもにレッドデビルのサポーターたちが中心となった。5月21日イングランド戦では応援人数5000人中レッドデビル会員は約500人、5月26日フランス戦では、1万5000人中レッドデビル会員は約2000人であった。

また、イベントの参加者が増えるにつれ、次第にメディアがその応援風景を取り上げる回数も増えていった。当初、イングランド戦の応援については、SKテレコム側と合意していたのは、SBSの中継のみであったが、参加人数が多くなったため、それ以後、ニュースとして他局でも多く取り上げられるようになった。

ワールドカップ後、MBCでは「街頭応援」についての特集番組が放送されたが、そこではソウル市庁前での「街頭応援」に参加するため、早朝より場所取りにきた少年がインタビューに答えており、その参加理由として「テレビでみて面白そうだったから」と答えていた（「レッドデビル（赤い悪魔）」MBC放送、2002年7月21日）。

表2　全国民応援フェスティバル参加人数（主催者発表）

5.21	イングランド戦	18時～21時	（光化門）	5000人
5.26	フランス戦	17時半～20時40分	（光化門）	15000人
6. 4	ポーランド戦	14時～02時	（大学路）	10万人
6.10	アメリカ戦	12時～18時	（市庁前）	15万人
6.14	ポルトガル戦	12時～23時	（〃）	47万人
6.18	イタリア戦	12時～23時	（〃）	55万人
6.22	スペイン戦	12時～20時	（〃）	80万人
6.25	ドイツ戦	12時～23時	（〃）	80万人
6.29	トルコ戦	12時～23時	（〃）	50万人

TBWA スピード011・2002 W杯キャンペーン報告書より

また、応援に集まる人々のファッションから、観戦後のごみ拾いの模様に至るまで、「街頭応援」のあらゆるできごとをメディアは取り上げていった。「街頭応援」は、常にメディアに注目され、また「レッドデビル」として集まってくる人々も、「街頭応援」がメディアに注目されている「場」であることを読み取り、メディア向けともいえるパフォーマンスを行った。

大会が始まり、初戦6月4日の大学路での応援では、8車線道路を約300メートル通行止めにし、路上に600インチ大型画面を設置した。しかし、それでは後方が見にくく人が集まりにくいため、6月10日のアメリカ戦以降は、より多くの人が集まることのできるソウル市庁前に場所を移動した。市庁前では、ロータリーを通行止めにし、大型画面3台とイベント用の舞台を設置、他の場所よりも多くの人が観戦できるスペースを確保した。また、1カ所に何十万人が集まるため、SKテレコムは臨時に携帯電話用アンテナを立て、人々がお互いに携帯電話で連絡が取れるよう配慮した。

こうして「市庁前」は人々が集まりやすい空間として作り上げられていったが、さらにメディアが取材するにも「市庁前」は好条件であった。この空間は高層ホテルやビルに囲まれているため、ヘリコプターから撮影しなくても、建物の上からテレビカメラが撮影しやすかったからである。メディアは、ここに集まってくる人々を建物の上から撮影し、それを「赤い波」と表現してその熱気を伝えていった。

さらに、試合前に行われたイベントでは、当初はレッドデビルの会員たちが応援の練習などをしていたが、テレビ局側から歌手やコメディアンをつかったイベントの共催がSKテレコム側に提案され、主要3局（KBS・MBC・SBS）が交互にイベントを行い放送するようになってからは、レッドデビルがステージに登場する機会は減っていった。

イベント運営の実行役でもあったチョンミンギ次長は、「…市庁前の街頭応援については、ソウル市とSKテレコムが一緒に行いました。…（中略）…人が集まり出してから、各放送局から合同イベントの申し出がありました。でも、イベントを1回しようと思えば6、7億ウォンかかります。もちろん放送局は、金は出しませんよ。…」と語った（著者インタビュー、2003年3月13日）。

また、SKテレコムのイシヒョク・プロモーションチーム長は、街頭応援へのレッドデビルの参加について「彼らが来たければ、ほかの人々と同じように参加してもらうだけでした。とくにワールドカップ中の街頭応援の企画などに参加してもらうことはありませんでした」と答えた（著者インタビュー、2003年3月13日）。

さらに、SBSの文化事業部のチェエラPDは、自ら別の場所での街頭応援を企画しながら以下のように回想した。

「SBSでも漢江岸にて街頭応援用の舞台を準備していましたし、それはそれで成功したと思います。…（中略）…でも、市庁前は「応援のメッカ」とされていましたから…（中略）…ニュースでも扱うし、共同イベントができればそれに越したことはなかったですよ」（著者インタビュー、2003年3月14日）。

このように、イベントの規模が大きくなるにつれ、SKテレコムのパートナーは、レッドデビルから、ソウル市や放送局に移っていった。SKテレコムのマーケティングは、当然SKテレコムのイメージをあげることが目的であり、レッドデビルよりも、「市庁前の街頭応援」がメディアで大きく取り上げられ、その「街頭応援」こそが韓国国民の「応援」のイメージを代表するようになれば、もうレッドデビルの協力を得なくてもよいからである。後は、そのイメージをより拡散してくれるメディアを「街頭応援」のパートナーにしたのである。

ところで、東亜日報（2002年6月4日）では、はじめて大学路での街頭応援に参加した人のコメントを以下のように載せている。「…（応援の方法は）テレビでみるときとは違い、叫んでみるとそれほど難しくはなかった。だんだん突き上げてくるリズムが、体の中のアドレナリンを徐々に噴出させるようだ…」。このようにはじめての「街頭応援」にもかかわらず、参加者たちはすでに何度もテレビで繰り返し流された「応援」を知っていた。これは、ワールドカップ前からのSKテレコムの広告が、いかに人々の間に浸透していたかをあらわしている。人々は、テレビで見た「応援」を再現するために街頭にやってきて「街頭」と「メディア」で循環される「応援」のイメージは、イベントとして「街頭応援」が繰り返されることで、さらに多くの人を巻き込んでいったのである。

まとめ

韓国では、ワールドカップ期間前後、通常放送休止をしている昼間の時間帯もワールドカップ関連の情報番組や試合を放送した。期間中、ワールドカップ関連番組は、地上波主要3局（KBS1／2・MBC・SBS）で週に9本あった。*5 そして、そのほか、サッカーには関係のない番組でも、「街頭応援」は日常的に出演者の会話の中で取り上げられ、とくに韓国戦のある日は、朝のニュースから昼の情報番組、また夜のニュースまで、ほぼ一日中「街頭応援」が話題にのぼった。

＊5　KBS1「出発2002ワールドカップ」（火～金曜日22時50分～23時）、「ワールドカップ風物紀行」（日曜日10時10分～11時）、「ワールドカップ取材本部」（水曜日22時～22時50分）。
KBS2「ビバ・ワールドカップ」（木曜日深夜0時～0時50分）、「新しい風ワールドカップ」（月～金曜日12時55分～13時40分）。

SBS「ワールドカップ・パノラマ」（水曜日深夜12時45分～）、「アイラブ・サッカー」（日曜日8時～8時50分）。

MBC「2002ワールドカップ　私たちは今」（月曜日～木曜日23時50分～24時）、「ワールドカップ・スペシャル」（土曜日深夜1時～）。


このように、番組のジャンルを横断して語られる「街頭応援」は、当初は「応援スタイル」の紹介や「ワールドカップの楽しみ方」として視聴者に提示されていたが、韓国チームが勝ち進むにつれ、規模が大きくなり、次第に意味を持った「社会現象」としてメディアに取り上げられていった。「街頭応援」は、テレビの中でも、CMとニュース、スポーツ中継、こうした違ったジャンルにおいて、相互にテクストとして読み込まれることで、単純なCMのメッセージを超える、いわば社会とかかわる行為としてのリアリティを持つようになったと考えられる。それぞれの番組における「街頭応援」に関するテクストを、視聴者はもちろん送り手側が参照し関連づけていった結果、「街頭応援」は大規模化していったのである。また、日本のメディアでも繰り返し取り上げられた「応援方法」や、赤いTシャツについては、人々の気分を表現する明確な方法と通路を与えたという意味で、長期間におけるSKテレコムのマーケティングが大きな影響を与えたものといえる。

以上のように、韓国において「社会現象」にまでなった「街頭応援」は、大会以前より周到に用意され、運営にメディアがかかわることで大規模化した「メディアイベント」であったといえる。今回は、おもにメディア側からどのように仕かけたイベントであったかについて検討したが、韓国の人々がこのメディアの仕かけにどのように意味を見いだしたのか、いわばオーディエンスの立場からの分析も必要だろう。

またメディアは、「街頭応援」の「応援」を映し出すだけにとどまらず、その「場」に参加することに意味をもたらし、「街頭応援」は、「新しい韓国」のシンボルとされた。ワールドカップ後には、「街頭応援」での「団結」「熱狂」「感動」を、ボイルらのいう「社会的・政治的・経済的アリーナ」(Boyle, R and R.Haynes, 2000, Power Play, p.161）へとつなげようとする動きも見られた。とくに２００２年12月７日に行われたソウル米軍装甲車犠牲女子中学生の大規模な追悼デモなどが顕著な例であるが、これについての議論はまた別稿に譲りたい。

（森津千尋）

Chapter 3

韓国メディアの描いた「ニッポン」

■はじめに

２００２年12月16日の「ニュースステーション」（テレビ朝日系）では沢木耕太郎氏がワールドカップの意味を語っていた。彼は02年ワールドカップ期間中に韓国と日本を９回往復しながら、21試合を観戦し、その現地報告を「朝日新聞」と「アエラ」に連載していた。取材の拠点にしていたソウル・新村《シンチョン》のアパートで荷造りを終えて、付近の食堂で食事をしていたら、隣の韓国人の中年男性が声をかけてきたという。

「日本人が韓国を応援しているらしい。韓国人は最初半信半疑だったが、どうも本当らしい。自分たちは日本がトルコに負けて大喜びをした。しかし、日本人は韓国を応援してくれたようではないか。

はじめて韓国人たちは日本に対して悪いことをしたと思った」

沢木は、新聞社のスポーツ部でも、大学の寮でも、日本の敗北を喜ぶ歓声がわき起こったと紹介した。ただ、彼はこれまでに一方的に韓国に被害を及ぼしたのは日本側であったという韓国人たちの認識について触れながら、とても興味津々な表情を見せた。

CMの後、久米宏は、次のような趣旨の不可解な言葉を発した。

「われわれはニュースを伝える側から見ているので、向こうでどう感じているのか、こちらから見ている風景と、視聴者側で見ている風景がとても違う。カメラの前に座っていると、なかなか向こう側に立つことが難しい」

どういう意味だろうか。韓国では日本の敗北に万歳を叫んでいるようだが、どうして日本のメディアはそのような「真実」を伝えないのかといった一部の叱咤を意識したコメントだったのではないか、という推測もしてみるが、確かなことではない。実際、一部のマスコミやインターネット掲示板などでは、韓国に対する非難やまた一部マスコミの「日韓友好キャンペーン」に対する反発が、ヒートアップしたこともあったからである。

以上のエピソードは、ワールドカップの意味を総括するのに十分にシンボリックである。確かに、日本のメディアは韓国代表に対して応援の姿勢を見せていたようにみえた。また、韓国のメディアでも、多くの日本人が韓国を応援しているという報道がなされた。そして、ワールドカップが終わった後のマスコミの世論調査の結果は、おおむね「両国関係の改善」「両国民の親密感の増加」を報告していた。

しかし、その一方で、日本のインターネット空間では、マスコミが伝えるイメージとは正反対の世論が形成されていたようであるし、また韓国でもメディアの報道とは異なった「反日の気分」が街の中では依然として感じられたらしい。そうすると、02年ワールドカップの共同開催のスローガンであった「日韓友好」は、果たして成功したかどうかが問われることになる。

さて、韓国の人たちは「日本」を応援しなかったのだろうか。日本人の1億人が「韓国」を応援したのに。また日韓両国のメディアでは、日韓の国民がどのような気持ちで隣国を眺めていたのかという問題が非常に重要に扱われた。それはなぜだろうか。

1　韓国・韓国人にとって「日本」とは何か

日韓両国の相互認識については、両国の政府および主要なマスメディア、研究機関などで定期的に調査が行われてきたが、多くの研究はそれが「好転されているか、悪化しているか」を時系列に把握しようとしていた。今回のワールドカップのメディア報道に際しても、多くの関心は共同開催を契機として、両国関係が「改善」へ向かうことが期待されていた。

「韓国人の日本に対する眺めは、基本的にアンビバレントなものであり、否定的な眺めとともに肯定的な眺めの系譜があるが、ここにはその一方が封じ込められ、表出しにくいという状況がある」（鄭大均、1992-1998を参照）という指摘もある。韓国だけではない。アジア諸国の「日本」に対する認識も、「敵対感」「不信感」がある一方で、「親近感」「羨望」などの矛盾するものが、共存するという複雑なものである。

問題は、どのように複雑なのかについての説明であろう。韓国にとって「日本」がまるで愛憎が交錯する「忘れ得ぬ他者」であると指摘するならば、なぜそうなのかを同時に問わなければならないのである。では、なぜそうなのか。その理由をまずは、歴史的背景から考えてみたい。

19世紀に押し寄せてきた「近代」の波によって、それ以前の中華を頂点としていた東アジアにおける民族間秩序は揺らぎ始め、さらに日本が近代化の波への先乗りに成功し、この地域における「小西欧」、あるいは極東における「極西」へと変わってからは、まさに破綻の道をたどるようになった(崔禎鎬、1991)。日本は日清戦争、日露戦争の「勝利」で、20世紀はじめにはこの地域における強大国の地位を確固たるものとした。台湾に続いて、朝鮮が日本の植民地となり、辛亥革命による清王朝の滅亡後、中国大陸は長い内戦の時代を迎え、日本は欧米列強と肩を並べるようになった。この激動の時代は、第2次世界大戦というさらなる大激動を経て、東西のイデオロギー対立で象徴される冷戦体制をもって一応の決着をみることになるが、その結果、日本、韓国、台湾は、アメリカを頂点とする「西側」に属することになり、中国、北朝鮮は、「ソビエト」を頂点とする「東側」に属することになった。朝鮮半島は分断された。

その後、韓国、台湾は、開発独裁といわれる中央集権的体制の下で、経済発展に成功し、日本とともに名実ともに「成功した資本主義国」になり、一方の中国、北朝鮮は長い間、激しいイデオロギー論争を繰り広げながら「イデオロギー闘争」および「政治」にのみ集中した結果、停滞と貧困の状態を強いられた。中国は経済改革・開放政策の導入で、この地域でもっとも活力のある資本主義国としての変貌を遂げているものの、北朝鮮は未だかたくなに既存体制を維持・強化している。

100年以上にわたって繰り広げられた激動の歴史の中で、各民族・国家間の境界は重なり合い、まるで網の目のような複雑な関係認識が形成されたことが容易に想像できるが、一方では、強烈な民族主義が高揚されていった。いつの間にか、人々は自分と民族を同一化する習性をつけてしまったのである。とりわけ、植民地支配を受けた側は、支配者の意識から自由でいられるわけではなく、気づいてみれば、「民族主義」の名で呼ばれる運動のほとんどが、自分たち自身、植民地主義が植えつけた民族のイメージをまとって登場していた。韓国や北朝鮮も例外ではなく、分断された南と北の両方で、家父長主義的な民族主義が登場した。さらに、植民地支配者に対する認識も、憎悪すべき他者、克服すべき他者＝目指すべき他者としての日本＝西洋のイメージとが共存し、「愛憎」「非難と礼賛」「排除と受容」といったアンビバレント的な状況が見られたのである。言い換えれば、自らを「オクシデンタル」としての日本的なもの」によって解釈していきながら、同時にそれへの自己同定が進むメンタリティは、まさに支配者のまなざしを内面化することによる自己植民地状況の中で浸透していったのである。

さらにこうした他者認識の地形を複雑にするのは、韓国側の歴史観が絡んでくるからである。近代以前の中華秩序において、まさに「小中華」としての自己規定からすれば、日本は「野蛮」な国になる。さらに西洋国家の侵略イメージと結びついての「倭洋一体」の認識が加わると、二重の意味の野蛮性がつきまとうことになるのである。そして、この比較的新しい侵略の記憶は、豊臣秀吉の「朝鮮出兵」つまり「壬辰倭乱」の記憶をも甦らせ、今度は新しい「経済・文化侵略」の言説とも節合されるのである。

さて、韓国は、日本とのワールドカップの共同開催を通じて、近代の歴史過程で刻み込まれた、民族としての矛盾に満ちたアイデンティティ、そしてそのアイデンティティの成立に不可欠であった他者・他民族に対する「敵対感」「不信感」「優越感」および「劣等感」の記憶を消し去ることはできたのだろうか。以下では、その答えを探ってみたい。[*1]

＊1　なお、被植民地としての歴史が生み落とした自己および他者に対する認識のアンビバレントさ、そして植民地支配への抵抗の経験とともに過剰に成長してしまった民族主義を、「外部」から眺める際に、自己に対する反省的なまなざしを欠いたまま、観察・分析しようとする試みは、それが純粋に学術的な関心であっても、十分な注意を払う必要がある。かつての植民地主義が犯した「まなざしの暴力」を繰り返す危険があるのではないかと。ましてや、支配者の記憶が自らの深層意識に内面化されて、それを克服できない旧植民地国家の苦悩や、その克服の努力として自らを解体せざるを得ない「脱自」（たとえば、ナショナリズム批判）の努力を、歴史的文脈、植民地支配との関連を無視して、観察者として語る態度は、さらなる植民地主義の連鎖を呼びやすい。もちろん、植民地支配の傷跡からノスタルジーを生産・消費する感傷論についても同様の注意が必要であろう。

2　共同開催から開幕まで

■共同開催の受け止め方に見られる相互認識のずれ

１９９６年6月1日、国際サッカー連盟（ＦＩＦＡ）理事会は、「(日韓）両国の開催計画案に優劣はつけられない。招致争いは熾烈になっており、われわれは敗者を見たくない」「共同開催はこの地域の平和構築に役立つだろう」との理由から、02年ワールドカップの2カ国共同開催を発表した。

両国の組織委員会は、ＦＩＦＡ理事会の意向を受けこれを承諾したが、史上初の共同開催という決定を受けた両国の反応は微妙に異なっていた。日本サッカー協会長の長沼健は、「共催という形ではあっても、日本でワールドカップを開催できることは非常に意義がある。世界のトップレベルの試合に直接触れることによって、サッカーのすばらしさをより知ってもらうことができる。日本サッカーのさらなる普及と発展、そして、われわれが標榜するサッカーを通じたスポーツ文化の創造に好影響を及ぼすことが期待される」と述べた（朝日新聞、1996年7月4日朝刊）。

一方、韓国サッカー協会長の鄭夢準《チョンモンジュン》氏は、「韓国と日本は近い隣国である。今日の決定は、両国の感情の溝を埋めるきっかけを作る歴史的なものだ。……韓国は単独開催できる資格と能力があるが、……過去ではなく、未来を見つめる立場で、21世紀最初のワールドカップが韓国と日本で共に開かれることは記念すべきことだ。また、アジアの団結を象徴する大会となり、全世界の平和や朝鮮半島の統一のための触媒となると信じている」と述べた（朝鮮日報、1996年6月1日）。

両国の政界の反応も微妙に分かれていた。韓国では「世界サッカー界の和合と韓日両国の友好関係を考慮して、共同開催を決定したFIFA理事会に敬意を表する。ワールドカップ共同開催は韓日の友好協力関係を一段と堅固にする契機になる」（韓国の金永三《キムヨンサム》大統領のFIFAへの祝電）などの前向きな評価が多かったのに対して、日本では「歴史認識の問題、領土問題などをめぐって関係が悪化しているだけに、最悪の事態は避けられた」という受け止め方が大勢を占めていた。このように、ワールドカップ招致をめぐる日韓両国の一騎打ちの合戦は、共同開催という「引き分け」に終わったが、韓国側は「勝ちに等しい」と受け止め、日本側は「負けに等しい」と認識していたことが対照的であった。

それ以後、ワールドカップはまさに「日韓関係」を象徴する存在となった。歴史認識の問題をめぐって両国関係が悪化するたびに共同開催が危ういとされたが、一方では数多くの交流プログラムが準備・実行されるなど、活発な政府間、民間の交流が行われたことも事実である。そして、こうした「史上初の両国共同の取組み」をめぐって、ワールドカップやサッカーだけではなく、まさに日韓関係や共催国の歴史認識、政治、そして文化などを語る数多くのメディア言説が生まれた。

ところで、この共同開催の決定に至った過程をめぐっても、日韓双方には微妙な受け止め方の違いが見えた。日本側のメディアは、ほぼ日本の単独招致のほうに傾いていたのに、韓国が遅れて招致合戦に飛び入り、また「財閥企業」現代《ヒョンデ》の御曹司が主役となって、豊富な資金を動員したなりふり構わずの招致競争を展開した結果、共同開催に至ったという認識が多かったのではないだろうか。日本側には、招致運動に乗り出した時期の早さや、FIFAアベランジェ会長との深い交流に加え、何よりもアジアでは唯一の先進国としての自負から、アジア初のワールドカップ開催地としては日本以外には考えられないという余裕さえあった。

それに対し、韓国側のメディアは、FIFAアベランジェ会長に接近し、緻密にワールドカップ誘致を準備してきた日本に対し、未だ決勝リーグでは1勝もあげられなかったものの、これまで5度のアジア予選をくぐり抜けたという自負があった。FIFAの関係者から、「もうお土産は御免」といわれるほど、招致競争が泥沼化したのは、韓国側だけの責任ではなく、むしろ日本側の仕かけではないかという推測が多かったのである。

また、どちらが先に共同開催を仕かけたかという点についても、認識のずれが見られた。公式的には、「敗者を見たくない」というFIFAの提案を両国組織委員会が承諾する形で、史上初の共同開催は決まったということになっている。1995年5月19日に、FIFAの実力者である欧州サッカー連盟（UEFA）のヨハンソン会長が、「もし共同開催となれば、日韓地域の平和に寄与するだろう」という意向を示したことから、共同開催に向けた動きが出たことはあったが、最後まで両国組織委員会の立場は、「単独開催」であった。共同開催に至った経緯をめぐっては、「日韓の政治癒着」とみる見方もあるが、これに対しては反論も出されている。[*2] いずれにしても真実はどこにあるのかははっきりしないが、仕かけられた日韓癒着的にみる傾向が日本側で強く見られたのに対し、韓国側のメディア報道では、むしろ積極的に受け入れるという姿勢が強かった。

＊2　日韓両国の政界の動きについては、若宮啓文「ワールドカップの日韓共催『竹下仕掛け説』に異議あり」「論座」朝日新聞社、2002年9月号を参照。

こうした両国の相互認識のずれを象徴的に語っているように思われる2枚の写真がある。1枚は、「SAPIO」（小学館発行）の1998年11月25日号の表紙を飾った写真であるが、ユース日韓戦で、韓国の選手が日本の小野選手に対して反則を仕かけているように見える。この写真には、「日韓関係において、もっともナショナリズムがむき出しとなるのがスポーツ。とりわけサッカーの試合だ。2002年の日韓ワールドカップ共催は、実は『競催』といわれるが、この一大イベントの成否は、両国関係にはかりしれない影響を及ぼすだろう」という説明が加わり、サッカーのプレーをめぐる認識は、見事に「日韓関係」にまで及んでいる。さらに、表紙の上には、「危機に鈍くなった日本民族の危うさ」（櫻井よし子）と書かれている。

もう1枚は、韓国の「油公」という企業の新聞広告であるが、「ワールドカップは絶対に譲れない」

と書かれている。注目すべきは、サムライのように見える日本人といかにも学者風の韓国人が向き合っているという設定である。さらに、両者の年齢の違いも面白い。日本側が若く、どこか攻撃的な印象が強調されているのに対し、韓国側は余裕を持って挑戦を迎え入れる中年の男性である。相手は武器（刀）を持っているが、あくまでも「名分」で圧倒してみせようという構えである。

■共同開催決定後の日本関連報道

共同開催が決まった翌日の朝鮮日報の社説は、「これからわれわれが心血を注いでやらなければならないことは、能動的な受け入れ態勢を整えながらワールドカップ大会史上はじめての共同開催を、いかにして成功的に、またわれわれに有利に成し遂げるか、そして日本よりよくやったという評価を得るために努力することだ。また、より多くの持ち分を確保するためのＦＩＦＡおよび日本との綱引きにも備えないといけない」（朝鮮日報、１９９６年6月1日社説）と、早くも大会成功の判断基準を示している。この社説の表現から見て取れるものは、韓国にとってのワールドカップの成功とは明らかに「日本よりよくやったという評価を得る」ということである。また、進歩的といわれるハンギョレ新聞の発行する週刊誌では、『韓日共同開催』が決まった２００２年ワールドカップ」という見出しの記事で、「われわれは何を準備しなければならないのか。まかりまちがえば日本のわき役になってしまう。過去清算と貿易収支問題などスポーツ以外の核心分野において、両国の真の和解と協力のための発想が先行されなければならない。南・北・日の共同開催の議論も出ている。平和のワールドカップはあきらめられない課題だ」（ハンギョレ21、第１１２号、１９９６年6月13日）と述べ、朝鮮日報とは強調点がやや異なるが、「日本のわき役になってしまうこと」をおそれている点では共通している。

以下では、共同開催決定後、開幕までの朝鮮日報のワールドカップ関連社説の中で、「日本」がどのような文脈で繰り返し引用され、強調され、動員されるのかについて注目したい。

1997年7月20日の社説では、「日本は昨年末すでに開催10都市の選定を終え、競技場建設に専念している。……ワールドカップは国の面子がかかっている問題」と力説している。また、同年8月15日には、ソウル市の財政状況から、専用競技場を建設する余力がないというソウル市長の発言に対して、日本はすでに競技場を確保していると指摘しながら、「大統領が先頭に立ってでも問題解決を図るべきだ」と提言している。

1998年3月16日には、IMF経済危機の中で積極的に準備に着手しない政府に対して、日本ワールドカップ組織委員会の発言として、「ワールドカップは経済的な利益だけでなく国家的自尊心がかかっている問題」だと主張している。同年4月8日には、「ワールドカップは政権次元でなく、国家次元の問題」としながら、日本の競技場建設状況を紹介し、専用競技場の建設を促している。

1999年9月29日には、「一昨日の韓日サッカー試合で韓国チームがまた負けた」と始まる社説が掲載された。ここでは、オリンピックより文化を強調するワールドカップでわれわれの力量を見せることがサッカーの試合に負けず重要だと主張する。さらに、「ワールドカップは国家行事というよりは巨大なビジネスとして着手しなければならない。公務員や組織委員会だけでは準備に限界がある。したがって、全国民が一緒に準備しなければ成果をあげることができないし、韓国の位相を高めることもできない。これまでは、共催国の日本に比べて遅れていたが、今こそ奮発しなければ……」という流れである。

こうした社説にみられる「日本像」には、「憧れ」や「賞賛」というよりも、もっと複雑な認識がある。日本は韓国に対して、「危機意識をあおる」「がんばらせる」、言い換えれば「常に脅威となる」ための「虎視眈々といつか牙をむき出しにする危険な隣人」にもなる。したがって、そのような存在であるためには、日本はいい加減な国であってはならない。一連の社説でみられる共通の語りには、「日本はここまでしっかりしている。それに比べて韓国（韓国政府や国民）は遅れている」といったような形の比較の論法が使われている。こうした社説においては、「日本はその実態以上に、凶悪であり、大きなものとして描かれることとなり、そのような日本の存在が、彼らが民族の団結を訴え、その賞揚を行うにあたって不可欠であった」（木村幹、２００１）という指摘がぴったり当てはまるのではないだろうか。

また、金大中《キムデジュン》政権における政府対新聞の関係も視野に入れる必要がある。金大中政権は、朝鮮日報、中央日報、東亜日報の三大新聞とは敵対関係が続いていた。かつての軍事独裁政権時代において、新聞が一定の批判的ジャーナリズムとしての役割を果たし、民主化運動に寄与した側面がないわけではない。自らの評価は、新聞こそが民主化の主役だとする自負もあろう。

しかし、一方では独裁政権に抑圧され、自由な報道ができなかったことはもちろん、実は「政府・言論癒着」といわれるような実態も存在した。政府の政策失敗は指摘できても、軍事クーデターで強引に権力を握った政権の正当性については、真っ向から批判することはできなかったのである。その一方で、各種の優遇措置がとられ、新聞の産業化は進んだ。こうした構造において、「日本批判」はジャーナリズム界にとっては、あらかじめ免罪符が与えられたような分野だった。政権批判ができない中で、対日本外交について激しい批判を繰り返すことは、ある意味では唯一許された政権批判でもあったのである。

その一方で、朝鮮日報と東亜日報は、両方とも1920年代に創刊され、民族主義を標榜し、抵抗的ジャーナリズム活動で停刊に追い込まれるなどの歴史を持つものの、一方では「親日」の歴史があったことも指摘されている。それだけでなく、現在もなお、日本の新聞界と密接な交流を続けており、新聞社の幹部の中には日本特派員の経験者も少なくない。このことを新聞の論調と照らし合わせて考えると、いわゆる「日本」を比較対象として動員することを「日本に向けられたナショナリズムの発露」としてとらえることは必ずしも適切ではないかもしれない。

別の角度からの「日本認識」について触れよう。98年フランス大会を目前に日本への帰化が認められたロペス選手について、「工作の可能性」があると伝える記事である。

「最近、日本のマスコミはついに『秘密兵器』が出撃の条件を揃えたと興奮している。新兵器はブラジル出身のロペス。……（中略）……外国人が日本に帰化するためには少なくとも日本に5年以上居住し、小学校2年生水準の日本語を駆使できなければならない。その資格を満たしているとしても、税金納付実績など十余りの書類の審査を受けなければならない。これが相当面倒な手続きであって、大概1年以上かかる。ロペスは今年（1997年）1月に帰化申請を出した。一般の帰化者と違って一瀉千里で通過したわけだ。（関係者と政府当局による）『帰化工作』の可能性がいわれる。ウルトラ日本として象徴される日本の熱狂的なワールドカップの熱気を勘案すれば、あり得る話である。しかし、われわれは〝そこまでしなくても〟という立場だ」（朝鮮日報、1997年9月14日）

また、02年ワールドカップのために日本国籍を取得した三都主《サントス》については、「日本政府は去る1997年9月12日にロペスに国籍を与え、18日にパスポートを作成し、韓日戦で活躍させたように、異変がない限り、アレックスの帰化も認められるだろう」(朝鮮日報、2001年7月3日）と述べているように、そこにみられる日本認識は、まさに「国家の過剰」そのものである。また、日本こそが、政府・マスコミが一丸となってワールドカップのブーム作りに熱心であるというものである。この点は、日本側のメディア言説にみられる自画像とはまったく正反対のものであり、むしろ韓国側に当てはまるものだが、その対照もまた興味深い。

さらに、次の記事は日本に在住しながら、日本関連の情報を各種の新聞、雑誌などに連載している映画監督兼評論家の李キュヒョン氏の書いた記事であるが、今度はテレビ局に対しての訓示である。

「とんねるずのテレビ番組。『2対2勝負蹴り』コーナー。放送局とプロサッカー球団の広報チームが合作し、その背後にはもちろんワールドカップ委員会という国家的支援もあった。……一方、日本はワールドカップ代表選手についてのていねいな人間ドキュメンタリーを立て続けに放送した。彼らが日本のサッカーにどのような偉大な意味を持つのかを国民の胸に植えつける作業。……（中略）……こうして10年が経ち、日本サッカーは熱くなり始めた。急激に力をつけた日本サッカーは大衆文化との合作品であるといえよう」(朝鮮日報、2001年11月19日）

このように分析しながら、彼は「10年前に日本がこの番組を放送したときに、私はわれわれの放送局にも政策的にこうした取り組みが必要であると（放送局側に）提案したが、答えはノーだった」と言い、やはり自らは「われわれ」に対して訓示する側として特権化してしまうが、これを可能にしているのは「日本を知っている」ということなのだ。

こうした訓示はサッカー選手にまで及ぶ。記事の見出しは、「李東国《イドングック》が三浦に習うべき点」とあるが、果たして何を習うべきだと言っているのであろうか。

「彼とは何回か会った。生意気にも傲慢にも見えるが、実際はそうじゃない。奥が深い。１９９８年フランス大会アジア予選。東京国立競技場の１９９７年9月28日の韓日戦。彼は記者に小さな感動を与えた。その日、三浦は韓国のディフェンス崔栄一《チェヨンイル》に捕まえられ、何もできなかった。しかし、彼は質問に毅然とした態度でインタビューに臨んでくれた。……」（朝鮮日報、２００１年8月14日）。

韓国の李選手には三浦のその態度を見習うべきだと説教しているのである。メディアが市民の優位に立って、説教しているかのような態度をうかがえる例であり、その際に「日本」が動員される典型的な例である。

一方で、パートナーとしての「日本」も描かれることがあるが、そこで描かれるのは、韓国に憧れる「日本女性」であったり、韓国の伝統文化に感化される日本人、あるいは「かつての日本」に深い反省の念を持ち、韓国に謝罪を示す日本人に対する共感である。以下は、日本がワールドカップの共催パートナーとして意識されているメディア言説のテレビ報道からの抜粋である。

「コンフェデレーションズ・カップを控えて、韓日両国にはサッカー熱気が高まっています。……02年ワールドカップに向けた両国の力強い足取りが本格的な軌道にのぼりました」（ＭＢＣ、２００１年5月29日放送）。

「国境を越えた日本女性たちのサッカー愛。韓日間の壁がいかに高かろうとサッカーは世の中を美しく彩ります」（ＭＢＣ、２００１年5月27日放送）

「アジア国家としてははじめてコンフェデ杯決勝に進出する歴史的瞬間」「日本のサッカーファンたちは決勝戦で世界最強のフランスを下し、韓国の敗北を雪辱すると豪語している」（ＭＢＣ、２００

1年6月8日放送、日本代表チームがオーストラリアを破り決勝進出を果たしたと伝えるニュースでの記者のコメント)

3　開　幕

■消しきれない不安、焦り

開幕後のワールドカップ報道で「日本」はどのように伝えられたのだろうか。開幕前から、韓国が対戦するチームが強豪揃いであったために、韓国がセカンドラウンドに進出する可能性は薄いとの見方が圧倒的であった。もし対戦運のいい日本だけがベスト16に入り、韓国は早々と予選リーグ敗退となったときのことが日韓両国で心配されていた。実際にその状況は当初の予想より遅くあらわれ、両国のメディアが相手国の活躍をきれいに誉めあう期間も伸びた。韓国のメディアも、日本の予選リーグでの善戦を「ゴール、ゴール、富士山、また爆発、また爆発」「ベスト16も軽やか」などと伝えていた。

一方で、日本の週刊誌などで伝えられたように、開会式会場での「小泉総理へのブーイング」、6月10日の「韓国対米国戦」の地上波中継が行われなかったことなどについての疑問や批判などがまったくなかったわけではないが、やはり主要なマスメディアの報道内容を総合してみると、日本と同様に、あるいは日本以上に「ワールドカップ開催国」としての意識が強く、一応、共同開催のパートナーとしての日本にはおおむね好意的な報道をしていた。

一方、日本では、インターネットの掲示板などで、実は韓国内の雰囲気は日本を応援してくれていないらしいといううわさが飛び交っていた。ちなみに、筆者は「インターネット掲示板には、日本がゴールを入れられたら拍手が起きたとの書き込みがあるが、本当ですか」という質問を何人かの学生から受けたこともあった。また、そういったうわさを一部のメディアは「こぼれ話」として伝えたりもした。一例を紹介しよう。

「あちらは国をあげての国威発揚の場としているのに、『同じアジアの一員として応援しよう』など と。『仁川《インチョン》の記者室では日本が敗れて歓声があがった』（こぼれ話）といった報告に接すれば、……歯の浮くようなコメントが、〝隣の芝生〟をよけい青く見せてしまった。皮肉なことだが、実はかえって日本人に嫌韓派を増やしてしまったのである」（産経新聞、２００２年７月１日）

確かに「日本に続き韓国登場！　悲願の初勝利なるか？　日本に続き韓国！　悲願の初勝利なるか？」という日本のラ・テ欄の情報に見られるように、予選リーグでの韓国代表の試合はすべて日本の試合の後に行われた。しかもその相手は、日本代表の相手よりは強豪揃いだった。多くの韓国人は、日本がベスト16入りを達成し、強豪チームと対戦することになった韓国代表は早々と敗退してしまうシナリオを予想していた。そのため、日本戦の試合中継を「おそらく負けるであろう韓国代表」のことを念頭に置きながら観戦せざるを得なく、先を越されてしまったという焦りにも近い心境で眺めていた人が多かった。そうした韓国人たちの表情やつぶやきを日本からの観察者たちが聞き拾い、おもにインターネットやタブロイド新聞などに、「新聞や放送が書かない真実」として伝えていたのである。

■韓国を応援する日本・日本人の浮上

次には、韓国との明暗を分けた19日の「日本対トルコ」戦のテレビ報道を例にあげてみよう。全体の報道の量は少なかったが、これは明らかに韓国のイタリア戦勝利の影響であるといえる。朝鮮日報は、「日本には悲しい雨が降った」という見出しの下で、「日本のベスト8の夢が散った」と始まる記事を、「日本の観客席からは、女性ファンたちが涙を流しながら敗北を惜しんだ」と結んだ。そして、同じ紙面で、「韓国、日本の分まで戦ってくれ」という見出しの宮城発の記事は、次のように結ばれていた。

「日本戦が終わった3時間後、嘘のように日本人たちは韓国人たちとともに韓国代表を応援した。そして、延長戦での奇跡のような安貞桓《アンジョンファン》のゴール。〝共同開催国の韓国が奇跡のようにベスト8進出を果たしました。〟日本のアナウンサーが感激した。ワールドカップは長い間宿敵だった韓国と日本を、18日の夜に一つに結んでくれた」

テレビ報道も、全体として「日本対トルコ戦」の分析よりは、敗退後の日本国民の反応や社会の雰囲気に重点が置かれた。「残念だが最善尽くした」という見出しのニュースでは、「結局、ベスト8の扉を開けなかった日本。残念だがよく戦ったとお互いを激励している雰囲気です」と伝えながら、日本のメディア報道の引用として、「韓国の闘志、精神力を見習うべき」(韓国放送公社、6月20日)と伝えた。ソウル放送や文化放送など主要チャンネルのニュースも同様だった。「日本、トルコに破れ、8強進出は挫折」、「日本、〝赤い歓声、うらやましい〟」(以上、ソウル放送のニュースのタイトル)というニュースでは、「韓国の8強進出に共同開催国の日本は惜しげない拍手を送ってくれました。とりわけ情熱的な韓国の応援団が韓国人を一つにまとめる大変なことを成し遂げたとして、日本も見習うべきだという世論が巻き起こっています」と締めくくっていた。文化放送も同様に「日本、〝これから韓国応援〟」という見出しのニュースを流していた。

６月23日付の朝鮮日報は、前日のスペイン戦で韓国チームの勝利が決まった瞬間にＮＨＫのアナウンサーが「韓国がやり遂げました。この勢いで横浜までくればいいですね。韓国がサッカーの歴史を塗り替えました」と叫んだと伝えた。同記事では、「平素、韓国と中国に対して民族差別的な発言を繰り返し」た石原慎太郎東京都知事までもが、「韓国がもっといい結果を得られるように、同じアジア人として熱望しますというコメントを出した」と伝えた。また、このほかにも数日前に、スポーツ報知のコラムで韓国のサッカーを「特攻肉弾的で違和感を覚える」といった村上龍氏が、今度は「韓国の勝利を望んでいる」と書いたことや、また国会議員が中心となって国立代々木競技場で韓国を応援するイベントが計画されていることや、毎日新聞関西版では韓国語の見出しをつけた特別版を発行したこと、などを網羅的に伝えている。

確かに、日本のマスコミは、韓国代表の躍進に尋常ならぬ関心を示した。一部日刊紙は、これから韓国を応援しようという主張を展開していたし、そしておそらく日本の日刊新聞史上はじめて、「日本の１億人が韓国を応援している」というハングルの見出しをつけた新聞もあった。韓国戦の日には、東京や大阪の大都市地域の韓国人密集地区では、朝鮮人と日本人が一緒になって街頭応援を繰り広げる光景がテレビで中継された。韓国戦の放送権を確保したテレビ局は、韓国の健闘を祈るといった「応援放送」をしたのも事実であろう。

しかし、こうした日本のメディアの韓国応援キャンペーンについては、共催国、つまり主催側のメディアとしてはむしろ自然な感性ではないかという指摘もあり、韓国側のメディアが感動して伝えるほどの韓国代表への感情移入があったとは思えないという指摘もあるのだが、少なくともワールドカップ期間中において、韓国のメディアが表立って、日本側の「冷たい空気」に触れることはなかったのである。

新宿・大久保周辺や大阪の鶴橋地域の日韓合同応援の様子は、すでに予想されていたできごとではなかっただろうか。日常的にはスポットがあたらない地域に、非日常的な関心が集中しただけであった。また、テレビに映った人々は、カメラの前で演出されていた点を想起する必要がある。そこは一時的に韓国になったのである。そこにいる日本人にカメラとマイクを差し出す場合、彼ら、彼女らの答えは決まっていたはずである。

すでに述べたように、日本国内のマスコミのすべてが韓国に「温かい」「羨望の」まなざしを送っていたわけではなかったのであり、一連の「親韓」的な報道はある意味ではとても不自然に見えた。表現の仕方はさまざまな形が取られたものの、「韓国側のナショナリズムの過剰」や「何とも不可解な誤審疑惑」への過度な注目は、ほとんどのメディアでみられたのではないだろうか。とりわけ、インターネットでのそれはすさまじい勢いであった。それらの街の裏の「冷たい反応」や「激しい罵倒」を、韓国メディアの特派員たちは感じ取ることはできなかったのだろうか。もちろん、日本側の「冷たい雰囲気」についての指摘がまったくなかったわけではないが、そのことに触れる記事であっても、最後の一言は、このように多様な見解が出されているが、ほとんどの日本人の本音は韓国を応援する雰囲気があるようだ」という願望で結んでいた。要するに、韓国のマスコミもまた「韓国を応援する日本・日本人像」を必要としていたのである。そして、たとえば、日刊スポーツに掲載されたジーコ氏のコラムのように、「韓国チームの勝利は奇跡ではなく、執念の結果」といった指摘を積極的に紙面に載せていたのである。

4　結びにかえて――「Pride of Asia」と「日韓友好」の意味の解釈

6月23日、韓国対スペイン戦。赤く染まった光州《カンジュ》競技場のスタンドには、Pride of Asiaという人文字が浮かび上がった。この言葉の意味をめぐって、韓国ではどのような言説が流れたのであろうか。実は、「Pride of Asia」におけるアジア認識は、「植民地の歴史と低開発の桎梏《しっこく》、80年代跳躍の活力を失ったまま、非合理と腐敗によって経済危機を自ら招いてしまった『未完の大陸』として認識されてきたアジア」であり、自ら植民地支配を受けた韓国の姿をそこに投影していった。レッドデビルの申仁徹《シンインチェ》会長も、自ら書いたコラムで、「日本はいつも脱亜入欧を叫んだが……」と述べている。また、一方では「このキャッチフレーズは、われわれだけのものではない。アジアの多くの国が韓国代表を応援し、勝利を喜んでくれた。サッカーボールを媒介としたアジアの連帯が確認された」と喜びつつ、これまでの韓国側の対アジア差別意識に警鐘を鳴らすパターンも多かった。こうした「アジア認識」において、かつて「大東亜共栄権」の主役であった「日本」のポジションはどうなるのであろうか。

大会を総括する各紙の社説に「日本」は登場しなかった。開幕前にはあれほどまでに「日本との競争」に敏感だったのに。後に「日本」が思い出されるのは、その後の「反米世論の高まり、中国からのバッシング、北朝鮮問題の浮上」などが揃った段階であった。

最後に、「日韓友好」について考えてみる。ワールドカップの共同開催をきっかけに「日韓は近くなった」という言説が、各種世論調査の結果に支えられながら、また政治の言葉として、またマスコミの神話として定着しつつある。しかし、本当はどうなのだろうか。一方では、「日本の『日韓友好』ムードは、両国の真の『和解』に基づくものというより、韓国を取り込んで中韓を分断する戦略的意味が濃厚であるといえる」（卓南生、2003）という指摘もある。

ワールドカップが終わり、朝鮮半島と日本列島をめぐる急な展開を眺めていると、あの熱狂は何だったのかと改めて振り返るようになる。日本では、メディア言説だけではなく、ごくふつうの日常生活の中で、「韓国は好きになったが、北朝鮮は嫌いだ」という言葉が聴かれるようになった。

こうした流れの中で、「日韓友好」は、アメリカを頂点とする「自由世界の団結」の再確認のための絶好のプロジェクトではなかったかという疑いさえ持つようになる。そこで思い出されるのは、1965年、1980年に繰り返された「日韓の癒着」ではないだろうか。「政府の反共宣伝の口車に乗って、日本の自民党政治家に代表される「親韓派」がその実「侵韓派」であったという事実にすら気づかなかった」（尹健次、2003）時代のことである。

もちろん、当初から作り出された「日韓友好論」には、次のように注意を促す声も少なからずあった。

「日の丸のペインティングに君が代の合唱、さらにこの間の戦争のときの海軍の旗までもがひるがえっているサッカー競技場。韓日両国の若いサポーター同士が一団となる「純粋」な激突の場。彼らにわれわれは、もはや両国の未来を託してもいいのではないかという囁きがあちらこちらで聞こえてくる。ごつごつした感じのある過去の歴史は避けて、蓋をしたまま、『韓日新時代』は、より声を高くして発信しようとしている」（河棕文、２００２）。

２００２年末の大統領選挙では、ワールドカップの熱狂のエネルギーを政治的に回収する選挙戦が繰り広げられたが、結果は、現在の盧武鉉《ノムヒョン》の「奇跡的な勝利」であった。新大統領は、２００３年６月の来日の際に「ワールドカップの共同開催で築かれた両国の友好関係」をしきりに強調していたが、その真意はまだわからない。果たしてこのたびの「日韓友好」は、「Pride of Asia」とはどのような関係を結ぶことになるだろうか。今後の推移を見守るしかない。

（黄　盛彬）

■エッセイ■

ワールドカップがもたらした日韓関係の好転――メディアの側面

日韓ワールドカップ共催は実に画期的なイベントだった。歴史的にも大きな意味を残し、何千年も続いてきた両国関係の中で、たとえようのない肯定的な効果をもたらした。

韓国にボアという17歳の女性歌手がいる。最近では、ホンダ自動車のモデルになったり、カルピスのCMに出演するなどしているので、知っている人も多いかもしれない。彼女は2000年5月、初シングルCDを発売し、CD販売ランキング、いわゆるオリコンチャートの16位になった。また、昨年発売した「リッスン・トゥ・マイハート」はミリオンセラーとなり、CDだけでも100億円を超える売り上げをあげている。その彼女が3月18日付の東亜日報のインタビューで、「私の歌がミリオンセラーになったのは、2002年ワールドカップが日本と韓国の共同開催になり、そのおかげで韓国のイメージがよくなったためだと思います」と発言した。

このような話はこれだけではない。シャンプーのCMに出演しているユンソナという韓国人のタレントも同じようなことを言っている。わずか1年の間に、日本で活躍できる有名人になれたのはワールドカップのおかげだというのである。彼女がフランスワイン・ボジョレーヌーボーの宣伝キャンペーン・ガールに選ばれたとき、その報道資料には、この栄光を共に手にした横浜市長の中田宏や歌舞伎俳優の市川新之助の名があったにもかかわらず、ユンソナの名前が最初に記載されているのを見て、「世の中は大きく変わったんだなあ」と実感したのをよく覚えている。このような変化も「やはりワールドカップと関連がある」とユンソナは話している。

一方、韓国でも、日本でのユンソナのような存在である笛木優子という女優がとても人気だし、昨年あたりからテレビの放送などでは日本語をよく耳にする。日本を好きだという人も増えているようだ。

先日見たテレビでは、韓国の女子高生たちが中田英寿や稲本潤一などの有名サッカー選手たちの写真を自分の部屋に飾り、彼らが済州島へ海外練習に来た際には、スタンドから大声で名前を叫び応援している光景を映し出していた。これもまたワールドカップ共同開催というきっかけがなかったらあり得ないことだろう。

日本での話題に話を戻そう。日本には高級ブランドを誇る本間ゴルフというメーカーがある。一般クラブ小売店に商品を置かず、代理店販売だけをしているメーカーである。今年、この会社では、アメリカのLPGA4位の成績を誇る韓国女子ゴルファーのキム・ミヒョンをモデルに起用した。このこと一つを見ても、韓国人のイメージはかなり変わりつつあり、ここにもワールドカップの影響があるのではないかと考える。

また、日韓ワールドカップのオフィシャル・スポンサーの一つ、韓国の現代《ヒョンデ》自動車もワールドカップをきっかけにその影響力を大きく伸ばした企業である。日本での販売台数は、2001年の500台からスタートし、2002年1200台、今年は2000台以上の生産を計画している。現代自動車は日本の自動車市場ではまだその存在が薄いが、ワールドカップを機に市場を拡大しつつあることは間違いない。

ワールドカップの共同開催がどれほど両国の関係に肯定的な効果をもたらしたのかについては、世論調査の結果からも明らかである。

朝日新聞と東亜日報がワールドカップ直後に行った調査では、「両国の関係はよい方向に進むのか」という質問に対し、驚くべき数値が出てきた。何と79%。しかも2カ国ともにまったく一致する数値が出てきたのである。これは共同開催決定後、1996年11月から5回行っている調査の中で、もっとも高い肯定的な数値である。この一致した数値こそ、心が一つになったことの証かもしれない。

全体的な評価としても、「今回のワールドカップがよかった」という回答が日本で87%、韓国では何と99%にも達した。また、ワールドカップの歴史史上はじめて、「韓日の2カ国が共同開催したこと自体がよかった」という回答も日本では74%に達した。このような世論調査は、他の新聞社でも行われ、数値は少しずつ異なってはいたものの、内容はだいたい似たようなものであった。一言でいうなら、「文句なしでよくなった」ということである。

（金　忠植）

Chapter 4

テレビ中継は何を語ったか

●試合の実況アナウンスの内容分析

■はじめに

第10回ロサンゼルス・オリンピックが開催された1932年は「日本がオリンピック競技をはじめて中継放送した」（竹山、2002）年である。当時の放送メディアはラジオだった。メディア史研究者の竹山は、実はこの大会のアナウンスは「実況放送」ではなく「実感放送」であったという。放送権料の問題からオリンピック委員会はアメリカ国内の中継放送を許可せず、結果的に日本も中継放送ができなかった。しかし、アナウンサーはスタジアムで競技を見た後に、放送局にもどり、まるで実況放送が行われているかのように、アナウンスを吹き込んで、競技を再現してみせたという。声のメディアが作り出したもう一つのスタジアムがあったのである。

日本でラジオの広告費がはじめて減少し、一方、テレビ契約数が1000万を超えた1962年。日韓ワールドカップ開催の40年前、チリでワールドカップが開催されたこの年に、日本放送出版協会が発行する「新アナウンス読本」では、「即時描写」や「即事描写」という方法論に基づいた、音声のスポーツアナウンスが、映像に取って代わられることはない、ということを強調している。カメラによって「即時描写」が代行される中、テレビの実況中継は「画主音従」になるが、アナウンスの補助的な「即時描写」の必要性は高く、また質的にも量的にも解説的なアナウンスが要求されるという（NHK、1962）。

それぞれの時代にそれぞれの実況アナウンスがある。

竹山は、1930年代の国内での野球の実況中継の模様を分析し、ラジオの実況アナウンスの方法論における「面白く」から「正確に」への変化には、モダニズム化という「日本社会の変質が反映されている」と述べている（竹山、2002）。NHKアナウンサー史編集委員会は、テレビの実況アナウンスは、映像との調和の必要性やスポーツの国際政治的な役割の変化など、メディアや社会の変化の中で、スピーチにある情緒性や娯楽性と客観性のバランスなどを模索してきたという（NHKアナウンサー史編集委員会、1992）。

スポーツをどのように伝えるかを探究してきた実況アナウンスにはメディアや社会の変化が反映している。実況アナウンスは、スポーツをめぐる時代のコンテクストをも「即時・即事」的に描写しているのではなかろうか。

2002年ワールドカップのフランス対ウルグアイ戦（テレビ朝日放映、6月6日）後半、入場してくるウルグアイのダリオ・シルバ選手を映すテレビ映像について、実況アナウンサーは、国際映像での注目がこの試合での注目になるだろうと解説している。ワールドカップの実況アナウンスには、スタジアムで日本のアナウンサーが何を見たかに加えて、国際映像を制作するヨーロッパ中心に展開するグローバルな映像ビジネスの視点が、二重写しになっているのである。黒田は、国際的なメディアスポーツが「グローバルビジネスがナショナルを介して自らを表現」（黒田、2003）することについて論じているが、実況アナウンスにも同様のことが言えるのではなかろうか。

では、2002年ワールドカップのテレビ中継は何を語ったのか。実況アナウンスについて、何をどのように伝えたのか、そのアナウンスの方法に着目しながら、メディアの内容分析という方法を用いて明らかにし、そこに反映しているスポーツをめぐる時代のコンテクストを考察していきたい。

1　実況アナウンスの内容分析について

本稿で示す実況アナウンスの内容分析のデータは、選手や監督など、「人物」に対して説明・解説したアナウンスだけを対象としたものである。これは分析に先立ち、筆者が実況アナウンスには対人知覚の表出という側面があることに着目したからであるが、こうした観点からの先行研究について考察し、本研究の方法論的背景を説明しておきたい。

1995年にロサンゼルス・アマチュアスポーツ基金が発表した報告書によると、アメリカでテレビ放映された国際的なスポーツイベントにおけるスポーツ選手に向けられたコメントやアナウンスを分析した結果、人種的なステレオタイプによる描写やエスニシティによる描写のかたよりなどは、ほとんど見られなくなっているという（Sabo ら、1995）。

こうした内容分析調査が行われたのは、歴史的にアメリカのテレビにおいてアフリカ系アメリカ人など人種的民族的マイノリティの描写が非常に少ないか、あるいは差別・偏見的なものであったという背景がある（日吉、1999）。数多くのメディアの内容分析が、実証的なデータとともにこうした傾向を明らかにし、メディア描写の改善への努力は、現在でも続いている。それはスポーツでも同様で、サボらによると、スポーツイベントにおける人種関係が学術的に注目されたのは1960年代後半であり、スポーツ選手に対するメディアの人種主義的な叙述に対して批判がなされてきたという（Sabo ら、1995）。

たとえば、1977年にレインヴィルとマクコーミックが発表したアメリカン・フットボールのテレビ中継の実況アナウンスの研究（Rainville McCormick, 1977）は、「黒人」選手と「白人」選手に対する実況アナウンスを比較し、「白人」選手のほうがプレーと関連した賞賛を受けやすく、ポジティブに焦点を当てられることが多いが、「黒人」選手は攻撃を受けたときに言及されやすく、スポーツと関連しないネガティブな過去のできごとについて語られ、非好意的な比較や推測がなされることが多いことなどを明らかにしている。

この調査は、実況アナウンスが何を語りどのように伝えたのかという観点から、アナウンサーの選択的な知覚としての偏見の存在を明らかにしている。つまり、メディアの「送り手」の人間描写における傾向や態度を明らかにしているのである。これはサボらの研究でも同様である。こうした観点から、スポーツの実況アナウンスとは、一種の対人知覚の表出であり、その分析により、スポーツ中継を通じてメディアが表出する態度を明らかにすることができよう。

公民権運動から時代を経てもアフリカ系アメリカ人に対する偏見がアメリカ社会に根強く残ってい

たという時代背景についても、実況アナウンスの分析から理解できる。サボらが行った国際的なスポーツイベントの実況アナウンスの研究からも、現代のアメリカ社会の一端が理解できる。この調査はメディアにおける多文化社会アメリカの多様性の反映を調査するという目的でも行われているのである（Sabo ら、１９９５）。

こうした研究を参考に内容分析調査の設計を行った。次に調査方法について示しておきたい。

2　調査の概要と方法

調査は、地上波テレビ放送によるワールドカップの「実況中継」番組を対象に、試合の模様を中継する「アナウンサー」や「解説者」、「ゲスト」など（以下、「言及者」）が、試合を担った選手や監督など（以下、「人物」）に言及した実況アナウンスを分析したものである。２００２年5月31日から1カ月にわたって放映された「実況中継」番組は40試合分あるが、このうち出場チームごとに、最初に放映された対戦に限定して分析を行った。これは勝敗や複数回の放映が、実況アナウンスの変化に及ぼす影響をデータから取り除くためである。表１は調査対象となった番組である。「実況中継」番組の構成は、ゲームの模様を中継する「実況・解説」部分に加えて、通常はスタジオ等からのトークショーなども含まれているが、本調査では「実況・解説」部分以外は除外して分析を行った。[*1]

この調査において分析した実況アナウンスは、試合を担った「人物」について、具体的に人名をあげて言及したアナウンスのみである。[*2] チームに関する話題などは分析から除外してある。実況アナウンスをすべて文字化し、作成した調査項目によって分類・コード化し、定量的な内容分析を行った。[*3]

表1　分析対象番組と放送局、アナウンサーなど

放送日	対象番組			放送局	アナウンサー	解説者	ゲスト
	対象チーム		対戦チーム				
5月31日	フランス	対	セネガル	NHK	野地俊二	岡田武史	
5月31日	セネガル	対	フランス	NHK	-	-	
6月1日	アイルランド	対	カメルーン	NHK	栗田晴行	加茂　周	
6月1日	カメルーン	対	アイルランド	NHK	-	-	
6月1日	ドイツ	対	サウジアラビア	NHK	沖谷　昇	木村和司	柱谷哲二
6月1日	サウジアラビア	対	ドイツ	NHK	-	-	-
6月2日	アルゼンチン	対	ナイジェリア	NHK	岩佐英治	加藤　久	
6月2日	ナイジェリア	対	アルゼンチン	NHK	-	-	
6月2日	イングランド	対	スウェーデン	NHK	山本　浩	木村和司	井原正己
6月2日	スウェーデン	対	イングランド	NHK	-	-	-
6月2日	スペイン	対	スロベニア	TBS	清水大輔	金田喜稔	
6月2日	スロベニア	対	スペイン	TBS	-	-	
6月3日	イタリア	対	エクアドル	NHK	野地俊二	早野宏史	藤田俊哉
6月3日	エクアドル	対	イタリア	NHK	-	-	
6月4日	日本	対	ベルギー	NHK	栗田晴行	岡田武史	井原正己
6月4日	ベルギー	対	日本	NHK	-	-	-
6月4日	韓国	対	ポーランド	フジ	青嶋達也	風間八宏	
6月4日	ポーランド	対	韓国	フジ	-	-	
6月6日	ウルグアイ	対	フランス	テレビ朝日	田畑祐一	松木安太郎	
6月8日	クロアチア	対	イタリア	テレビ東京	久保田光彦	反町康治	レオナルド
6月8日	ブラジル	対	中国	TBS	土井敏之	高木琢也	
6月8日	中国	対	ブラジル	TBS	-	-	
6月9日	メキシコ	対	エクアドル	NHK	町田　右	植木繁晴	
6月9日	ロシア	対	日本	フジ	長坂哲夫	清水秀彦 風間八宏	
6月10日	チュニジア	対	ベルギー	テレビ東京	久保田光彦	原　博実	
6月10日	ポルトガル	対	ポーランド	NHK	栗田晴行	長谷川健太	
6月12日	南アフリカ	対	スペイン	NHK	山本　浩	早野宏史	
6月15日	パラグアイ	対	ドイツ	NHK	野地俊二	加茂　周	
6月15日	デンマーク	対	イングランド	日本テレビ	船越雅史	武田修宏	
6月17日	アメリカ	対	メキシコ	NHK	内山俊哉	木村和司	
6月18日	トルコ	対	日本	NHK	野地俊二	加藤　久	

※コスタリカ戦は放映なし

実況アナウンスを説明として意味をなす単位に区切ったものを分析単位にし、[*4] 1単位中に含まれる内容をコーディングした。

調査項目の概要は表2のとおりである。分類基準などについて説明しておきたい。

＊1　試合を担った人物とは、調査対象となった番組で出場した選手・監督に加え、チームに所属する、あるいは、していた人物とチーム関係者である。チームに所属しない「来賓」などへの言及は扱っていない。特定チーム分析中に、他チームの選手名が言及された場合も分析対象外である。

＊2　「あのフォワードが……」などのように、映像の補助がないと人物を特定できない場合があり、こうしたアナウンスは分析から除外した。一方、アナウンサーが人名をあげた後に、解説者とのやりとりの中で、名称が指示されない場合があるが、こうしたものは分析対象となっている。

＊3　コード化は筆者が単独で行い、複数コーダーによる信頼性の確認は、調査にかかる膨大な時間の都合から行われていない。しかし、文字化したデータを言語的で明示的な基準によって分類する手法上、信頼性は確保できていると考えられる。

＊4　説明として意味をなす単位とは、一つ以内の行動や業績などについての説明を指す。通常は、アナウンサーと解説者の短いやりとりが中心となる。単位は分析項目からも構成される。ある選手に対してアナウンサーが、比較的に長い説明を行った場合、行動について評価した後に、過去の業績について説明をする場合がある。こうした場合は、この選手は2回言及されたことになる。

「人物名」「言及者」、人物に関する「説明の有無」などの項目は、試合中に実況アナウンサーが誰についてどのくらい説明したのかを分析するものである。繰り返し名前が連呼された選手や、説明や解説がよく加えられる選手などを集計することで、1試合で注目された選手、つまりアナウンサーが誰

表2　調査項目とコーディングカテゴリー

調査項目		分類項目	事例
人物名		-	ベッカム
言及者		1．アナウンサー	
		2．解説者	
		3．ゲスト	
		4．その他のアナウンサー	
		5．その他	
説明の有無		1．人物名のみ	
		2．説明あり	
説明の内容	「帰属」に関する内容	1．身体的特性1（外見）	身長が高い
		2．身体的特性2（内面）	まだ若い選手
		3．過去の業績	得点王に輝いた
		4．所属	地元リーグで活躍
		5．スポーツ能力	魔のカーブ
		6．ファッション	指輪にキスする
		7．チームにおける役割	キャプテンである
		8．体調やけが	昨年に大けがをした
		9．家族や血縁	お父さんも選手
		10．出身や人種・エスニシティ	国籍を取得した
		11．パーソナリティ	ほがらかな選手です
		12．その他	
	「プレー」に関する内容	1．ボールの動き	うまいボールさばき
		2．攻撃や守備	攻撃で生きてくる
		3．対人関係	コンビがいい
		4．体勢や存在	いい位置にいつも
		5．コーナーやフリーキックなど	コーナーからねらう
		6．シュートや得点	素晴らしいシュート
		7．反則やファウル	危ないファイル
		8．交代や治療	残念ながら交代
		9．シーンや演出	得点で勝利を演出
		10．その他	
言及者の用いた知覚方法		1．認知的方法	
		2．情動的方法	
		3．一般他者の認知による方法	
人物の心理描写の内容		1．行動の叙述の表現	
		2．心理描写の表現	
言及者の考えや意見など		1．賞賛	素晴らしいなぁ
		2．コメントの引用	「〜」と言っていました
		3．理解を示す	あれでよかったと思う
		4．疑問を提示する	あんなキックでいいんですか？
		5．共感	稲本選手、惜しい！
		6．シンパシー	かわいそう
		7．応援	がんばってほしいですね
		8．期待	蟹バサミに期待したいですね
		9．示唆	この場面は引くべきですね
		10．意見	〜と思う
		11．仮定の状況の言及	もしもＡならＢになる
		12．エラーの言及	明らかにキーパーのミスだった
		13．注目すべき選手の言及	今日はフィーゴに注目

について選択的に知覚しているのかがわかる。なお、「人物に関する説明の有無」は、人物に対する形容や心情、意思を含む「説明」が加えられているかどうかで分類した。背番号やポジションのみの説明など、心情や意思を含む行動叙述のない動きの描写に関しては、「説明あり」から除外してある。

その他の項目は、実況アナウンスが何をどのように語ったのかを分析する項目である。これらの項目でおもに実況アナウンスの客観性について分析する。詳細は表2を参照していただきたい。なお、実況アナウンスを一種の対人知覚の一つととらえたアプローチから、「人物」を「説明」する際の、「言及者」が用いた知覚方法についての分類を行っている。それが「言及者の用いた知覚方法」や「人物の心理描写の内容」であり、詳細は次の注を参考にしてほしい。[*5]

＊5　「認知的方法」とは、おもに視覚により試合を通じて得られた情報や、持ち合わせている既存の知識によって「人物」を知覚し表出する「説明」のことである。行動や状態、帰属に関する評価的側面で、選手の「意思や心的状態／自己認知」とは関連しないものである。「技術力が高い／ブラジルらしい」のような個人的な特性、「コンビネーションが取れている」などのプレーへの評価、「若い／ベテラン」のような身体的情報から、「輝きを放つ／迫力がある」のような状況説明までを含む。おもに「〜な」「〜の」「〜ような」人物というように言い換えができる表現である。

「情動的方法」とは、主観的で感情的な知覚のみを表出する「説明」のことである。対象が示されない力量的評価の表出であり、「すばらしい／すごい」など感情的な認知を表出しただけのものを指す。

「一般他者の認知による方法」とは、おもに一般的に言われていること、他者によりすでに定着している評価などの知識によって「人物」を知覚し表出する「説明」のことである。「〜といわれている」のような表現がその代表である。また、「人物」の心理描写がなされた場合の内容を、「言及者」が用いた知覚方法によって2項目に分類した。

「行動の叙述の表現」とは、「言及者」が観察可能な行動と導かれる心理状況について、「人物」を主体として表出した「説明」のことである。行動や状態から導かれる心理的推測であり、「要求する／ねらう／喜んでいる」のような例が代表である。

「心理描写の表現」とは、「人物」が発話したであろう言葉を推測によって代理的に「言及者」が「説明」するものである。「上がってくれ、と言いたかった」のような例が代表である。


これらの調査項目を、番組が放送された「放送局（NHK／民放）」別に、試合の「結果（勝／敗／引き分け）」別に、国際サッカー連盟（FIFA）によるチームの「地区分類」別に、チーム別に、集計する分析を行った。

コーディング作業終了後に統計的処理を行った。結果は次のとおりである。

3　内容分析の結果

■「地区分類」「放送局」「試合結果」と言及される選手

まず、「人物名」「言及者」「説明の有無」の項目の集計結果を見てみたい。

「人物名」の集計から、1試合で言及された「人物」の人数、各「人物」への言及回数、言及回数の多い「人物」の人数[*6]などを、チーム別／「地区分類」別に集計したのが表3である。

＊6　言及回数の多い「人物」とは、1チーム1人あたりの「平均言及回数」を上回って言及された

表3　人物の言及、説明の有無、言及者

地域			人数	回数	平均言及回数	言及の多い人物の人数	説明あり	解説者の言及
アジア	1	日本	16	553	34.6	6	36.9%	6.9%
	2	韓国	22	570	25.9	10	50.7%	17.0%
	3	中国	18	271	15.1	6	48.0%	12.2%
	4	サウジアラビア	24	202	8.4	6	53.5%	3.5%
		アジア合計	80	1596		28		
		アジア平均	20.0	399.0		7.0		
ヨーロッパ	5	アイルランド	17	274	16.1	5	48.9%	5.8%
	6	イタリア	16	461	28.8	4	46.2%	11.9%
	7	イングランド	20	447	22.4	9	37.4%	11.6%
	8	クロアチア	19	390	20.5	7	47.9%	12.6%
	9	スウェーデン	17	258	15.2	6	38.0%	11.2%
	10	スペイン	19	463	24.4	7	52.9%	13.8%
	11	スロベニア	19	376	19.8	10	56.1%	18.1%
	12	デンマーク	19	407	21.4	9	28.7%	5.2%
	13	トルコ	15	163	10.9	4	63.8%	13.5%
	14	ドイツ	24	504	21.0	8	56.0%	5.8%
	15	フランス	23	417	18.1	10	43.9%	8.2%
	16	ベルギー	14	172	12.3	5	52.3%	5.8%
	17	ポーランド	18	277	15.4	5	49.5%	9.7%
	18	ポルトガル	15	512	34.1	5	53.9%	18.0%
	19	ロシア	17	505	29.7	3	37.6%	3.8%
		ヨーロッパ合計	272	5626		97		
		ヨーロッパ平均	18.1	375.1		6.5		
北中米	20	アメリカ	19	210	11.1	9	58.6%	12.4%
	21	メキシコ	21	434	20.7	5	37.6%	8.1%
		北中米合計	40	644		14		
		北中米平均	20	322.0		7		
南米	22	アルゼンチン	17	442	26.0	6	37.1%	14.9%
	23	ウルグアイ	15	281	18.7	4	59.8%	22.1%
	24	エクアドル	17	156	9.2	4	48.7%	10.9%
	25	パラグアイ	15	174	11.6	5	54.6%	8.0%
	26	ブラジル	25	505	20.2	10	41.8%	9.9%
		南米合計	89	1558		29		
		南米平均	17.8	311.6		5.8		
アフリカ	27	カメルーン	18	296	16.4	6	46.6%	7.4%
	28	セネガル	19	165	8.7	3	55.2%	5.5%
	29	チュニジア	21	502	23.9	10	56.0%	16.3%
	30	ナイジェリア	22	343	15.6	9	49.0%	17.8%
	31	南アフリカ	16	241	15.1	6	38.6%	10.4%
		アフリカ合計	96	1547		34		
		アフリカ平均	19.2	309.4		6.8		
全体		計	577	10971	19.0	202	46.8%	11.0%
		平均	18.6	353.9		6.52		
有意差		チームごと	−	−		−	＊＊	＊＊
		エリアごと	N.S.	N.S.		N.S.	N.S.	N.S.
		勝敗ごと	N.S.	N.S.		N.S.	＊＊	＊＊
		放送局ごと	N.S.	N.S.		N.S.	N.S	N.S.

＊：P<.05　＊＊：P<.01　N.S：P>0.5

「人物」のことである。チームごとに言及された「人物」の人数と「人物」への言及回数を集計し、1チーム1人あたりの平均言及回数を算出し、その平均からの差を「人物」ごとにみていくと、その試合で数多く言及されていた「人物」がわかる。これは「言及者」の選択的知覚によって、中継放送中に「注目」されることになった選手である。

「地区分類」や「放送局」、「試合結果」によって傾向が異なっているのか分析した結果、統計的な関連は認められなかった。つまり、「アジア」や「ヨーロッパ」などチームの出身地区によって、「人物」を紹介する回数や「言及者」、「説明」の量、「注目」された選手の人数に違いは見られず、それはどの放送局にも共通であった。試合展開によっても実況アナウンスが変化することはあるが、言及された「人物」の人数や回数、言及回数の多い「人物」の人数は、「試合結果」と統計的に関連が見られなかった。

チーム別にみた注目される選手

一方、チームごとに分析していくと、「人物」の言及回数はチームによって違いがみられている。1万971回あった「人物」の言及回数から、1チームでは「人物」が平均353・9回、言及されたことになるが、「韓国／日本／ポルトガル／ロシア／ブラジル」などのチームは100回以上平均を上回って言及されており、逆に「エクアドル／サウジアラビア／トルコ／セネガル」などのチームは下回っていることがわかる（表3参照）。

言及回数の多い「人物」をみていくと、「韓国／スロベニア／フランス／ブラジル」では10人が注目されたことになるが、「ロシア／セネガル」では3人、「イタリア／トルコ」では4人などとなっている。言及回数の多い「人物」が少ないということは、特定の選手に注目した実況アナウンスがなされていたということである。表4は言及数の多い「人物」の上位10名と、1チーム内における言及割合の高い「人物」の上位10名である。「セネガル」の場合は、「人物」の言及回数の4割近くがデューフ選手一人によって占められていることがわかる。この二表では重複しているものもおり、いわゆるスターやヒーローが選択的に知覚されていることがわかる。

表4　言及回数の多い「人物」

「人物」別にみた言及回数上位10位

1. フィーゴ	(ポルトガル)	118
2. ビエリ	(イタリア)	112
3. バティステュータ	(アルゼンチン)	95
4. トッティ	(イタリア)	94
5. パウレタ	(ポルトガル)	92
6. ベッカム	(イングランド)	92
7. ベロン	(アルゼンチン)	87
8. ブランコ	(メキシコ)	86
9. トマソン	(デンマーク)	86
10. ゴンザレス	(スペイン)	85

チーム内で言及回数の占める割合の高い「人物」上位10位

1. デューフ	(セネガル)	39.4%
2. ハカンシュキル	(トルコ)	34.4%
3. ジャバー	(サウジアラビア)	31.7%
4. レコバ	(ウルグアイ)	29.9%
5. ビエリ	(イタリア)	24.3%
6. フィーゴ	(ポルトガル)	23.0%
7. オリサダベ	(ポーランド)	22.4%
8. バティステュータ	(アルゼンチン)	21.5%
9. トマソン	(デンマーク)	21.1%
10. ベッカム	(イングランド)	20.6%

ところで、チーム別にみて「言及者」と「説明の有無」の項目で統計的に関連があり、「アナウンサー」と「解説者」のやりとりや、「人物」に対する説明の仕方は、チームによって異なっていることがわかる。また、これらの項目は試合結果とも統計的な関連がある。このことは、対戦カードとその展開により実況アナウンスの語りが異なっているということである。

各々のチームは異なった特徴を持ち合わせており、チームにおけるスターの存在や試合の進め方などは、ワールドカップを演出するきらびやかな側面である。チームによって異なる実況アナウンスの違いは、ゲームの躍動感を演出し、チームによって異なる特性を反映したものである。しかし、テレビ中継では特定の選手が中心に取り上げられるなど、説明や解説に偏りがあるという経験的な批判は、数量的にも裏づけられている。

実況アナウンスの説明内容と説明方法

次に示すのは、「人物」についての「説明内容」と「説明方法」についての集計結果である。「人物」に対する「説明」が加えられたのは５１３６回（全体の46・８%）であったが、そのうち「プレー」または「帰属」に関する内容にコードされたものは４５７０回であり、「説明」内容の９割近くがこの二つの項目で分析が可能であった。

「プレー」に関する内容が２８１７回（61・６%、N＝４５７０）で、実況アナウンスの「説明内容」は、基本的に競技プレーの言語化や映像補助としての解説が中心である。モチーフの内訳は「シュート場面（23・８%、N＝２８１７）、ボールの動き（16・２%）、攻撃や守備（15・４%）、交代や治療（13・９%）」などとなっており、いわゆる決定的瞬間や、ドラマチックな展開以外のときにも、人物に対する「説明」は加えられている。

「帰属」に関する内容のモチーフの内訳は、「過去の業績（20・６%、N＝１７５３）、スポーツ能力（18・５%）、身体的特性・外見（15・８%）、チームにおける役割（11・８%）、身体的特性・内面（９・１%）、体調やけが（８・６%）、所属（８・０%）」などである。「帰属」に関する内容の上位を占めるのは、競技プレーを理解するための知識を伝える解説であった。人間ドラマを伝えるような「パーソナリティ（3・4％）、出身や人種（1・7％）、家族や血縁（1・7％）、ファッション（0・5％）」などの内容は数量的にはわずかである。たとえば、出身に関しても、ごく簡単に出身地が述べられただけであり、いわゆる人間像が演出に用いられることはほとんどなかったといってよい。開催期間中には、イングランドのベッカム選手の髪型などが注目を集めるなどして、メディアがワールドカップ出場選手の人間模様を伝えたのは周知のことであるが、実況アナウンスは競技プレーの解説を中心としたものであった。

「人物」の「説明方法」がコード化できたものは1725回あり、内訳は「認知的方法（51・2％）、情動的方法（27・8％）、一般他者の認知による方法（21・0％）」となっている。先に述べたとおり、「認知的方法」とは「言及者」が現実に何を見たかを視聴者に伝える方法であり、客観性の指標となるものである。「一般他者の認知による方法」も第三者からの知識の伝達をあらわしている。「すばらしい／すごい」などの感情表出より、抑制された事実の伝達が「説明方法」の中心であることがわかる。「説明」がなされた回数を全数とすれば「情動的方法（9・3％、N＝3136）」は1割に満たない。

「人物」に対する「説明」において「心理描写」が行われたのは760回（全体の14・8％）である。アナウンス席からの推測を示すこの項目の内訳は2項目あるが、行動の知覚からの推測である「行動の叙述の表現」が672回と「心理描写」中の8割近くを占め、根拠の示されない推測である「心理描写の表現」は微少である。

対人知覚を通じて「言及者」が自身の考えや感情を示す場合がある。「説明」が加えられた場合の

25・7％にあたる「言及者の考えや意見等」の項目を整理したのが表5である。こうした表現であっても、多くみられたのは「賞賛」や「行動への疑問」「意見を述べる」などであり、基本的には競技プレーに関する評価的側面であった。「共感」や「応援」「理解」などの語りはあまりなされていない。

このように実況アナウンスは、競技プレーの解説という点では、スタジアムでのできごとを即時的に言葉にし、より客観的なスピーチを目指すような方法で行われていることがわかる。

■実況アナウンスが表出したチームイメージの分析

前項で明らかになったように、「人物」の説明方法の観点からは、客観的な競技プレーの叙述を行っている実況アナウンスではあるが、前述したように「人物」は選択的に知覚されていることがわかる。これは実況アナウンスの「人物」描写において、何らかの傾向があるということである。

そこで、分析で用いた各項目を多変量解析により分析して、実況アナウンスの傾向を総合的に示したい。

まずはじめに、クラスタ分析によるチームイメージのセグメンテーションを行った。[*7] 結果は図1のとおりであり、第6クラスタまでで分類を行った。クラスタが示すのは「人物」描写における実況アナウンスの共通性である。つま

表5　言及者の考えや意見等

1.	賞賛	270回
2.	コメントの引用	57回
3.	理解を示す	30回
4.	疑問を提示する	333回
5.	共感	29回
6.	シンパシー	19回
7.	応援	6回
8.	期待	24回
9.	示唆	46回
10.	意見	315回
11.	仮定の状況の言及	103回
12.	エラーの言及	31回
13.	注目すべき選手の言及	57回

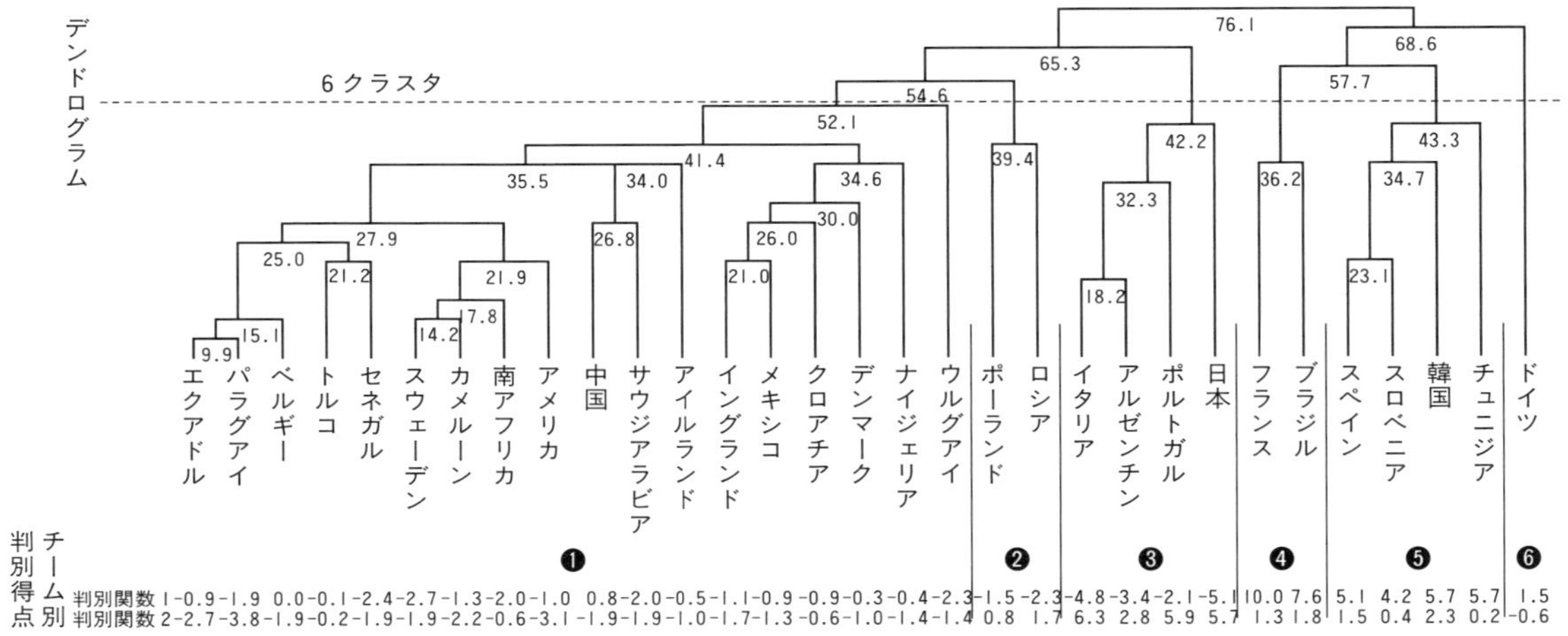

※クラスター分析に用いた説明変数には、以下のような変数を用いている。

1．本稿で用いた全項目の集計結果
- ・ただし「帰属」に関する内訳は、「身体的特性（内・外を集計)/過去の業績/所属/スポーツ能力」に限定
- ・ただし「言及者の考えや意見等」は、「賞賛/コメントの引用/疑問の提示/示唆/意見/仮定の状況の言及/注目された選手」に限定
- ・また、「言及数の多い選手」の平均言及回数のおける標準偏差を加えてある

2．本稿で用いた基本的な独立変数（地区分類/試合結果/放送局)
- ・また、勝敗のデータを明確に加えるため「得失点差」を加えてある

※デンドログラム中の数字はユークリッド距離で値が小さいほど共通性が高い

※❶などの数字はクラスター番号

図1　チームイメージのセグメンテーション
―クラスター分析によるデンドログラム/判別分析によるチーム別判別得点

り実況アナウンスの語り方が類似しているチーム同士をまとめたものである。次に、クラスタ分析の精度を確認し、またクラスタ分類に貢献した主要な調査項目は何であったのかを検討し、判別分析を行った。*8

＊7 ユークリッド距離による群平均法により階層クラスタ分析を行った。データはZスコアで標準化し、デンドログラムによるクラスタ樹形図を作成した。

＊8 クラスタ分類で用いた説明変数からカテゴリー変数である地区と放送局などを除外し、マハラノビスの距離による判別を行い、Stepwise 法により分析変数を選択した。Wilk のラムダを出力、F検定で10％水準を超えた変数を除外した。

Wilk のラムダが示すとおり、各判別関数は比較的独立しており、有意検定では1％水準を保っている（表6）。また、判別的中率は93・5％と高く*9判別の精度は高い。よってクラスタ分類は妥当なものであり、実況アナウンスには6つの傾向があったと考えてよいであろう。

＊9 異なるクラスタと判別されたのは、ドイツがクラスタ1と、ポルトガルと南アフリカはクラスタ2と判別された。

クラスタごとの傾向を検討するため、固有値の高い判別関数を二つ用いて、チーム別判別得点を図2のようにプロットした。また、イメージの空間の意味を把握するために、クラスタ分類に貢献した調査項目の標準化された判別係数を平面上にベクトル化して図3のように示した。

Stepwise 分析で6つに分かれたクラスタ分類にとくに貢献した調査項目がわかる。それが表6で

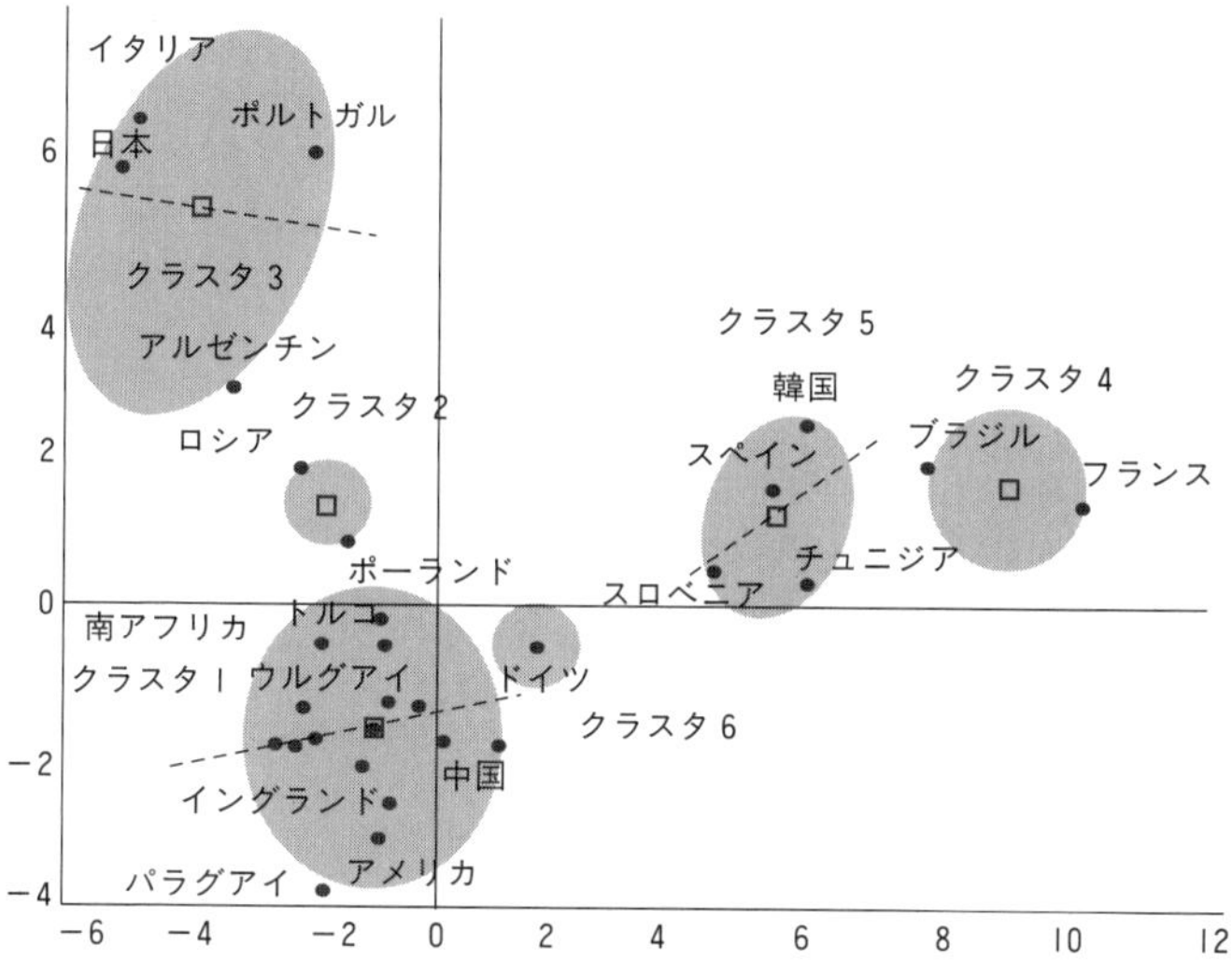

図2　チームイメージの空間

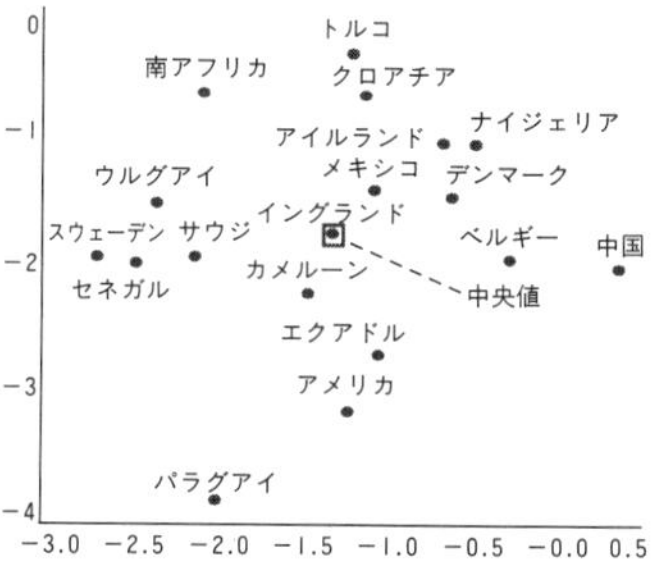

※横軸は判別関数1/縦軸は判別関数2
※プロットに用いた値は判別得点
(図1チーム別判別得点参照)
※□は各クラスターの中央値/点線は回帰を示す
※サークルはイメージ
※右上図はクラスター1の空間の詳細

示した9個の項目である。これらの項目には「言及者が用いた知覚方法」をあらわす項目が含まれていない。よって図1と図2のチーム分類は、実況アナウンスが客観的であったか否かというような、説明方法による分類ではないことがわかる。選手への注目の仕方や説明の量、帰属や所属についての説明など、実況アナウンスが何を語ったのかによって分類されているのである。ここから実況アナウンスにおけるチー

表6　クラスター分類に貢献した変数
-Stepwise 分析によって析出された変数別判別関数式-

判別適中率＝93.5％		判別関数1	判別関数2
変数名	変数の意味	標準化判別係数	標準化判別係数
「言及数の多い選手」の平均言及回数	(特定選手への注目)	−1.21	1.08
「説明された選手」の割合	(説明の有無)	−1.19	−0.09
「選手の帰属」に関する言及数	(帰属に関する情報提供)	1.68	−0.49
「帰属/プレー」に関する言及数	(説明における着眼点の違い)	0.8	−0.53
「所属」に関する言及数	(所属に関する情報提供)	−0.56	0.22
「心情描写」に関する言及数	(選手の心情描写の代弁)	0.87	−0.23
「賞賛」の言及数	(選手への賞賛)	1.35	0.47
「コメントの引用」の言及数	(選手の言葉の引用)	0.74	0.87
「仮定」の言及数	(仮定の状況に基づいた解説)	0.84	0.01
	備考　定数項	−3.29	−1.69
	備考　Wilk のラムダ	0.00	0.00
	備考　有意検定	P＜0.1	P＜0.1
	備考　固有値	14.24	6.8

※判別関数3から5は省略

ムイメージとは、アナウンスの説明方法からよりも、むしろアナウンサーなどが何を見ているのか、そして何を言葉にしているのかということから形作られていることがわかる。

図2で示したイメージの空間は、どのような意味を持ち合わせているのであろうか。それを示しているのが図3である。それぞれ軸にそって読み解いていきたい。左方向には「特定選手への着目」や「説明の有無」など、選択的な知覚による人物描写、つまり誰を説明するのかを示すベクトルが向いている。右方向には「仮定の状況に基づいた解説」や「選手の心情の代弁」「選手への賞賛」など、「言及者」によってなされた「説明の内容」、つまり何を説明するのかを示すベクトルが向いている。

一方、どのベクトルも縦方向に角度が向いておらず、上下の方向の意味を示す指標は特定が難しい。上方向のベクトルは「特定選手への着目」や「選手の言葉の引用」など、特定の選手

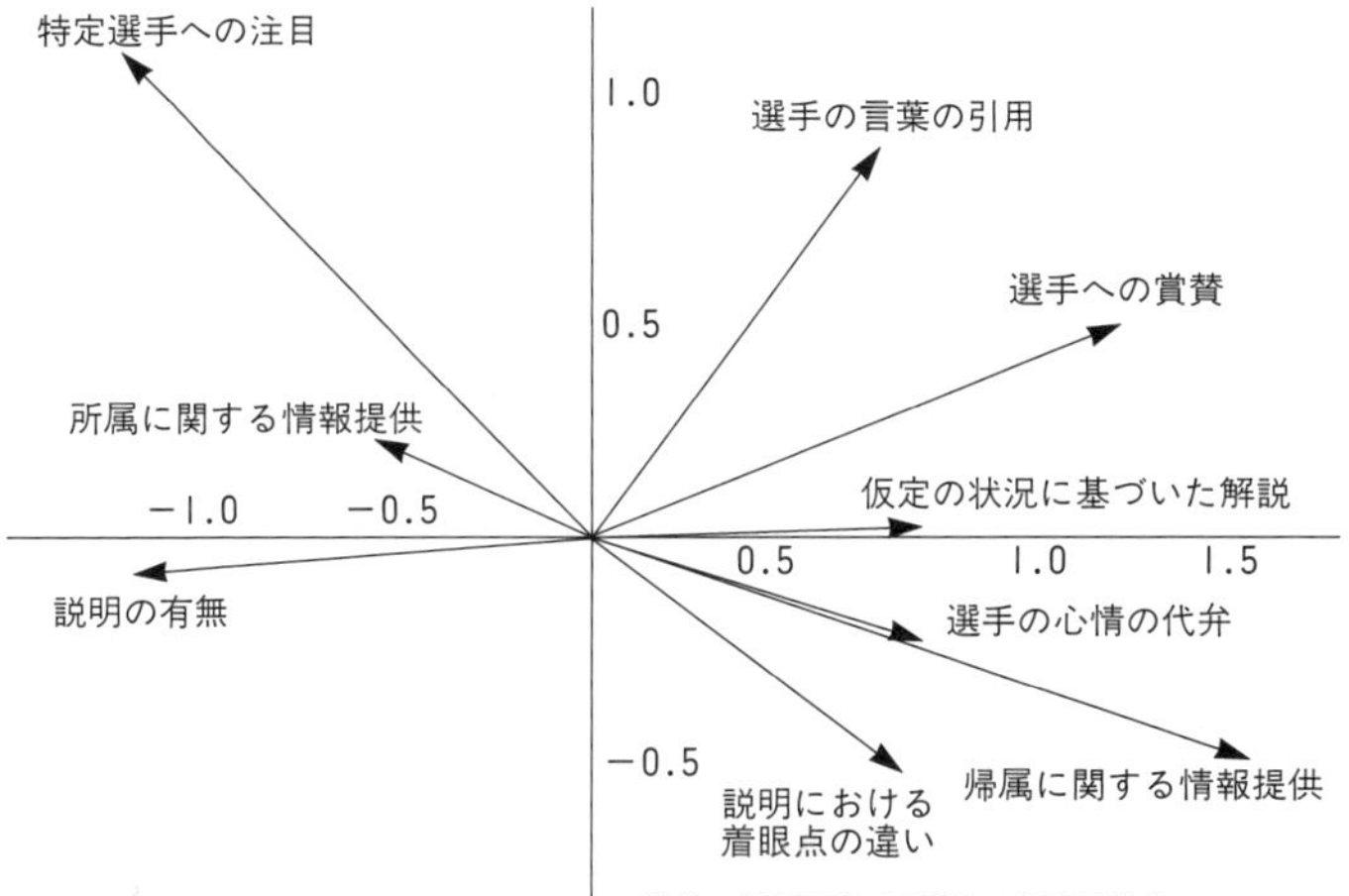

※横軸は判別関数1/縦軸は判別関数2
※ベクトルの値は標準化判別係数（表6参照）

図3　実況アナウンスの傾向性とその指標

の顕現性として、下方向のベクトルは、「説明における着眼点の違い」など、解説性をあらわしている傾向はあると考えられる。

　この軸の意味を踏まえたうえで、図2について視覚的に、定性的な観点を踏まえつつ考察していきたい。

■グローバルに広がるサッカー文化の反映

　日本を含むクラスタ3は、特定のスーパースター選手への注目が顕著であったチーム群であろう。図2と図3を重ね合わせると、クラスタ3に明解に向うベクトルが「特定選手への着目」であるのは明瞭である。チームを語る実況アナウンスからも、「高い個人技／多くのタレント（ポルトガル）」「豊富なタレント／誰が出てきても名選手（アルゼンチン）」などの解説がなされており、選手個人への注目がクラスタ3のチームの実況アナウンスを特徴づけている。このことは、言及回数の多い選手（表4参照）を見ても、1位がポルトガルのフィーゴ選手、2位がイタリアのピエリ選手、3位がアルゼンチンのバティステュータ選手など、クラスタ3だけで上位5位を占めていることからも理解できる。

しかし、こうした選手は国境を越えて活躍していることから、必ずしも特定地域のイメージを作り出す選手とはいえない。黒田は、民族も国家も地域も、チームさえ表象しない、グローバルなヒーローたちの存在を指摘している（黒田、2003）が、上記の選手たちはグローバルに広がるサッカー文化のシンボルともいえるだろう。こうした選手によってイメージが作られているクラスタが構成されたということは、ワールドカップの実況アナウンスにサッカー文化のグローバル化という現象が反映しているということである。

日本チームもこのクラスタを構成しているが、イタリアやポルトガルなどのチームの選手は、日本チームの選手と同じような語られ方がなされているということである。「日本でも人気」などの言葉が、しばしば用いられていたのもクラスタ3のチームや選手の特徴であった。実況アナウンスをするうえで、クラスタ3のチームの選手は、日本でもよく知られた選手として考えられていたのであろう。しかし、すでに知られて広まったサッカー文化があるという前提で実況アナウンスがなされているということでもある。この点からもサッカー文化のグローバル化という現象が日本の実況アナウンスに反映していることが理解できよう。

■ローカルなメディアの特徴の反映

ロシアとポーランドによって構成されたクラスタ2は、図3が示すように「特定選手への着目」と「所属に関する情報提供」の両ベクトルの先に位置する。縦軸の位置がクラスタ3より低いことから、特定の選手の顕現性が比較的にクラスタ３より弱いことがわかる。

ポーランドの場合、キーパーのドゥデク選手がイングランドで、クシヌベク選手がドイツで、オリサダベ選手がギリシアでプレーしていることなどがしばしば説明されている。図３が示す「所属に関する情報提供」とは、表２にあるように分類上では「帰属」に関する内容のモチーフであり、選手の特徴を示す「身体的特性」や「過去の業績」「スポーツ能力」などを分類するものである。この４項目の合計を１００％としたとき、全チームの「所属に関する情報提供」の割合の平均は11・１％であるが、ポーランドは「所属に関する情報提供」が40・９％と全チーム中でもっとも高かった。次に高いのが南アフリカの27・８％であるから、ポーランドの選手への実況アナウンスの特徴は明確である。なお、ロシアの場合は23・５％と全チーム中４位であった。

ワールドカップをめぐるグローバル化という現象を反映しているクラスタ３と同じ象限に位置するクラスタ２には「所属に関する情報提供」というベクトルが向いているのが特徴である。これはポーランドの例でも明らかなように、国境を越えて活躍する選手たちを説明する際に、選手がどこに所属するかという情報が重要であるからであろう。クラスタ３と異なり、こうした解説が行われたのは、実況アナウンスにグローバルに広がるサッカー文化の反映がみられたとはいえ、日本のローカルなメディアが、サッカー文化が広まる地域についての独特の地勢図を描いていることのあらわれではなかろうか。

表４のようにポーランドの選手を言及した実況アナウンスのうち、22・４％はオリサダベ選手への言及であるなど「特定選手への着目」という傾向も顕著である。ロシアの場合、選手名の言及回数そのものが全体的に多くなっている。表３にあるように、日本、韓国、ポルトガルに続いて４番目に多

いのがロシアである。その結果、個々の選手への言及回数も総じて多くなっている傾向がある。対戦チームによっても実況アナウンスが異なってくることは、すでに述べたとおりであるが、分析したロシア戦は対日本戦であった。また、分析したポーランド戦は対韓国戦であった。共催各国の対戦チームが同じクラスタに位置したことからも、実況アナウンスにはローカルなメディアの特徴があらわれていたといえよう。

■実況アナウンスに反映するメディアの演出

右上象限に位置するクラスタ4とクラスタ5は、縦軸上では大きな位置の違いは見られない。図3によると「選手の言葉の引用」や「選手への賞賛」などのベクトルの向きの先に位置している。

まず「選手の言葉の引用」であるが（この場合、監督の言葉の引用を含む）、フランスがもっとも多く7回、ブラジルが次いで多く6回となっている。全チームの平均では1・7回であるから、クラスタ5の両チームの一つの特徴になっている。また「選手への賞賛」では、チュニジアが53回、韓国が28回、スペインが23回、スロベニアが13回と、全チームの「賞賛」回数の43・3％をクラスタ4で占めている。

前回優勝国のフランスと今回は結果的に優勝したブラジルが同じクラスタに位置した。チームを語る実況アナウンスは、フランスを「王者」として、ブラジルを「王国」として、しばしば表現しているが、ワールドカップの覇者たるチームが自らの言葉を持つという点は象徴的である。図3によると、何を説明するかを示すベクトルの方向にある両クラスタであるが、同じ象限にありながら、クラスタ5のチームは賞賛の対象であり、語られる対象として描かれているのは、クラスタ4と対照的である。そして、この傾向のクラスタの中に、共催国の韓国チームや日本の対戦チームとなるチュニジアが入っていることにも留意しておきたい。

左下象限に位置するクラスタ1はイングランドを中心に20チームを含んでいる。縦軸下方向に位置することから解説性によって描写されたチーム群として、また横軸左方向に位置することから誰が説明されるのかに特徴があるチーム群といえる。しかし、図3によるとどのベクトルの向きからもはずれた部分に位置していることから、この分析上では、特定の傾向は見られないチーム群ということになる。なおドイツは単独で一つのクラスタを構成しているが、判別分析上ではクラスタ1と判別されているので、クラスタ1と同様の傾向としておく。

そこで上象限に位置したチームを見ていくと、まずヨーロッパと南米の優勝候補といわれるような強豪チームが目につく。そのほかは開催国の日韓とその対戦チームであることがわかる。スペインとスロベニアのデータは一つの試合を分析したもの（表１）であって、アナウンサーの語りの特徴が反映したものと考えると、スロベニアのように初出場のチームやアフリカのチーム、中南米のチームは上象限にあらわれていない。

実況アナウンスが表出したイメージの空間を分析した結果、選手の取り上げ方は、日本での人気の度合いや、事前の情報や知識、開催国との関係などによって異なっていることがわかってきた。これはテレビ中継の演出の一つでもある。02年ワールドカップのように、日本ではじめて開かれたイベントを、メディアが事前に演出を計画するのは当然のことであるが、アナウンサーがスタジアムで見たものを即時的な叙述で言葉にするという実況アナウンスのスピーチにも、こうした演出は及んでいるようである。

なった。

まとめ

ワールドカップ中継放送における実況アナウンスの内容分析を通じて、次のようなことが明らかになった。

第一に、競技プレーについて語る際には客観的な方法によって実況アナウンスがなされていながら、選手など人物について語る際には選択的な描写がなされるなど、客観的な描写がなされていたとはいいがたいということである。その結果、テレビ中継によってワールドカップというイベントを担った数多くの選手たちをバランスよく紹介することはできなかった。実況アナウンスには、競技プレーをスポーツ解説として語る専門性と、世界的なイベントで多様な人間像を提示するという、いわば国際性とのバランスの模索が求められるのではないか。

第二に、実況アナウンスには、グローバル化というサッカー文化にみられる現象や、ローカルメディアとしての特徴、メディアとしてイベントを演出する姿勢などが反映していたということである。こうした実況アナウンスの特徴から、テレビ中継を通じてワールドカップの代表たちは時に差異化され、時に類型化され、作られたイメージで描写された。これらのイメージは、スタジアムでリアルタイムで展開する試合の模様から生まれたものではなく、ワールドカップが開幕される以前からあったワールドカップ観であり、ひいてはサッカー文化観として根づいていたものであろう。

実況アナウンスは映像を言葉にするものでもある。競技プレーを即時・即事的に語るアナウンスの方法で、国際映像というグローバルな映像ビジネスの持ち合わせるまなざしをも即時・即事的に描写していたとも考えられる。実況アナウンスが伝えるスタジアムは、いまだ声のメディアが作り出すもう一つのスタジアムであり続けている。

（日吉昭彦）

Chapter 5

日韓共催と世論の動向

●ワールドカップを通してみえてきたもの

■はじめに

「共催」は日本にとっては「意図せざる」できごとだった。日本はワールドカップの共同開催を考えていたわけではなかったが、国際サッカー連盟（ＦＩＦＡ）も含んだ複雑な「政治」状況の中で日韓共催が決まる。当時の新聞をみると、「対立回避へ苦渋の選択」（読売新聞）、「経済効果に悲観論」（毎日新聞）、「『どうなるんだろう』日本側、気勢あがらず」（朝日新聞、いずれも１９９６年６月１日朝刊）と、思いがけない結果に動揺する日本の状況が描かれている。日本にとっては「共催」が降ってきた、というのが決定当時の正直な感覚かもしれない。このように偶発的なこととはいえ、ワールドカップ史上はじめての２カ国共同開催は、両国の国民の意識、世論に関与することになる。

共催は決まった。その後何が起こったのか。本章は、「偶然のできごと」として出発した日韓共催が、両国の人々に及ぼした影響を検討することを目的としている。ワールドカップの共催という「偶然」がもたらした帰結はどのようなものなのだろうか。ワールドカップという巨大なメディアイベントは、日本と韓国の人々にどのようなインパクトを与えたのだろうか。

具体的には、まず日韓が共同開催することになったワールドカップが、日本人の「韓国・韓国人・日韓関係」に対する、また韓国人の「日本・日本人・韓日関係」に対する態度に及ぼした影響を考えることから始める。とくに日本で行われた各種の世論調査をもとに、前者（日本人の対韓国意識）を中心に検討することにしよう。さらに日本（人）と韓国（人）にとって、ワールドカップが内包していた「社会的意味」を、ワールドカップ前後にわれわれが独自に実施した日韓大学生調査から明らかにしようと思う。

1　世論調査報道にみるワールドカップの評価

ワールドカップ前後に実施された世論調査に関する新聞記事の論調をみる限り、ワールドカップの共催は、日韓両国の友好促進のために有効であった、と判断されている。毎日新聞と朝鮮日報が共同で行った調査結果、ならびに朝日新聞が東亜日報と共同で行った調査結果（図1）と、それに基づく記事をみてみよう。

毎日新聞・朝鮮日報の調査は「韓国（日本）に親しみを感じますか」という質問に対する回答を、95年6月、99年5月、２００２年1月、さらにはワールドカップ閉幕直後の02年7月を加えた計4回

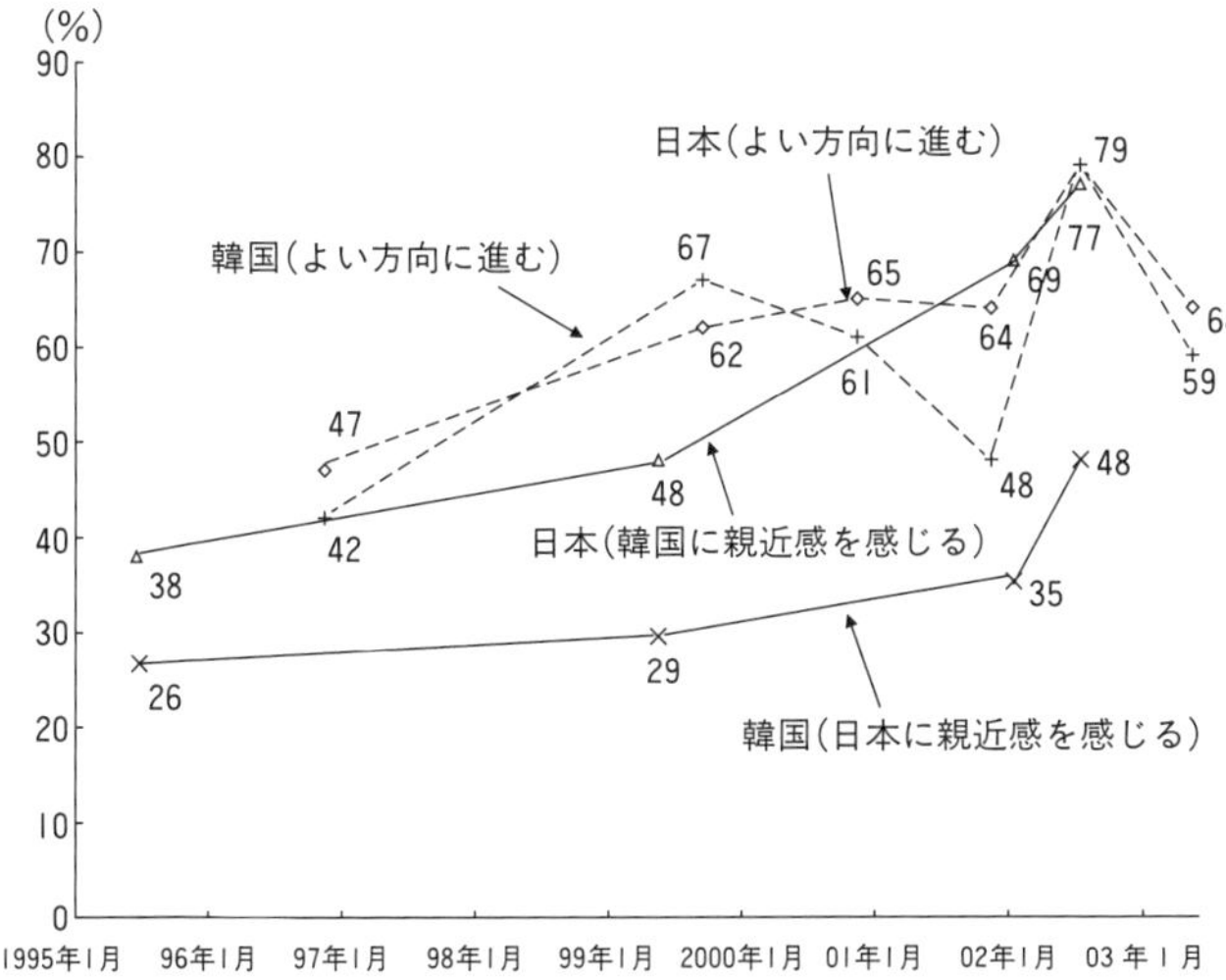

図1　「韓国（日本）に親近感を感じる」「日本と韓国の関係・よい方向に進む」と回答した者の割合：毎日新聞（2002年7月10日）、朝日新聞（2003年5月30日朝刊）

の世論調査から比較したものである。この図には「大いに感じる」「少し感じる」を合わせたパーセンテージが示されている。

これをみると95年から99年の4年間の増加は、韓国ではわずか3ポイント、日本でも10ポイントでそれほど大きくないが、99年6月から2002年1月への約2年半では韓国でも6ポイント、日本では実に21ポイントの増加がみられ、日本では7割の人々が親しみを感じると答えるようになった。さらにワールドカップ終了直後の調査では、日本はさらに増加し79%、韓国でもわずか半年間に13ポイント増加して48%と、約半数の人が親しみを感じるようになっている。

同じ共同調査で、96年7月の共同開催決定直後に日韓関係が共催によって「今後よくなる」と回答したのは日本で34%、韓国で47%であったのが、02年の1月調査では日本・韓国とも52%に増加、ワールドカップ直後の調査ではワールドカップの影響で日韓関係が「よくなった」と答える人が日本で65％、韓国では75％にも及び、日韓両国とも開催前の予測を事後の評価が上回る。ワールドカップの共同開催は良好な日韓関係の構築に有意義であったという評価が開催後に大きく増加しているのである。この結果をもとに6年前の共催決定からの世論の動向を、「6年前の共催決定時の日韓関係への『不安』が、開幕前には『期待』、そして閉幕後には『確信』へと進化した経緯が浮かび上がった」と毎日新聞は総括している（毎日新聞、２００２年7月10日朝刊）。

朝日新聞と東亜日報が行った世論調査の結果もみておこう。同じく図1には朝日新聞・東亜日報の共同世論調査の結果が示されている。

ここでは「日本と韓国の関係は、よい方向に進むと思いますか。そうは思いませんか」という問いに対して「よい方向に進む」と回答した者の割合を示している（ただし、２００３年5月の調査では質問が変更され「よい方向に進んでいる」と回答した者の割合）。この質問項目は、ワールドカップの共催決定後の96年12月にスタートしているが、その段階での両国民の見方はまだ厳しく「よい方向に進む」と回答したのは、日本で47％、韓国で42％と半数に満たない。それが、99年9月には日韓とも60％を超え、「歴史教科書問題」や「小泉靖国参拝問題」の影響で01年11月の韓国では見方が厳しくなる（48％）が、ワールドカップ直後の２００２年7月には「よい方向に進む」という人が両国とも80％近くまで達し、ワールドカップによって日韓両国民の日韓関係をめぐる意識が未来志向へと変容したことがわかる。ワールドカップの開幕から1年後に実施された調査での回答は、それと比較するとかなり後退した印象を受けるが、[*1]記事では「（日韓）ともに8割が『よい方向に進む』と答えた大会直後の調査には及ばないものの……（中略）……韓国でも、関係改善ムードは堅調だといえそうだ」（朝日新聞、2003年5月30日朝刊）とまとめている。

＊1　変更された質問・選択肢のほうが、現状評価で厳しく出やすいとも考えられるが、2002年7月と2003年5月の2時点ともたずねられている「ワールドカップを開催したことで、韓国（日本）の人や文化を身近に感じるようになりましたか」に対する回答をみても、日韓とも「身近に感じるようになった」とする人が10ポイント近く減少している。もし同じ質問を用いたとしても、「よい方向に進む」という回答は減少したと考えられる。

いずれの調査結果の解釈でも、日韓関係の好評価や韓国（日本）に対する親近感を増してきたことにワールドカップが寄与したとされる。ワールドカップの共催はこれまで「近くて遠い国」と思われていた韓国・韓国人に対する日本人の、また日本・日本人に対する韓国人の、共催国イメージや国民感情を変化させるきっかけとなったことは確かである。

しかし、朝日新聞・東亜日報の共同世論調査の内容が示すように、ワールドカップ直後と1年後では、人々の意識もかなり変わっている。とくに、ワールドカップを評価しようとする世論調査の多くが、ワールドカップ直後の一種の「熱気」のもとで実施された結果だという点を考えると、こうした変化をワールドカップ共催後の「常態」と理解するには一定の距離を置く必要がある。われわれはもう一度、「冷静な」目を持って、世論の動向をていねいに追って、ワールドカップの影響を慎重に判断してみよう。

2　ワールドカップが世論に及ぼす影響

ここにみられたような世論の変化に対して、ワールドカップの共催はどの程度影響しているのだろうか。新聞社の共同世論調査がみている期間は1990年代半ばからであり、調査の継続期間もそれほど長くない。また調査間隔も、短くても数カ月、長い場合には4年も開いている。「領土問題」や「歴史教科書問題」、さらには首相の「靖国神社参拝」など日韓関係に対する世論を揺さぶる要因は多様であり、また突発的に生じることも多い。したがって、こうした世論の動向を正確にとらえるためには、何年も間隔の開いた調査や調査間隔が一定しない調査では資料として不十分である。

ここでは、日本に限られるが定期的に繰り返し実施されてきた世論調査データを用いて、日本での世論がどのように変化し、それにワールドカップがどのようにかかわっていたかを検討してみたい。

■韓国への親しみ

はじめに、内閣府（旧総理府）が1978年から実施してきた「外交に関する世論調査」を用いて、韓国に対する日本人の意識の変化をたどってみよう。この調査では「あなたは、韓国に親しみを感じますか、それとも感じませんか」という問いに対する回答を求めている。その回答を、「親しみを感じる」（「親しみを感じる」＋「どちらかといえば親しみを感じる」、実線の◆印）、「親しみを感じない」（「親しみを感じない」＋「どちらかといえば親しみを感じない」、実線の□印）、「わからない」（点線の×印）に三分し、年次変化を追ったのが図2である。

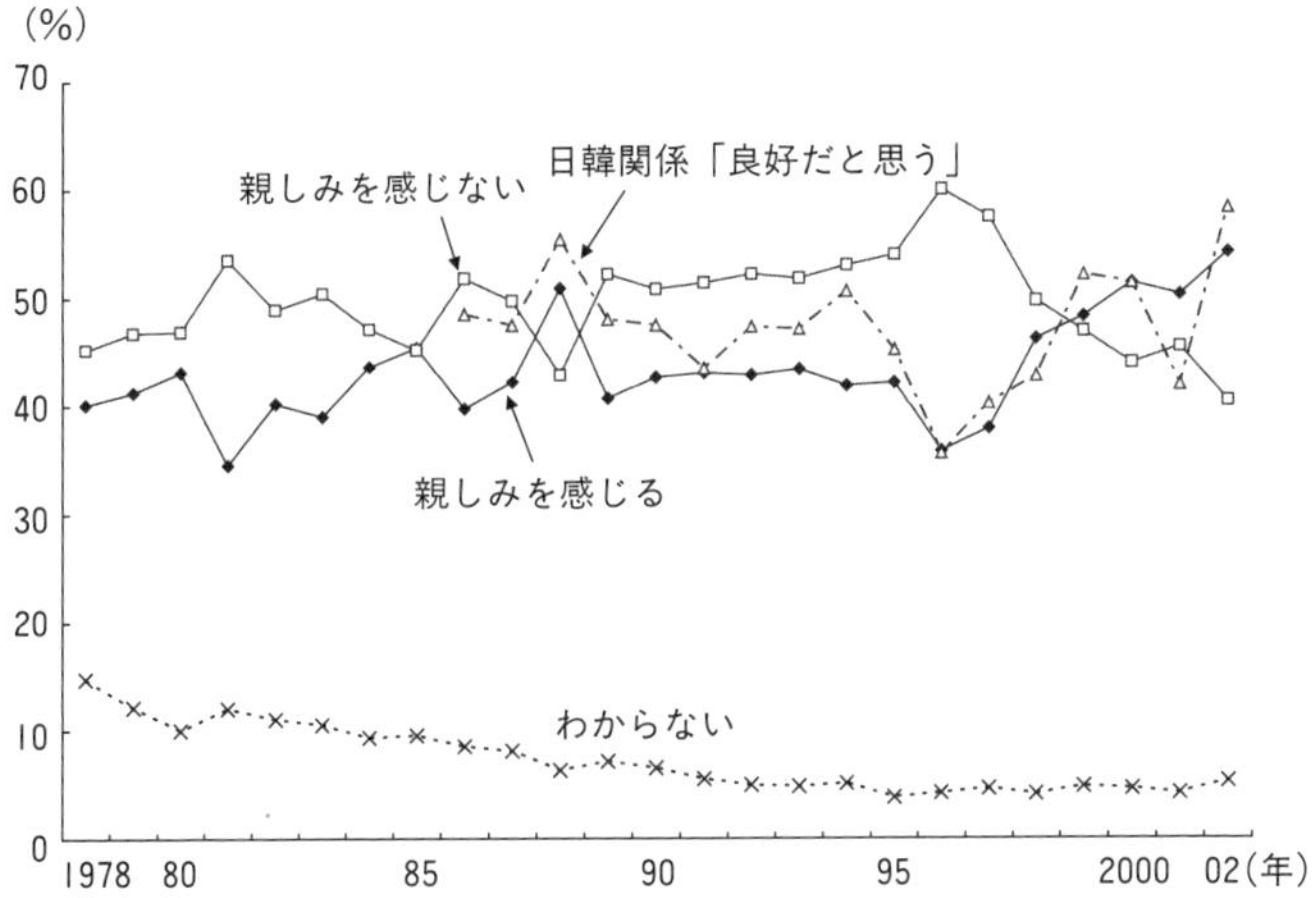

図2　韓国に対する「親しみ」の変化：外交に関する世論調査（内閣府）

この図をみると、この25年間に一貫して生じている変化は「わからない」が徐々に減少していることだけである。「親しみを感じる」「親しみを感じない」と回答した人の割合は80年代を通じて10～15ポイント程度の上下動を繰り返した後、89年から95年までは「親しみを感じる」50％強、「親しみを感じない」40％強とほとんど平行な状態で推移する。その後96年に「親しみを感じない」が60％と、この調査が始まって以来最高の値を記録し、また「親しみを感じる」も35・8％と81年に次ぐ低い値を記録する。2001年での一時的な反転を経て、2002年には「親しみを感じる」はこれまでの最高値（54・2％）に、「親しみを感じない」は逆に最低値（40・5％）に到達することになる。

同じ調査には、86年以降日韓関係を「良好だと思う」か否かをたずねる質問も含まれている。「良好だと思う」と答えた者の割合を同じ図に示しているが（一点波線の△印）、「親しみを感じる」に沿いながら、その動きを増幅させたものになっていることがわかる。日韓関係の良好度の評価と韓国に対する親しみは、論理的には独立のものであり、また個人レベルでも必ずしも一致しないが、上記の変化をみる限り、全体としては両国関係の状態評価が個人レベルでの感情に反映される傾向にある。ワールドカップ日韓共催の決定から大会開催までの過程で、日韓関係の改善が図られ、「親しみを感じる」層が「感じない」層を上回っていったと、この変化は解釈できるかもしれない。

■スポーツイベントの効果

「親しみを感じる」が「感じない」を上回るようになったのは、近年では99年以降であるが、それ以前をみると88年で「親しみを感じる」が「感じない」を大きく上回っていることがわかる。この年は、9月にソウル・オリンピックが開催された年であり、スポーツイベントが世論を好転させる役割を果たすことを示している。

この点をさらに他の調査を用いて確かめてみよう。時事通信社は、内閣支持率や政党支持率とともに世論調査で「好きな国」「きらいな国」を答えてもらう質問を毎月行っている。こうした月単位の調査はほかになく、世論の微妙な動きを関知する非常に貴重な資料である。この調査ではリストに呈示された10カ国（アメリカ・ロシア・イギリス・フランス・ドイツ・スイス・インド・中国・韓国・北朝鮮）から、好きな国ときらいな国をそれぞれ三つまであげてもらう形で集計をとっている。[*2] この調査結果を用いて「好きな国」「きらいな国」として韓国がリストからピックアップされる割合を、大会前後で追ってみよう。

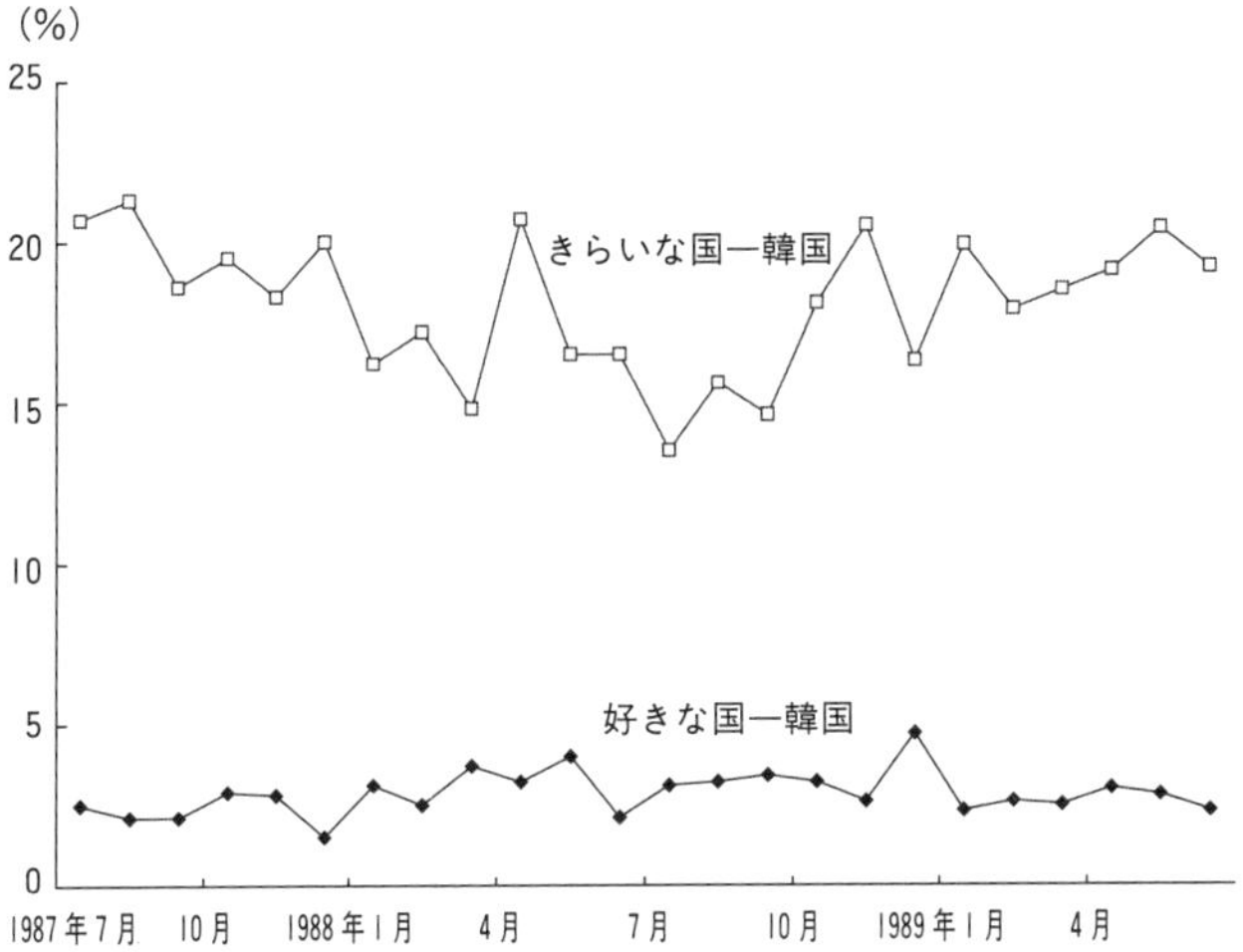

図3　好きな国・きらいな国—韓国（1987年7月〜1989年6月）

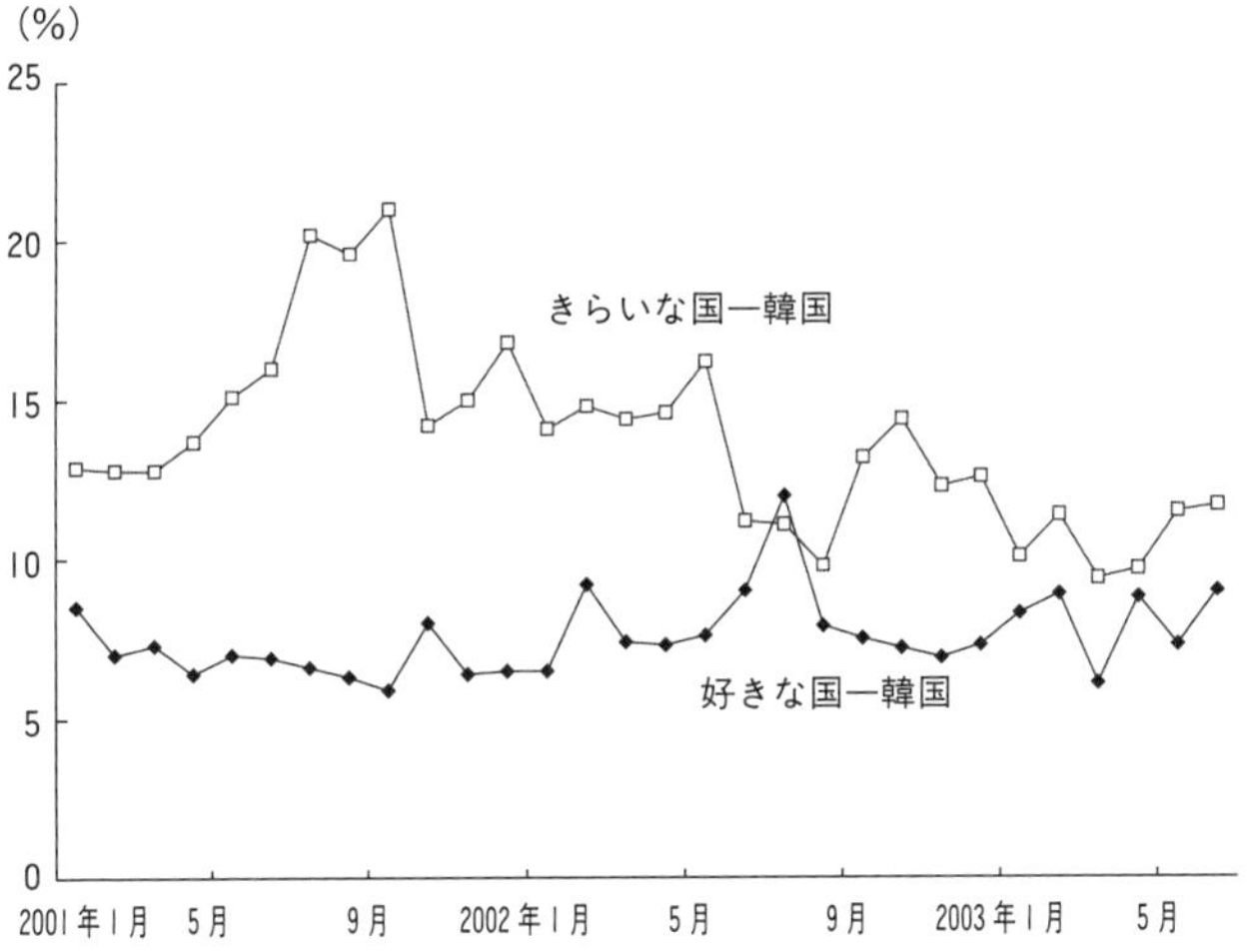

図4　好きな国・きらいな国—韓国（2001年1月〜2003年6月）

＊2　以前、ロシアは「ソ連」、続いて「CIS」として、またドイツは「西独」としてリストに記載されていた。

図3は「好きな国」「きらいな国」として韓国をあげた人の割合の変化をソウル・オリンピック開催前年後半から翌年前半の2年の幅で示している。このグラフをみると、「好きな国」として韓国がこのリストの中から選ばれる割合は増加していない。しかし、開幕前4月の一時的な跳ね返りを除くと、88年に入ってから「きらいな国」として韓国があげられる割合がオリンピックの開幕（9月）にかけて減少した後、再度増加していく様子がよくわかる。このことはオリンピックを控えて、近代化されたソウルをはじめとして、韓国が肯定的なメッセージを伴ってメディアで伝えられたことと関係していると考えられる。「外交に関する調査」が実施されたのは、こうしたオリンピックのイベント効果が対韓イメージに反映された時期であり、まさにスポーツイベントのイメージ効果の産物だといえる。[＊3]

＊3　1987年のいわゆる「民主化（民主化運動に引き続く政府の民主化宣言）」も「親しみ」を増す要因となったとも考えられる。しかし、オリンピック後の「リバウンド」をみる限り、「民主化」の影響よりもオリンピックのイベント効果のほうが大きかったと考えられる。

さて、このような観点でみたとき、2002年のワールドカップの影響はどのように位置づけられるのだろうか。図4にはワールドカップをはさむ2001年以降2003年の前半までの「好きな国」「きらいな国」韓国の変化を示している。このグラフをみると、ワールドカップ直後の2002

年7月で「好きな国」が突出している。この月には「好きな国」として韓国をあげる人が12％とこの調査が1960年に始まって以来、はじめての2桁台を記録する（福島、2002）。その一方で「きらいな国」として韓国が選ばれる割合が2002年の6〜8月にかけて10％程度に減少している。「好きな国」については、7月の一時点を除くと6〜9％の範囲を推移しており、閉幕直後の「熱気」の影響を除くと、非常に安定していたことがわかる。

「きらいな国」に注目してみると、2001年の7〜9月が20％前後と多くなっている。この時期は歴史教科書問題やそれに引き続く首相の靖国神社参拝問題で両国間の関係が一時的に悪化した時期である。ここでの「きらいな国―韓国」の増加には、一時的にそのことが反映されたもので、この3カ月を除くとワールドカップ開幕前の1年あまりも15％前後で安定している。このようにワールドカップについても、スポーツイベント自体の効果は、ごく短期的なものであるということが、この時期の変化パターンからもいえそうである。[*4]

＊4　2002年10月以降に再度「きらいな国」が減少するが、この9月の時期には「きらいな国」として北朝鮮があげられる割合が急激に増加している。これに呼応して韓国が選ばれる割合が減少しており、10月以降の「きらいな国―韓国」の減少には北朝鮮を選ぶ人々が圧倒的に多くなった（80％以上）ことの影響が大きい。

■イベント効果と「交流」効果

さて、長期的にみるならば、ワールドカップに向けて日本人の韓国イメージは先の内閣府（旧総理府）の調査結果にみたように、1996年の共催決定以来持続的に好転していった。この持続的な変

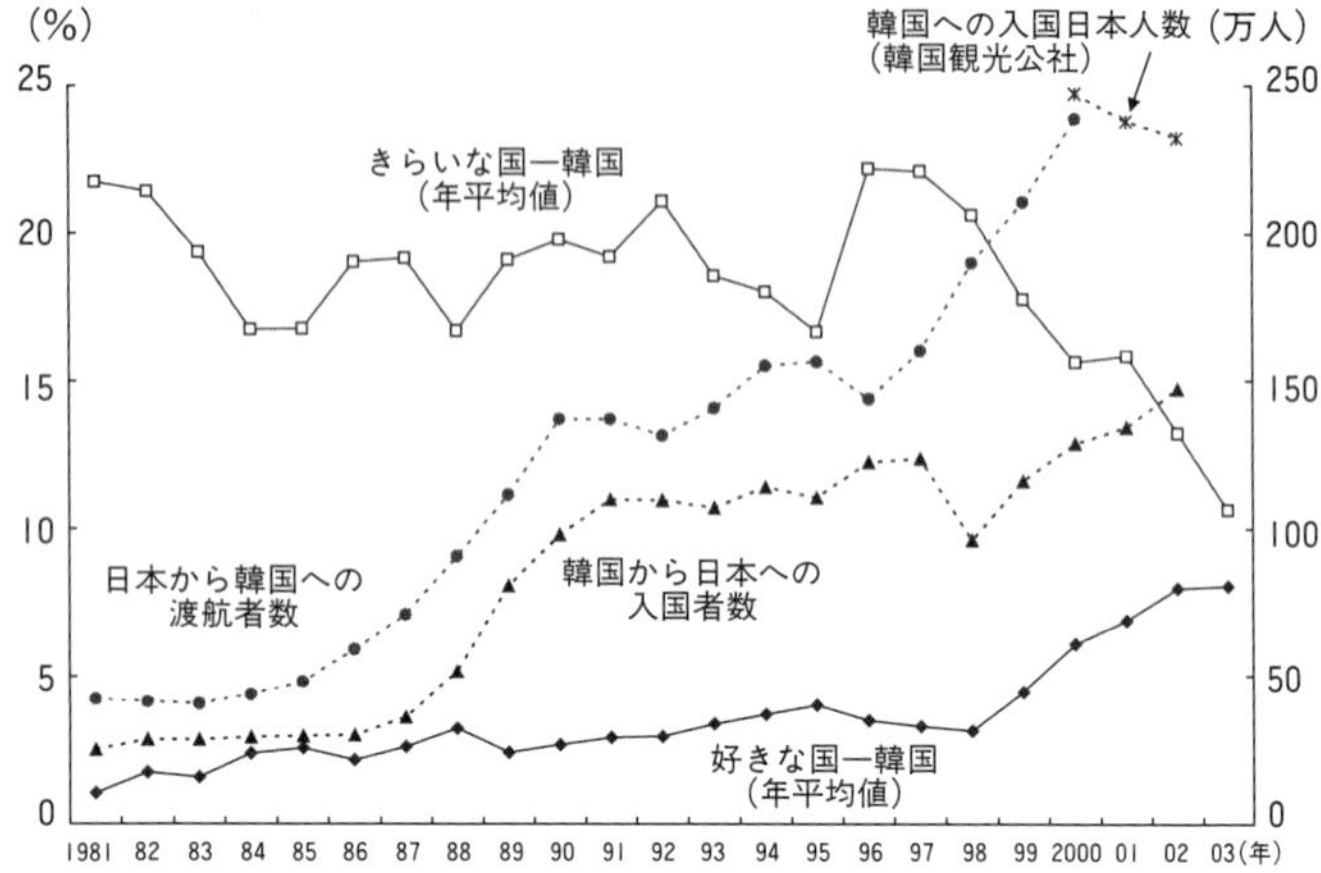

図5　好きな国・きらいな国―韓国　日本から韓国への渡航者数・韓国からの入国者数の変化：時事世論調査特報（各号）、出入国管理統計年報（各年度版）

化の背景は何なのであろうか。これまでみてきたように、単発的なイベントとしての効果は、それほど長続きはしない。イベント自体の効果は、先にも確認したように大会の前後3カ月程度に限定されるようにみえる。むしろ、ここでは他の要因を考えてみる必要がある。

図5は時事世論調査特報から、この20年あまりの「好きな国―韓国」と「きらいな国―韓国」について、各月の回答結果（12カ月分）の単純平均を求めて1年単位の変化に要約したものである（ただし、2003年は上半期のみ）。さらに、これに日本からの韓国への渡航者数、ならびに韓国から日本への入国者数を重ねてみると、興味深いことがわかる。それは90年代半ばからみられる日本人の韓国ぎらいの減少と、韓国好きの増加はほぼ両国間の人的な交流の増加に対応しているのである。つまり、この間の韓国イメージの好転には、たんにメディアを通じたプラスイメージの伝達だけでなく、人的な交流関係の強化が下支えしていたということである。かつ

て辻村明たちは、韓国旅行の経験、直接的な韓国・韓国人との接触が、韓国・韓国人に対するイメージを変容させせることを指摘したが、ここでの結果はこれに対応するのかもしれない（辻村・金・生田、１９８２）。もちろん、このグラフからもわかるようにイメージの悪化（「きらい」の増加）は渡航者の減少につながるところがあり、人的交流の増加によってイメージの改善が図られたというよりは、両者が相互に影響しながら好循環がもたらされたということであろう。

また、この時期に韓国では若者を中心として日本の大衆文化の受容が進んだ（朴順愛・土屋礼子編著、２００２）。『シュリ』をはじめとする韓国映画や韓国の食文化が、日本人の生活にも少しずつ浸透してきたのもこの時期である。さらに韓国への渡航者数も10代後半から20代にかけての伸びが全体と比較して大きく、90年代末からの「好きな国―韓国」をとりわけリードしているのも20代を中心とした若年層である。[*5] こうした特徴は、ここでの変化がワールドカップそのもののイベント効果というよりは、それを契機としてさまざまに動き出した日韓交流の活発化によって、韓国イメージがプラスの方向に進んだことを示唆している。80年代半ばから90年代にかけては、「きらいな国」として韓国を選ぶ人の割合が20代でもっとも高かったことを考えると、中高年層以上に若者の転換はこの変化に大きくかかわっている。

＊5　20代での「好きな国―韓国」は、各年の1月調査でみると、２００１年の調査から10％を上回り、２００３年1月には14・3％、6月には19・1％となっていて、ワールドカップ後も増加傾向にある。

3 ワールドカップ開催の意味

さて、ワールドカップは日韓の人々にとって、どのような意味を持っているのだろうか。ここではわれわれの研究会で独自に実施した大学生の日韓比較調査を用いて、この問題に答えていくことにしよう。大学生調査はワールドカップの開幕前、2002年4月と閉幕後半年近くが経過した同年12月を中心に、日韓の各5大学、計10大学で実施された。*6

＊6 「2002FIFAワールドカップに関するアンケート」調査は、ワールドカップ開幕前と閉幕後の2時点において行われた。開幕前の第1回調査は2002年4月末から5月初旬にかけて、日本は京都、大阪、神戸の5大学、韓国はソウルとテグ（大邱）の5大学において実施されたものである。サンプル数は1152で、内訳は日本765、韓国387、性別は日本が男性274、女性490（無回答1）、韓国が男性144、女性232（無回答11）である。閉幕後の第2回調査については、2002年12月初旬から2003年1月中旬にかけて、やはり日本では京都、大阪、神戸の5大学、韓国においてはソウルとテグの4大学において実施された。サンプル数は1001で、内訳は日本638、韓国363、性別は日本が男性238、女性399（無回答1）、韓国が男性134、女性219（無回答10）である。今回の分析では、このうち2回とも対象となった大学を用い、性別と大学別のサンプル数を2時点の最少サンプル数に揃えた、日本566、韓国284のサンプル（両時点とも）を用いている。

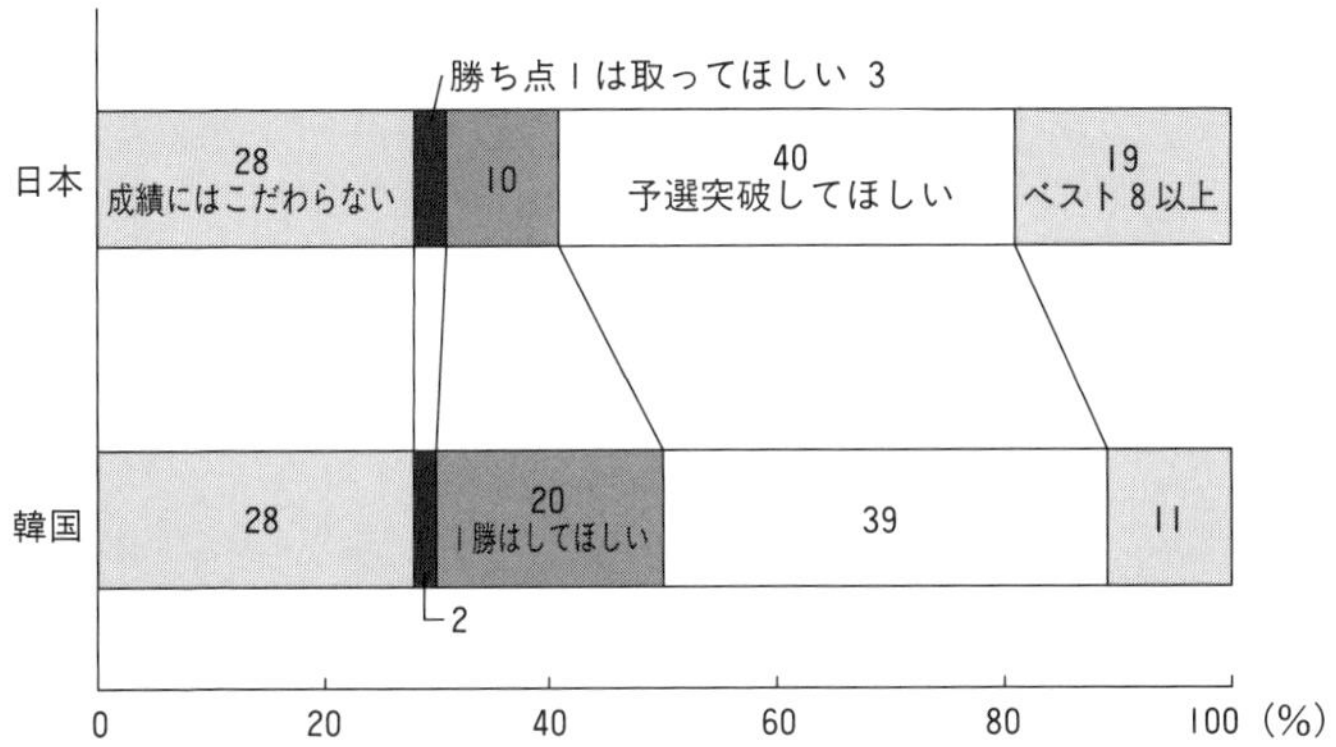

図6　W杯でどの程度の成績を代表チームに期待するか

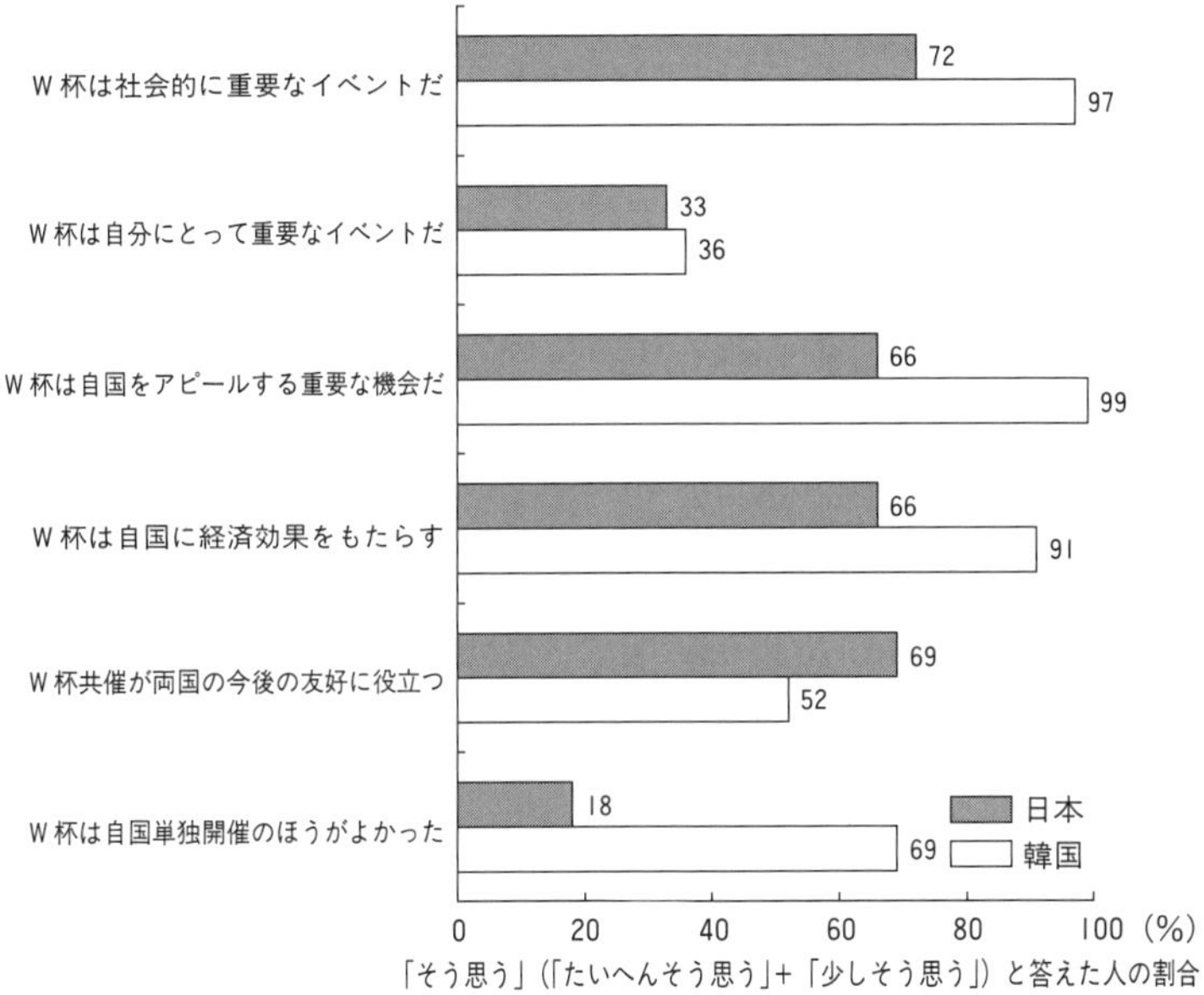

図7　ワールドカップ（W杯）に対する見方（開幕前02年4月）

■ワールドカップの社会的意義

　開幕前の結果をみてまず目につくのは、共催国へのライバル心の違いである。「自国代表に共催国代表よりよい成績を残してほしいか」という問いに対して、日本では「そう思う」と回答したのは6割程度であるのに対し、韓国では「そう思う」と回答したのは9割を上回る（図省略）。韓国の学生の間には、代表チームに日本よりよい成績を残してほしいという期待が、共有されていたのである。具体的にはどの程度の成績を期待していたのだろうか。「ワールドカップでどの程度の成績を自国代表に期待しますか」との問いに対する回答をみてみよう（図6）。

　この図をみると、予選突破を期待する割合が一番多いのは両国ともに同じであるが、日本ではそれ以上の成績、すなわちベスト8以上を期待する割合が韓国に比べて多い。これに対して韓国では、1勝でもしてほしいという期待が多くなっている。これは、今大会で5大会連続、通算6回目の出場にもかかわらず、1勝もあげられていないという「経験」に根ざしたものと考えられる。日本の学生は予選突破を「当然のもの」と受け止めている。しかし、韓国のほうが日本よりもはるかにワールドカップ経験を積んでいるのであるから、この面では、韓国の学生のほうが「現実的」であったのかもしれない。しかし、自国代表への慎ましい期待は、日本よりよい成績を残してほしいとする心情とは相反するところもある。韓国の学生の日本代表に対する対抗心は、どのような次元で働いているのだろうか。その点に注目してみよう。

　図7には、ワールドカップをどのようにとらえているのか、ワールドカップにこめる期待やその意義を開幕前にたずねた結果が示されている。

　この結果をみると「ワールドカップは社会的に重要なイベントである」と答えた学生は日本でも72

%と多いが、韓国の96%という数字はそれをはるかに圧倒する。また「ワールドカップは自国をアピールする重要な機会だ」「ワールドカップは自国に経済効果をもたらす」に対して、日本の学生も約3分の2が「そう思う」と答えているが、韓国では9割を超える学生の支持が集まっている。つまり、ワールドカップは経済効果をもたらし自国の世界へのアピールにもなるので、社会的に重要なイベントである、というのが韓国の学生たちのほぼ一致した意見なのである。

その一方で、「ワールドカップは自分にとって重要なイベント」という問いに対しては、それほど大きな違いはみられない。個人にとって興味あるイベントという面では、日韓両国で違いはない。つまり、韓国の学生には、サッカーへの興味、あるいはスポーツイベントとしての楽しみを超えたところに、ワールドカップの意義を見いだし、それゆえ社会的に重要なイベントであるという認識が日本の学生と比べて強くなったのである。[*7]

＊7　日韓両国の学生においては、双方ともワールドカップへの関心は高いが、そのとらえ方が異なっている。それは、ワールドカップへの意味づけが、社会的であるのか、あるいは個人的であるのかの違いといってよい。この調査で「スポーツ観戦が好きか」どうかと「ワールドカップへの興味」とのクロス集計を行ってみると、日本ではスポーツ観戦が「好き」な人と「どちらともいえない」人との間に「ワールドカップへの興味」で大きな差があるのに対し、韓国ではその差は日本よりかなり小さい。この結果は、韓国社会においては、個々人のサッカーやスポーツへの関心とは別次元で、ワールドカップへの関心が強く共有されていたことを示している。

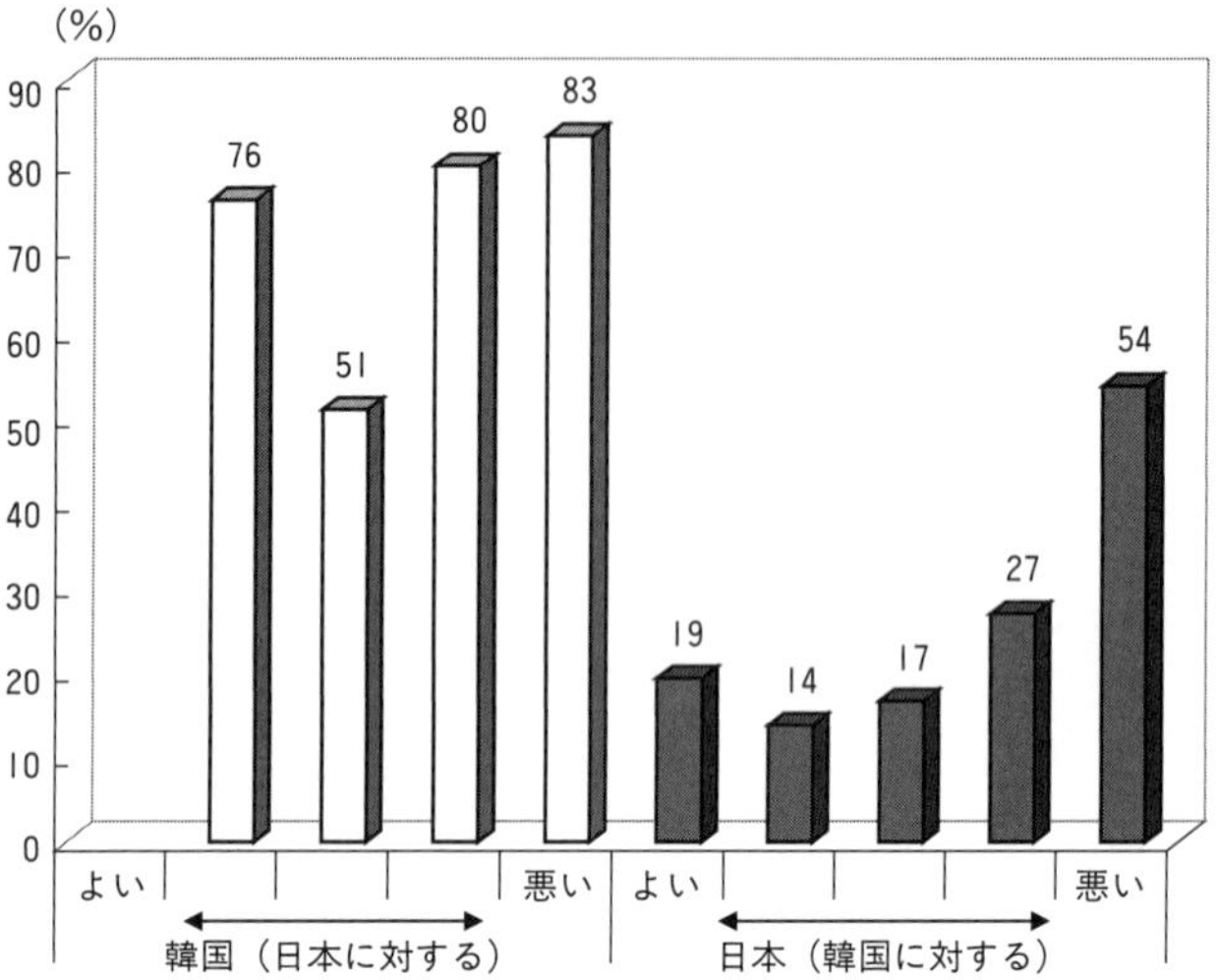

韓国で日本に対するイメージが「よい」とする人の数は非常に少なく、ここでは割合を求めていない。

図8　共催国イメージ別単独開催賛成者の割合

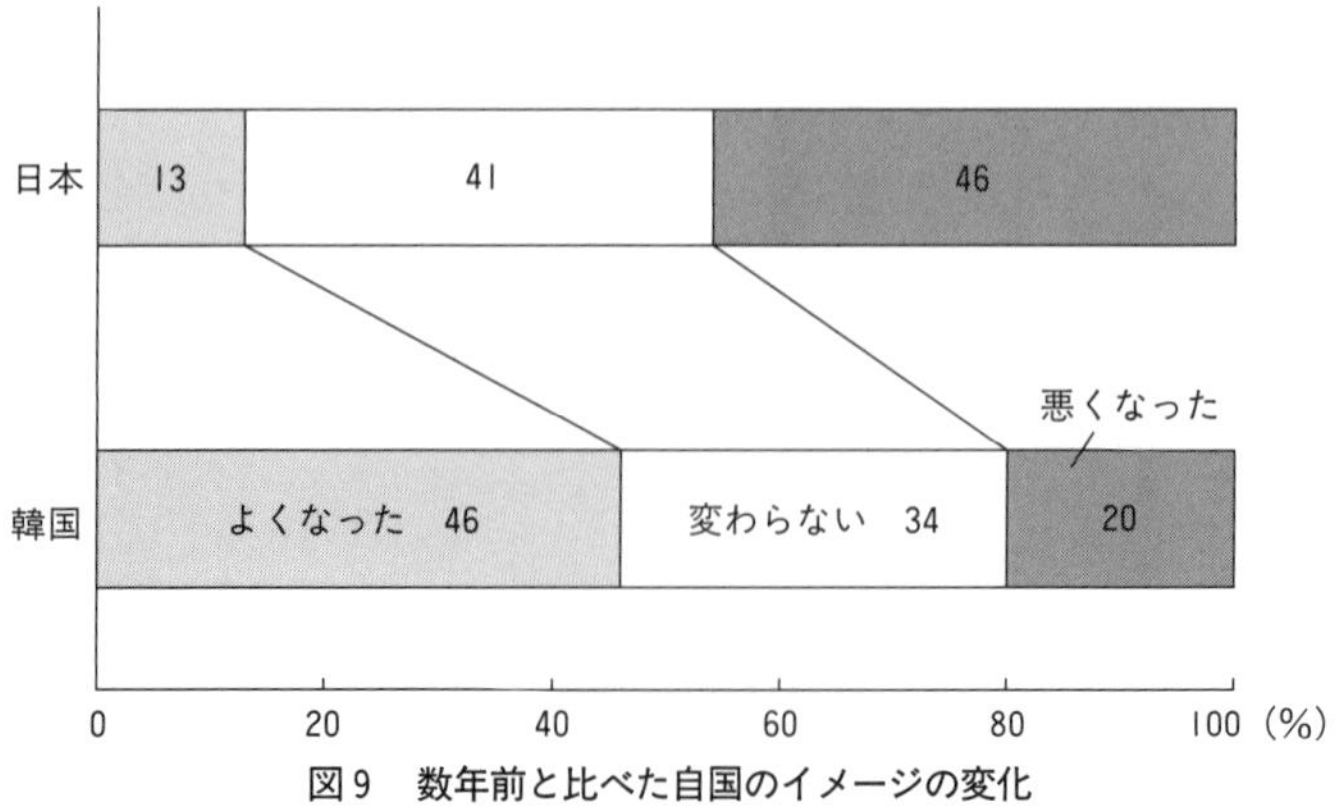

図9　数年前と比べた自国のイメージの変化

■共同開催か、単独開催か

図7の最後の項目では「ワールドカップの自国単独開催」についての意見をたずねている。結果をみると「単独開催がよかった」に対して「そう思う」と回答している者が、日本は18%であるのに対して韓国では69%と、ここで取り上げた項目の中では日韓の差がもっとも大きい。共同開催か、あるいは単独開催かという点において、日韓で大きな違いがみられるのである。それとは反対に、ワールドカップが両国の友好に役立つと考える学生は、日本69%、韓国52%と、日本のほうが20ポイント近く多い。韓国の学生はなぜここまで単独開催にこだわりをみせるのであろうか。

日韓両国で相手国に対するイメージや好き嫌いをたずねると、韓国のほうでマイナスに評価される傾向がある。今回の調査でも相手国（共催国）イメージをたずねているが、日本の学生で韓国のイメージが悪いと答えたのは16%であるのに対して、韓国の学生で日本のイメージが悪いと答えるのは35%にのぼる。こうした違いが、単独開催の方向へ韓国の意見を導いたのだろうか。

共催国に対するイメージと「ワールドカップは自国単独開催であったほうがよかった」という質問をクロスさせてみた図8の結果は、そのような単純な見方を否定する。日本では韓国に対するイメージが悪くなるにつれて、ワールドカップの自国単独開催を望む比率も高くなる傾向が確認される。ところが、韓国では日本のイメージが「よい」人のほうが、「どちらともいえない」人よりもワールドカップの自国単独開催を支持している。さらに、共催国イメージの違いによる単独開催支持の違いも韓国のほうが小さい。すなわち、日本に対してよいイメージを持つ人であっても、韓国の大学生は高い割合で単独開催を支持しているのである。日本によいイメージを持つ、持たないにかかわらず、韓国では単独開催のほうがよかったという意見が強かったのである。

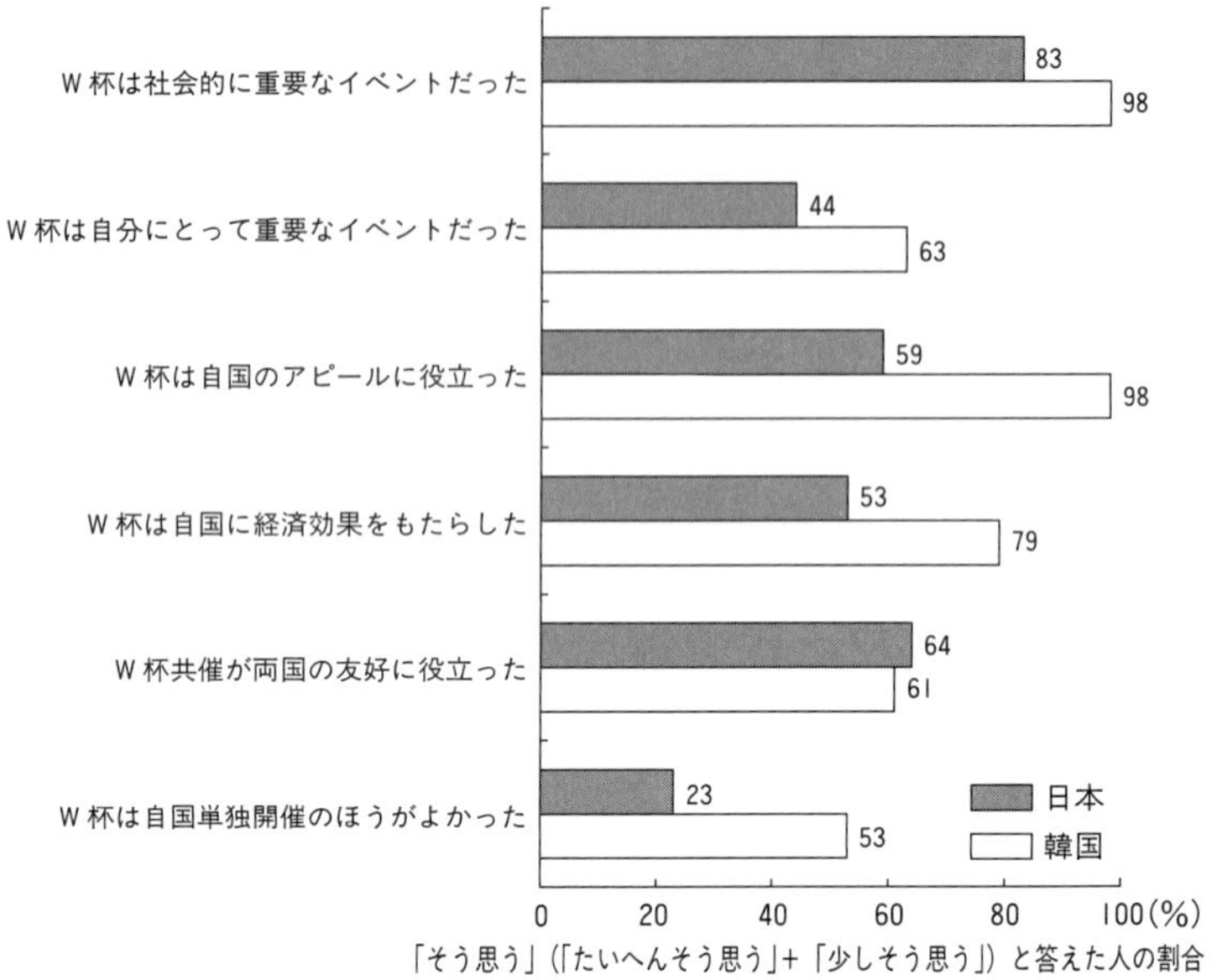

図 10　ワールドカップ（W 杯）の評価（閉幕後 02 年 12 月）

先に社会的に重要なイベントとして、ワールドカップを位置づける韓国学生に支配的な考え方をみたが、もし経済効果や自国アピールの場として、国家をあげて取り組む「ナショナルな」イベントとしてワールドカップをとらえるならば、単独開催は自然な選択といえる。さらに、１９９７年の通貨危機を発端とする深刻な経済危機を脱した韓国社会を国際的にアピールすること、そこにワールドカップの開催意義を見いだしたいとする国民感情が背後にあると考えるなら「共催＋友好」よりも「単独開催」がまず選択されるべき道としてあることは、至極当然のことである。図９に示したように「自国イメージがこの数年間でよくなった」という学生が日本に比べて圧倒的に多いことは、こうした経済危機から回復した「大韓民国」を韓国の学生が好印象を持って受け入れている証ともいえよう。

■理念と現実の融解

開幕前の調査から日韓の特徴を端的にまとめるなら、スポーツ・サッカー好きの関心事、日韓友好の手段としてのワールドカップ＝日本、国家・社会的なイベント、対外的アピールの場としてのワールドカップ＝韓国、という対比となる。ではこのことは、ワールドカップが閉幕し、その熱狂が過ぎ去った半年後において、どのように変化するのだろうか。先ほどの図７と同様の項目に対する意見（評価）をみてみよう（図10）。

各項目に対する肯定的な意見には「ワールドカップは自国のアピール」を除いた６項目中５項目で少なくとも日韓いずれかで10ポイント以上の変化が生じている。

まず「社会的に重要なイベント」では日本が11ポイント伸びて83％まで達し、韓国に迫っている。一方「自分にとって重要なイベント」については日韓両国とも増加しているが、とくに韓国での伸びが著しく34％から倍近くの63％へと増えている。韓国にとってのワールドカップは代表チームの戦績も、街頭応援での盛り上がりも含めて、一気に大きなうねりとなって通り過ぎていったがために、個人的にも重要だったと評価する学生が大幅に増えたのであろう。また「経済効果」は日韓とも予想したほどのものではなかったのか、いずれも10ポイント以上低下している。日本の学生にとっては、当初予想していた以上にワールドカップは社会的インパクトを持ち、一方、韓国の学生たちにとっては、国内の盛り上がりから「社会的・国家的な」ものとして遠くにあるはずのものが、個人的にも身近なものになったことをこの変化は示している。

さらに注目すべきは、「共催が友好に役立つ（役立った）」と「自国単独開催のほうがよい（よかった）」に対する意見の変化である。「友好」では日本のほうは５ポイント減少し、逆に韓国は９ポイント増えて、開幕前には大きな差があったのに閉幕後にはほぼ同じ評価となる。また、単独開催に対する考えも韓国では弱まり、当初は約7割の人が単独開催を支持していたのであるが、12月の調査では半数の人が「単独開催のほうがよかった」と主張しているにすぎない。

日韓別々のイメージを持ってスタートしたワールドカップであるが、ワールドカップ自体は共時的に進行していく。この同時進行の共通経験が、日本を身近に感じとるきっかけとなったがための変化かもしれない。ワールドカップ前のスローガンとして、ワールドカップの成功が、日本では日韓友好、韓国では世界に向けての国家アピールとして強調され、これが一種の「イデオロギー」として人々に深く浸透していた。しかし、大会が始まってしまえば、置かれた空間は日本と韓国で異なるとはいえ、大会は全体として日韓両国を巻き込みながら同じ時間の流れの中で進んでいく。その中での「共通経験」を経ることによって、「イデオロギー」が徐々に現実の中に融解していく、そうしたプロセスが生じたことを想像させる結果ともいえよう。

4　日本のワールドカップ、韓国のワールドカップ

これまでみてきたように、ワールドカップが日本人の韓国イメージの変容に及ぼした影響は、単なるイベント効果というよりは持続的で、人々の往来や文化の交流まで含んで進行してきた結果であった。韓国の文化開放政策や日本の若者への韓国文化の浸透なども絡んで、若者の意識を大きく変えながら徐々に進行してきたのが共催決定以降の数年間の実態であろう。そしてワールドカップ後の1年間をみる限り、日本での韓国への好感度が大きく後退する様子はみられない。こうした変化はワール

ドカップ自体のイベント効果というより、それをきっかけとして進展した日韓の多様な交流をベースにしている。その意味でワールドカップの日韓共催は、イベント効果を超えた付随的な要素を多く含んで進んだのであり、その影響は非常に大きなものだったといえる。

単独開催へと突き進んでいた１９９６年当時の日本は、当初単独開催の可能性が高いと信じていただけに、共催を渋々受け入れたというのが実情である。冒頭にも書いたように、当時の共催決定を伝える新聞は、一様に「思いがけない結果」をどのように受け止めるかを探っていた。少しうがった見方をするなら「意図せざる結果」であったがゆえに、共催に積極的な意味を持たせようとする、それが「友好」メッセージの発端だったのかもしれない。[*8]

＊８　共催決定当日、当時の橋本首相は政治がかかわるものではないという立場から談話を発表していないが、池田外務大臣は「……日韓友好の推進にもつながることを期待する」と述べ、これを機に日韓友好推進という方向性を示している。

いずれにしても日本では共催決定と同時に「日韓友好」がキーワードとして共催への道が始まる。一方、韓国においては共催よりも外国人からの「評価」を基準として「韓国」の世界へのアピール、韓国社会の国際標準化を目指してキャンペーンが進む（森津、２００３）。つまり、社会的・経済的な意味を持った国家的イベントとしてのワールドカップである。ワールドカップ直前の調査には、両者の違いが映し出されていた。

しかし、ワールドカップ大会そのものが日本と韓国で異なるわけではない。開催前の大会の意味づけは両国で異なるとはいえ、閉会後の評価はそれぞれの特徴を残しながらも両国で似通ったものになってくる。大会前が「理念としての」ワールドカップであったとすれば、大会の過程で「現実としての」ワールドカップが人々の意識に浸透したのである。

日韓の人々にさまざまな思いを抱かせ、結果的に大きな影響を与えたワールドカップは終わった。今後、この遺産がどういう形で日韓関係や日韓の人々に影響を及ぼすのかは予測できないが、ワールドカップ終了後の動向をみる限り、これまでとは異なる世論のベースを作り上げたことだけは確かなようである。

（尾嶋史章・小林大祐）

Chapter 6

暴騰が残した不安

●ワールドカップの放送権ビジネス

1 暴騰の裏側

スポーツ放送権ビジネスを語るとき、放送局からスポーツ団体へ動いた金額のみを語って済ますのは、議論として十分とはいえない。テレビの国際信号の質や、放送権を得た放送局と国際信号制作者のプロフェッショナルな運営なども共に検討しなければ、本来の議論に踏み込むのは難しい。「特定放送局が放送権を得て、特定イベントを放送する」という商行為が、具体的には、配信された映像と音声に手を加えず、または独自取材の映像・音声を加えて、特定の領域内で放送する行為にほかならないからである。放送権料はそれらの代価であって、番組制作の環境や放送の結果が、社会やスポーツの発展にどう貢献したかに触れなければ、ただの経済情報にすぎない。同様に、視聴者の無料視聴機会の保証という今日的な問題も、議論すべきことの一つであろう。

しかし、2002年ワールドカップ日韓大会では、こうしたことが話題になることはなく、もっぱら放送権のゆくえと金額にのみ世の中の関心が集まった。その理由が、放送権料の異常な値上がりと、放送権を得た二つの会社の、大会前の倒産にあったのは言うまでもない。

■高騰から暴騰へ

1996年6月、国際サッカー連盟（FIFA）はスイスのスポーツマーケティング会社ISLと、ドイツ初の衛星デジタル放送を運営するメディア企業、キルヒ・メディアグループの連合体に対して、02／06年ワールドカップ2大会の放送権を与えた。金額は02年日韓大会が13億スイスフラン、06年ドイツ大会が15億スイスフランだった。ともにアメリカ、カナダの英語放送権を除く世界の独占権である。この金額を、1978年から1998年までの、過去20年間に行われた6大会の放送権料と比較すると、高騰のすさまじさが明白である。

過去20年間、FIFAが6大会から得た放送権料は、総額で4億5050万スイスフランだった。日韓大会の13億スイスフランは、それ以前の6大会を全部合わせた額の約3倍に相当し、98年フランスの1大会との比較ならば約10倍に跳ね上がったことになる。

日本では、有料のCS衛星放送、スカイパーフェクTVが135億円（推定）で全64試合の放送権を獲得、NHKと民放の連合体であるジャパン・コンソーシアム（JC）が66億円（推定）で40試合の放送権を得た。JCに与えられた条件は、地上放送と衛星放送の二つの波で、同じ試合を1回だけ放送することだった。

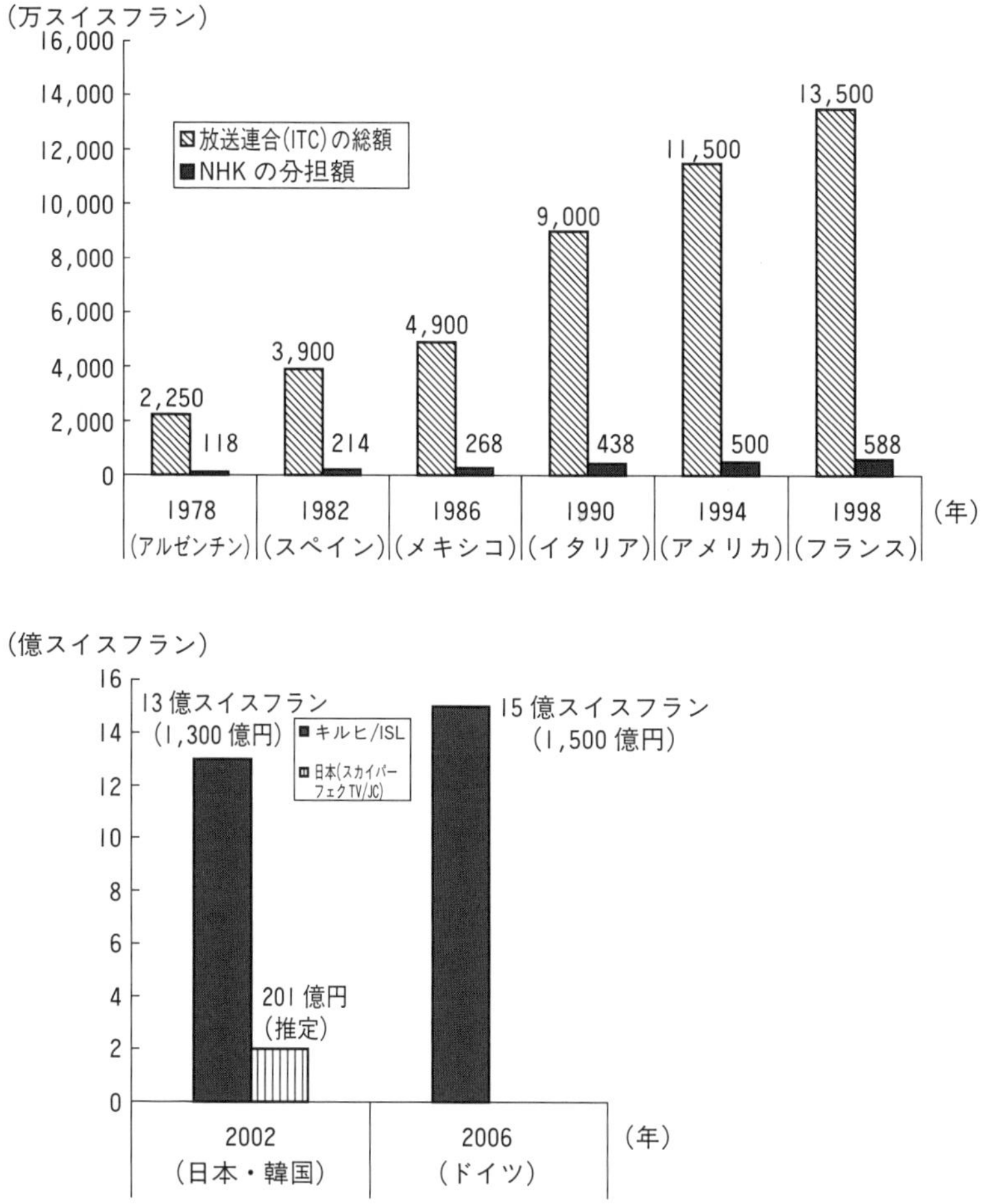
(万スイスフラン)
16,000
14,000
12,000
10,000
8,000
6,000
4,000
2,000
0
放送連合(ITC)の総額
NHKの分担額
2,250
118
3,900
214
4,900
268
9,000
438
11,500
500
13,500
588
1978 (アルゼンチン)
1982 (スペイン)
1986 (メキシコ)
1990 (イタリア)
1994 (アメリカ)
1998 (フランス)
(年)
(億スイスフラン)
16
14
12
10
8
6
4
2
0
13億スイスフラン (1,300億円)
キルヒ/ISL
日本(スカイパーフェクTV/JC)
15億スイスフラン (1,500億円)
201億円 (推定)
2002 (日本・韓国)
2006 (ドイツ)
(年)

図1　ワールドカップの放送権料：FIFA/ITC

98年フランス大会でNHKが全64試合に対して支払った金額は、５８７万５２００スイスフラン(支払い時レートで5億８７５2万円)である。しかも、地上放送、衛星放送、ハイビジョン、ラジオなど放送の形態を問うことなく、何回でも再放送ができる権利だった。

推定額に従えば、日本の放送界はフランス大会に比べて実に約34倍もの金額を支払ったことになる。単純比較で34倍であり、放送条件を考慮すれば、想像を絶する値上がりである。ものが激しく値上がりすることを、英語でsky rocketingと形容するが、まさに青天井を突き抜けたロケットそのものだった。もはや高騰というより暴騰というにふさわしく、ＦＩＦＡの拝金主義は国際オリンピック委員会（ＩＯＣ）を超えたとまでいわれた。

■ＦＩＦＡの権力抗争

暴騰の最大の原因は、１９９０年代初頭に始まった有料衛星放送の急増である。新興の有料衛星放送は、契約視聴者獲得の切り札となる「キラーコンテンツ」を求めて狂奔し、一方で、既存のテレビも数少ない優良ソフトに群がった結果、世界のスポーツソフト市場はさまざまな分野で「バブル現象」を起こしていた。

しかし、02／06年の放送権決定に至る過程が、ほかのスポーツ放送権をめぐる争奪戦と比べて異色だったのは、当時のＦＩＦＡのリーダーシップをめぐる内部紛争が、放送権交渉のプロセスに直接、間接に複雑な影響を与えて混迷を深めたことにあった。組織の権力抗争が政治的な要素となって放送権のゆくえに色濃く反映し、暴騰につながったのである。

ＦＩＦＡ会長にブラジル人のジョーン・アベランジェ氏が就任した１９７４年以前、ＦＩＦＡの主たる収入源は4年に一度のワールドカップだけだった。しかし、新会長は就任後、ユース選手権、女子選手権などの新イベントを矢継ぎ早に創設し、FIFAの事業規模を急速に拡大した。また、78年アルゼンチン大会ではじめて導入した競技場内の広告看板や、82年スペイン大会からの1業種1社のスポンサーパッケージが大成功を収めて、90年代に入ってからのFIFAは、財政的にも組織下の国・地域の広がりからも、IOCに迫る巨大組織に成長していた。しかしFIFAには、収入の使途にIOCほど明確な規定がなく、20年以上続いたアベランジェ体制は金銭問題など、とかくのうわさが絶えなかった。

これに対して、FIFA傘下の最大組織である欧州サッカー連盟（UEFA）が、94年アメリカ大会の後、組織改革と経理の透明化を求めて反抗した。「ビジョン」と呼ばれる改革案を提出したのである。だがビジョンの真のねらいは、アベランジェ体制の打倒であり、会長と執行部の退陣を求めるものだった。FIFAの内部はたちまち、中南米の連盟を中心とする体制支持派と、UEFAに同調する反体制派に分かれた激しい権力抗争に発展した。

02／06年2大会の放送権交渉は、こうした環境の中で行われ、組織内部の問題が、交渉経過と結果に決定的な影響を与えることになった。

放送に目を転じてみる。アベランジェ会長が実権をふるった78年大会から98年大会までワールドカップを放送したのは、北米を除く世界のおもな放送局が、ワールドカップの放送権取得のために結成した、ITC（International Television Consortium）という名前の地域放送連合の連合体だった。ITCは一言でいえば、欧州放送連合（EBU）と中南米放送連合（OTI）を中核に、地球規模の広がりをもつ、スポーツ放送権史上きわめて特異な放送権保有者である。日本からはNHKだけが、

表1　ITC を構成する放送連合とおもな放送局

略称	正式名称	地域	ITC に加盟したおもな放送局
ABU	Asia-Pacific Broadcasting Union（アジア太平洋放送連合）	アジア オセアニア	NHK（日本）、CCTV（中国）、TVB/ATV（香港）、KBS/MBC/SBS（韓国）、SBS（豪州）、TVNZ（ニュージーランド）、RTM（マレーシア）、IRIB（イラン）、DDI（インド）、TVRI/RCTI（インドネシア）など多数。
EBU	European Broadcasting Union（欧州放送連合）	ヨーロッパ	BBC/ITV（英）、ARD/ZDF（独）、RAI（伊）、RTVE（スペイン）、TF 1/A 2（仏）、NOS（オランダ）、SRG（スイス）、NRK（ノルウェー）、SVT（スウェーデン）、YLE（フィンランド）、VRT（ベルギー）など多数。
OTI	Organizacion de la Television Iberoamericana（中南米放送連合）	中南米	Televisa/TV Azteca（メキシコ）、ATC（アルゼンチン）、TV Globo（ブラジル）、Venevision（ベネズエラ）、TVN（チリ）など多数。
ASBU	Arab States Broadcasting Union（アラブ諸国放送連合）	アラブ諸国	アラブ連盟加盟国の放送機関。おもに国営放送。
URTNA	Union des Radiodiffusions et Televisions Nationales d'Afrique（アフリカ放送連合）	アフリカ	アフリカ統一機構（OAU）加盟国の放送機関。すべて国営放送。
OIRT	Organization of International Radio & Television（東欧放送連合）	東欧社会主義諸国	ソ連邦を中心とする東欧社会主義圏の国営放送局。ソ連崩壊とともに消滅。EBU に吸収された。

ＩＴＣ設立時からのメンバーに加わっていた。日本の民放各局は、ワールドカップ熱が高まる90年代前半までアジア太平洋放送連合（ＡＢＵ）の活動に関心が薄く、ワールドカップ契約時にＡＢＵに加盟していたのはＮＨＫだけだった。日本がワールドカップに初出場した98年フランス大会を、ＮＨＫが独占放送したただ一つの理由である。

ＩＴＣの不運は、98年で終了する放送権の更改交渉と、ＦＩＦＡの権力抗争が時期的に一致したことだった。ＦＩＦＡの改革を目指すビジョンは、20年間のＩＴＣの放送権が格安にすぎたと指摘し、ＦＩＦＡの体制派とＩＴＣが、あたかも裏取引を行っているかのような印象を持たせて攻撃材料の一つにした。世界への普及を目的とした放送への対応が、「不当に安い」放送権を長期間放置していた、という主張だった。

日韓招致合戦の影響

ワールドカップ史上まれにみる激戦で、「泥仕合」とまでいわれた日韓の招致合戦が、放送権交渉に与えた影響も小さくなかった。

招致活動の間、日本サッカー協会はＦＩＦＡ理事会に席がなく、理事会を通して組織全体に影響を浸透させる装置を欠いていた。そのため、日本はもっぱらアベランジェ会長個人の影響力に頼る運動を展開した。強みは、運営上手の評判が高い過去の実績、経済力の差が生むはずの大会マーケティングの差などであったが、本大会の出場経験がなく、ＦＩＦＡ内部で影響力を行使する手段がないことの二つは大きな弱点だった。

対抗する韓国は、ＦＩＦＡとＡＦＣ（アジア・サッカー連盟）の要職を兼ねる、招致委員会委員長の鄭夢準《チョンモンジュン》氏が、公然とUEFA側について招致運動を進め、「韓国開催になればフランス大会の10倍以上の放送権料をとる」と発言するなど、組織の内紛と大会招致に、放送権問題をからませる戦術をとった。財源を増やす発言には誰もが関心を寄せる。政治力の差は歴然としていた。鄭氏は、過去4回出場の実績を背景に単独開催の正当性を訴えていたが、1996年6月初旬、筆者のFIFA事務局での取材では、招致活動が最終局面を迎えて混迷を深めると、一転、共催案を提示していると事務局内でうわさされるなど、終始巧みな政治力で運動をリードした。こうして放送権のゆくえは、FIFA総会が無投票で共催を決定するまでの間、ついに決着することがなかった。日韓の激しい招致合戦は、放送権決定のプロセスにも大きく影響していたのである。

■「試合終了の笛」を吹けなかったFIFA

FIFAとITCの契約更改交渉は、94年アメリカ大会の直後から始まった。20年間、互いを最適のパートナーとして認め合っていた両者の交渉は比較的順調に推移し、96年はじめ頃には大筋で合意に近づいていた。大筋でというのは、52試合だったアメリカ大会までに対し、64試合に増えたフランス大会の試合数増加に見合った上乗せ額を合意すれば、扉が開きそうなところまで近づいていたという意味である。

FIFAの交渉当事者は、アベランジェ会長とジョセフ・ブラター事務総長（現会長）だった。渦中の体制派である。放送連合の集合体であるITCが、FIFAの権力抗争と無関係なのは当然であったが、誤解を招きかねない要素を内包していた。ITCの中でEBUと並ぶ有力連合、OTIのギエルモ・カニエド会長は、中南米最大の放送局メキシコのテレビサ会長であり、同時にFIFA副会長として体制を支える重鎮の一人だった。そのことが、ＩＴＣとの交渉を裏取引だとする反体制派の攻撃に一定の説得力を与えた。自身の微妙な立場を知るカニエド氏は、ＩＴＣの内輪の会合にさえ姿をみせたこともなく、二つの立場を使い分けるより、放送権交渉から距離をおくことに徹した。しかし、ＦＩＦＡの内紛が深刻化するにつれて、ＩＴＣの立場は日を追って不利になった。

96年初頭で大筋合意に近づいていた交渉は、「落としどころ」を探るどころか、ＦＩＦＡが「試合終了の笛」を吹けない状態に変わっていった。追い込まれた体制派が、組織内の保身と放送権交渉という異質なことがらを天秤にかけた、としか思えない停滞を起こした。

ＩＴＣの交渉が停滞している間に、アメリカのＩＭＧ、スイスのＩＳＬとＣＷＬという三つのエージェントが放送権獲得に向けて動き出し、事態は急展開した。放送事業者の連合体であるＩＴＣとの交渉に加えて、より錬金術にたけたエージェントの参入をＦＩＦＡは歓迎した。反体制派のいう「裏取引説」に真実味を与えたかのような、急な動きだった。

そしてＩＴＣの敗北で決着した6月までの数カ月間に、妥結額はすさまじい上昇をした。

ＩＴＣも最終的には20億スイスフランを提示した。ワールドカップをオリンピックより重要なイベントと明言していたＥＢＵは、ＩＳＬとキルヒが28億スイスフランで決着をつけた数週間前に、ほかの放送連合の合意を得ずに、単独責任で2億スイスフランの上積みをした。失った権利は帰らないとするＥＢＵの危機感はそれほど強かった。しかし、最終的な差額となる6億スイスフランを捻出するのは、既存の放送局の資金力では無理だった。ワールドカップの放送権料は、広告収入や受信料収入で運営する放送には手の届かない高みにまで上がっていたのである。

■Kirch Who?

振り返れば、ほかにも不可解なことがあった。交渉の途中、ＦＩＦＡの呼びかけでＩＴＣとＩＳＬが2回も会合に同席したことだった。総収入に占める放送権料とマーケティング収入の割合を協議するためだった。この不可解な会合の呼びかけは、ＦＩＦＡが二つの団体を、それぞれの専門分野で不可欠なパートナーとして認識していた証といえるだろう。

しかし、このころ、ＩＳＬの事情も切迫していた。ビジョン作成にあたりＵＥＦＡの知恵袋になったのは、ＴＥＡＭという名のマーケティング会社だった。ＴＥＡＭはＩＳＬを退社した複数の元幹部が創設した会社である。改革案のビジョンは、ＴＥＡＭがＩＳＬに突きつけた選手交代の挑戦状でもあったのだ。82年スペイン大会以後、ＦＩＦＡのマーケティング事業を一手に握って体制を支えたＩＳＬもまた、ＵＥＦＡの後方にいるＴＥＡＭから身を守る必要に迫られていたのである。

交渉はこうした経過をたどり、放送局ではないＩＳＬがキルヒ・メディアと組んで放送権を獲得した。妥結額はロケットに乗って青天井を突き抜けた。敗れたＩＴＣは、フランス大会の試合増加分を支払うこともなく、契約最後の98年ワールドカップを放送した。

ＩＴＣには「裏切られた」の感が残り、ＩＳＬへの不信感は、解散後の元の構成メンバーに02／06年放送権交渉を遅らせる要因の一つとした。

驚きは金額ばかりではなかった。キルヒの名前は交渉終盤で出ていたが、放送開始後わずか数年のデジタル衛星放送に対して、本気で注意をはらう者は少なかった。世界最大のスポーツ大会の映像供給源として、制作能力、経験ともに実力不足が明らかなためだった。ことに放送関係者の驚きは大きく、オリンピックやワールドカップの信号制作に、どれほど多くのプロが必要かを知る者には考えられないことだった。ニュースを聞いた誰もが、「Kirch Who?」と同じ言葉を口にしたのは、キルヒを知らないからではなく、放送関係者なら有料衛星放送の実力を知っているからだった。

思えばキルヒは、ＩＳＬの資金提供者として選ばれ、いうところの「ババ」を引いたのではなかろうか。そうでないと、あまりなドンキホーテぶりへの理解が及ばないのである。

2　ＩＴＣが果たした役割

■変則ローカルから真のグローバルへ

メディアスポーツの視点で見ると、ワールドカップは78年以前と以後で、天と地ほどに価値が違う。78年の第11回アルゼンチン大会まで、ワールドカップは数回の例外を除いて、16カ国の参加で行われていた。その間、ヨーロッパと中南米以外からの出場は、アメリカの3回を筆頭に、ほかは、オランダ領東インド、韓国、北朝鮮、モロッコ、イスラエル、オーストラリア、ザイール、ハイチ、チュニジアが、1回ずつを数えるのみである。サッカーの母国イングランドは、第2次世界大戦後の第4回ブラジル大会まで出場していない。

大会はヨーロッパと中南米をほぼ交互に往き来し、94年第15回アメリカ大会ではじめて「外の世界」に出た。熱狂的な人気で他のスポーツの追随を許さないワールドカップの不思議である。ヨーロッパと中南米の競技力があまりに傑出しているために生まれた、変則ローカル現象といえた。

放送も同様だった。市場規模で世界1位のアメリカと2位の日本に、放送のローカル性をみることができる。日本で最初にワールドカップを放送したのは東京12チャンネル（現テレビ東京）である。

70年メキシコと74年西ドイツの2大会を連続して放送した。1試合を前後半の2回に分け、2週で1試合を終了するユニークな編成で、1年をかけて全試合を放送した。生中継は西ドイツ大会の決勝戦だけだった。日本のワールドカップ出場が夢のまた夢と思われていた時代に、どんな方法であれ、全試合を放送した挑戦は賞賛に値する。しかし、大都市周辺だけのネットワークが全国放送をするのは無理だった。

アメリカでは、90年イタリア大会をテッド・ターナーのTBSが放送し、自国開催の94年大会ではじめて地上波全国ネットのABCと、ケーブルTVのスポーツ専門チャンネルESPNが放送した。TBS以前は、ヒスパニック系住民の多い地域での地方局の放送にとどまっていた。

このように、78年アルゼンチン大会以前のワールドカップは、放送が世界規模で行われていたとは言いがたかった。しかし、ITCを放送パートナーに得たワールドカップは、78年アルゼンチン大会から一気にグローバル化を遂げ、名実ともに世界最大の単一スポーツ大会へと脱皮した。

ITCは、北米を除いた世界の全地域を包含する、ワールドカップの放送だけが目的の特異な連合体である。結成のきっかけは、ワールドカップ放送権を安定して獲得したいEBUとOTIの意志が、ワールドカップを世界へ普及させたいアベランジェ会長の願いと一致したことにあった。アジアや東欧、アラブ、アフリカ諸国の放送連合がこれに応えて、世界の放送網ができあがった。

ITCの特徴の一つは、サッカーが強いか弱いかにかかわらず、カバー地域が世界を網羅していることだった。オリンピックのように参加を第一義におく大会と違い、予選を勝ち抜いた国しか出場できないワールドカップで、放送網の世界への広がりは決定的な意味を持った。

FIFAは放送の広がりを重視することで、放送から直接得る収入より、放送が拡大する価値を選択したのである。

ＩＴＣが放送を開始した78年、ＦＩＦＡがはじめて導入した競技場内の広告看板の設置は、そうしたＦＩＦＡの意図を象徴していた。ＩＴＣのカメラに映って世界に届く広告看板は、ワールドカップのイベント価値を一変させた。さらにＦＩＦＡは、続く82年スペイン大会までの間に、ワールドカップ、欧州選手権、チャンピオンクラブズ・カップ、カップ・ウィナーズ・カップの４大会を「インターカップ４」と名づけて、４年で１サイクルとする商品化を実現した。この商品に、１業種１社のスポンサーを募ったのである。このスポンサーシステムは、経済の急速なグローバル化に合わせた画期的な試みで、のちにＩＯＣが「ＴＯＰ」として採用した。

１社の負担額は日本円にして約30億円だった。これを、図１に示したＩＴＣ支払い総額や、ＡＢＵの一員としてのＮＨＫの負担額と比較すれば、当時のスポンサーと放送の比重がわかる。しかし、１試合の広告看板の露出時間は平均16〜20分で、ＩＴＣの電波に乗って世界に流れる時間を宣伝費に換算すると、投資額をはるかに上回るといわれた。

連動して大会の規模も広がった。82年大会から24チームに増えた出場国は、98年に32チームとなり、ヨーロッパと中南米以外からの出場国の増加を促した。変則的なローカル大会だったワールドカップが、名実ともに世界最大の大会に成長した20年の軌跡は、同じ期間のＩＴＣの足跡とまさに一致するのである。

理想の放送権

放送権は、放送回数、放送期間、放送の種類など制約の違いによって、金額の差以上に実質的な価

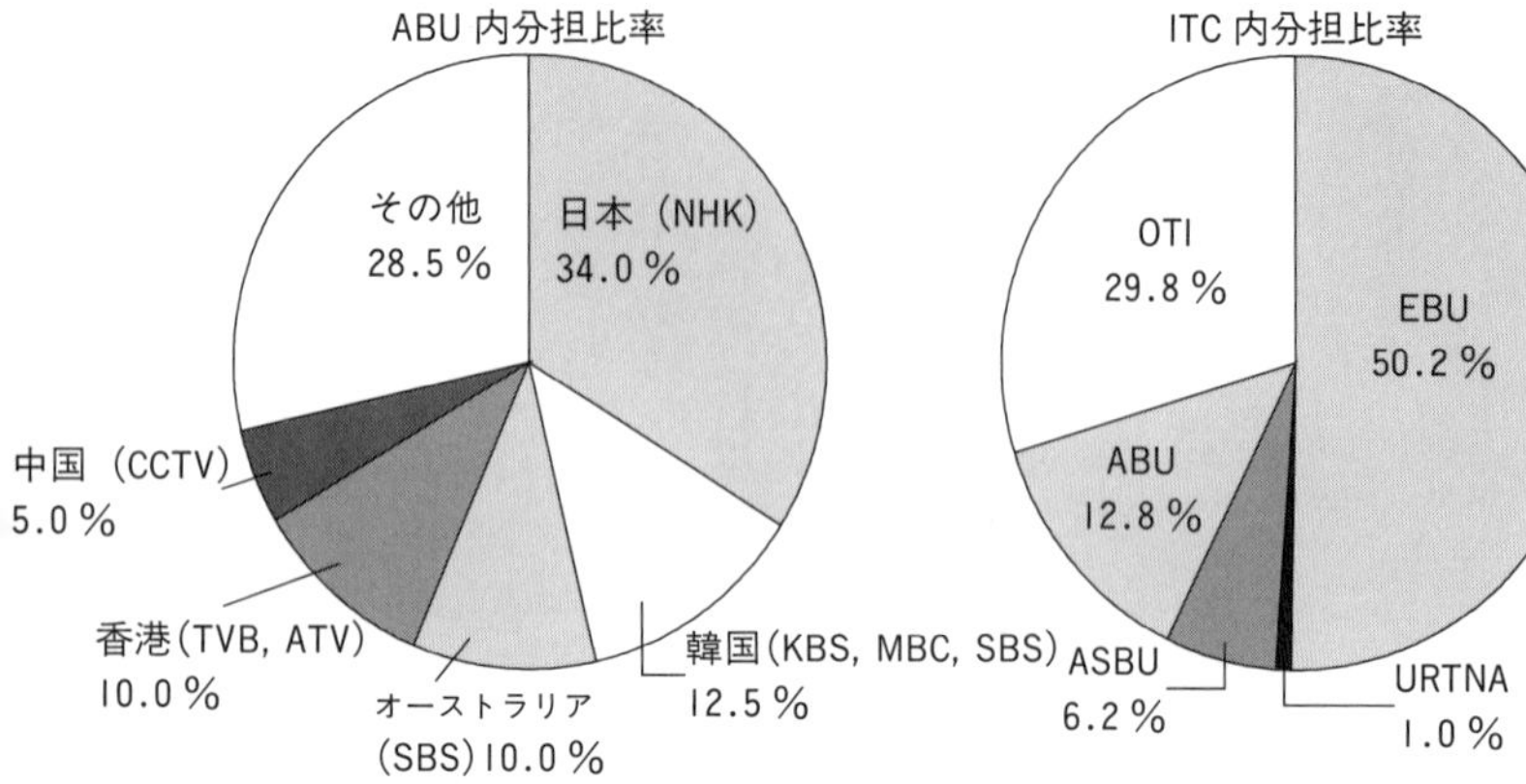

図2　98年フランス大会の分担比率：ABU

値の差を生む。日韓大会でJCが得た権利は、放送回数1回、期間終了は02年秋、放送の種類は地上波と衛星放送に限られた。その代価が66億円だった。

これに比べて、FIFAとITCの契約は、放送側からみれば、金額が格安というだけでなく、放送の条件や制作環境が良好だった点で、理想の放送権契約といえた。

以下は、90／94／98年の3大会一括契約の特徴である。

1. 地上波、衛星、ハイビジョン、ラジオ、ケーブルなど放送の種類を問わない。
2. 生中継のほか、再放送の回数が無制限。
3. 放送期間は、次の大会が始まる前日までの4年間。
4. 各放送連合は、地域内で連合に加盟していない国に権利を有償で譲渡できる。
5. 放送連合から権利を得た放送局は、国内の他局に権利を有償で譲渡できる。
6. 契約に技術付帯書をつけ、放送に関する制作および技術上のあらゆる問題を、FIFA、ITC、開催国組織委員会、ホスト局の4者協議で決定する。
7. 大会開催国の放送局が加盟する放送連合が、国際映像の制作・配信の責任を負う。

いずれも放送に有利な内容で、全部を説明する必要はないが、ここでは6番目の項目に触れてみる。02年日韓大会の放送運営と際立った対照を見せている点である。

ITCは各連合から数名の代表を選出して、CCC（Consortium Coordination Council）と呼ぶ調整委員会を作り、放送運営に関するあらゆることを、FIFA、開催国組織委員会、ホスト局との4者で協議した。業務内容は、国際映像および独自カメラの位置決定、放送席の割りふり、国際放送センターや放送席使用料の支払いと管理、放送権保有者を証明するアクレディテーション・カードの申請と管理など、放送運営のほぼすべてを網羅した。映像・音声の国際信号制作には直接かかわらないが、ホスト局の複雑で多岐にわたる業務をともに解決するという、ほかの大会では見られない役割と権限を持っていた。

際立ったCCCの存在

94年アメリカ大会はアメリカン・フットボールの競技場を使用した。アメフトのフィールドはサッカーより幅が狭く、スタンド最前列の位置が高いため、スタジアムの一部を作り替えないとコーナーキックを適切なカメラ位置から見せることができない。このため、スタンドを切り取りフィールドをカメラサイドと反対方向に数メートル動かす作業を行った。入場料収入に直接影響することである。CCCはこうした作業にも参加した。放送権保有者が、権料を払って映像配信を受けるだけでなく、より積極的で能動的な、いわば「四位一体」の放送運営を行ったのである。

また、キックオフ時間の設定にもCCCの意見が尊重された。もちろん決定権はFIFAにあるが、対戦チームの母国での放送時間が考慮された。98年フランス大会で、アジア代表の試合を早い時間に開始することをFIFAとCCCが合意したのは、94年12月にパリで開いた会議の席上だった。時差があるため、ヨーロッパで人気の低いアジアチームの試合は、アジアのプライムタイムにあたるフランスの午後の早い時間が好都合なことで、FIFAと組織委、CCCの意見が一致した。

その結果、最大の恩恵を受けたのが日本のNHKだった。初出場の日本代表は98年6月14日、フランス時間午後2時30分キックオフの対アルゼンチン戦の抽選を引き、NHKは7時間先行している日本のゴールデンタイムに生中継した。視聴率は60・5%を記録した。サッカーの魔力の大爆発だった。続く6月20日のクロアチア戦も60・9%。ともに海外でのスポーツ大会としては驚異的な視聴率だった。アジア代表の試合開始の基本合意が、日本の出場が決まる3年前にされたことに意味がある。後は抽選次第だったが、NHKの幸運は続いて、驚異の数字につながった。

以上はかなり特殊な例だが、CCCの存在価値は、時として混乱を招く放送運営をスムーズに運ぶため、ITCの構成各連合の要求をコントロールする日常的な業務に、より効果的に発揮された。

ワールドカップのような大型大会になると、世界中の放送局が独自取材の要求を出す。たとえば、シドニー・オリンピックの開会式では、国際映像の生カメラ45台に加えて、米欧豪日などの放送局が77台の独自の生カメラを配置した。ニュース用のENGカメラは90台を数えた。各国共通の国際映像に付加価値をつけ、高額放送権にふさわしい放送を行うためである。しかし、いかに広い開会式会場でも、国際映像と合わせて212台のテレビカメラはスペースの限界を超えている。

ワールドカップでも同様のことが起きる。ことに、予選を勝ち上がる方式のワールドカップでは、独自取材の要求が大会直前に出てくる場合が多く、テレビの制作現場は画面に見えない大混乱を起こす。独自カメラの配置は、放送局から出る数多くの技術的要求のほんの一部である。

　これに対して、CCCは各放送連合の要求を事前に取りまとめて、限りあるスペースとの調整をつけてからホスト局と最終的な割りふりを行った。放送局からホスト局への直接要求の殺到を排除し、CCCが強い指導力を行使して調整した。このため、98年以前のワールドカップ放送が運営面で大混乱に陥ることはほとんどなかった。

　CCCルールと呼ぶ、要求があふれた場合の優先順位の与え方がその典型である。

　試合を行っている国、および所属する連合に優先順位の1位を与え、次いで、1次ラウンドを同じグループで試合をしている国と連合、さらに大会出場国と連合、最後にその他すべて、の順位をつけて要求をさばいた。しかし、94年までのNHKハイビジョンのように、日本が出場していなくても、限られたスペースが優先されたケースもあった。放送の未来を先取りするハイビジョンに対して、プロの放送者が示した敬意という以外に理由がなく、日本がワールドカップに手が届かなかった時代に、NHKは1ドルの追加料金も払うことなく、ハイビジョン放送ができたのである。

　02年日韓大会は、このようなCCCに代わる機能がないまま放送運営を行った。さらに、大会前にISLとキルヒ・メディアが倒産し、かつてない高額放送権料のため、多くの放送権保有者が大会間際に「駆け込み」決定した。この二つの要素が、調整機能なしに行われたことと重なり、画面の裏側の制作現場は混乱の連続となった。日英などの放送関係者が、近年の大型大会で最悪の放送運営と酷評した原因の一つは、強力な調整機能を欠いたことにあった。

3　新たな放送の形

■ワールドカップが見られなくなる?

放送権料がいくら高くても、視聴者にはかかわりのないことである。ただし、特別な料金を払わずにテレビのスポーツ観戦ができれば、という条件がつく。

日韓大会の前、日本でもほんの一時期だが、ワールドカップが見られないのではとファンを心配させたことがあった。新聞が書き、シンポジウムも開かれた。特定イベントを法律で指定し、視聴者に無料視聴の機会を与える、いわゆるユニバーサル・アクセスの保証についての議論である。

しかし、2000年9月4日、スカイパーフェクTVが全試合のCS放送権を電通と合意し、続いて11月21日、JCが40試合の放送を確保すると、腰を据えた議論はされないまま一過性の話題で終わった。だが、放送権料の高騰が続けば、再び持ち上がるテーマであることは疑いない。

現在、法律で指定した特定イベントの無料視聴機会を保証している国は、イギリス、ドイツ、イタリア、デンマーク、オーストラリアなど、世界でも数カ国しかない。イギリス以外のヨーロッパの国々は、おおむねオリンピックとサッカーを対象にしているが、オーストラリアの場合は、12スポーツ合計39イベントについて地上放送を優先しており、ここで一覧表にできないくらい数が多い。

しかし、制度の先駆けとなったイギリスを例に見ると、規制が必ずしも万能とはいえず、多くの国々で制度化が進まない現状がみえてくる。

イギリスの現行リストは、有料衛星放送のBSkyBによるスポーツソフト買占めに対して、BB

表2　イギリスの特別指定行事

グループA	グループB
オリンピック（夏季・冬季） サッカー ・ワールドカップ ・欧州選手権 ・FAカップ決勝 ・スコティシュFAカップ決勝 ウィンブルドン・テニス 競馬 ・グランドナショナル ・ダービー ラグビー ・チャレンジカップ決勝 ・ワールドカップ決勝	クリケット ・テストマッチ（イングランド主催） ・ワールドカップの決勝・準決勝、自国チームの試合 ウィンブルドン・テニス予選 ラグビー ・ワールドカップ決勝以外の試合 ・6カ国対抗（フランスでの試合を除く） コモンウェルス・ゲームズ 世界陸上選手権 ゴルフ ・ライダーカップ ・全英オープン

注：グループAは地上波、衛星波を問わず、1社の独占放送を禁止しているイベント。グループBは衛星放送が生中継権を取得した場合に、ハイライト権などを地上波に渡し、衛星放送の独占を規制している。

各国の特別指定行事

	スポーツ	イベント
ドイツ	オリンピック サッカー	夏・冬季オリンピック ワールドカップ・欧州選手権（自国チームの全試合、開幕戦、準決勝、決勝） FAカップ（準決勝、決勝） ドイツ代表の国内・海外の全試合 チャンピオンズリーグ、カップ・ウィナーズ・カップ、UEFAカップ（自国クラブの全試合）
イタリア	オリンピック サッカー 自転車 モーターレース 音楽	夏・冬季オリンピック ワールドカップ・欧州選手権（自国チーム、決勝） イタリア代表の国内・海外の全試合 チャンピオンズリーグ、UEFAカップ（自国クラブが行う準決勝と決勝） ツール・ド・イタリア FIグランプリ サンレモ音楽祭
デンマーク	オリンピック サッカー ハンドボール	夏・冬季オリンピック ワールドカップ・欧州選手権（決勝、準決勝、自国チームの全試合） ワールドカップ・欧州選手権（決勝、準決勝、自国チームの全試合）
オーストラリア	12スポーツ 39イベント	オリンピック、オーストラリアン・ルール・フットボール、ラグビー、テニス、ゴルフ、サッカー、競馬、モータースポーツなど、12のスポーツ、39イベントを網羅。

CやITVが対抗できないことが明白になった、1998年に改正されたものである。

法の精神は、文化・メディア・スポーツ相が審議前の議会に送った言葉が象徴している。「特定のスポーツイベントは、たんにスポーツのできごとというだけでなく、われわれが共通して受け継いできた財産である」と位置づけ、放送権問題が有料と無料のテレビの問題だけでなく、国民全般の問題であることを強調した。スポーツを文化として認識し、市民生活の一部としてとらえた、すぐれた考え方といえるだろう。

しかし、これらのイベントを日常性という視点で見ると、規制の難しさが浮かんでくる。「祭り」の要素が強い大イベントが網羅されているのに対して、イギリスで圧倒的な人気のプレミアリーグのように、通年のレギュラーシーズンを持つイベントが対象外となっている。テレビ観戦者を延べ人数ではかれば、4年や2年に1回、または毎年決まった時期に1回だけ行われるトーナメントが、レギュラーシーズンを持つイベントに遠く及ばないのは当然である。クラブチームと地域の密着度も、国際イベントよりはるかに身近である。しかし、商業活動の自由を規制する制度の一定の限界として、プレミアリーグをリストに載せることはできない。多くの国で法制化が進まない理由と同じである。

結果として、イギリスの放送界は01／02年シーズンからの3年間のプレミアリーグに対して、総額で16億6300万ポンド（約2660億円）もの天文学的な金額を支払った。

注目すべきは、BSkyBの11億1000万ポンド（約1776億円）もの生中継権だけではない。テレビの権利を失ったBBCが、ラジオ放送権に日本円で約67億円を支出している。年間66試合放送のBSkyBの1試合分が約9億円というのも驚きだが、ラジオの権利にこれほどの巨額を支払っているBBCの例が、イギリスのサッカーと国民生活の密着度を象徴しているといえよう。すぐれ

表3　プレミアリーグの放送権料（01/02シーズンから3年間）：BBCニュースなど

放送権の種類	放送局	放送の形態	金額	日本円	備考
生中継権	BSkyB	有料衛星放送	11億1,000万ポンド	約1,776億円	年間66試合
ハイライト	ITV	地上放送	1億8,300万ポンド	294億円	
PPV（ペイパーヴュー）	NTL	ケーブルテレビ（試合ごとに視聴料）	3億2,800万ポンド	529億円	年間40試合
ラジオ	BBC	地上放送	4,200万ポンド	67億円	

た考え方に基づく法でも、その効果は必ずしも状況を救うに至っていない現実を知らされるのである。

日本での02年ワールドカップの国民的な熱狂を、自国開催の特殊例と見るかどうかは立場によって異なるだろう。サッカーほどの魔力を持つスポーツが、さほど多いわけでもない。だが、国民的関心事になるきっかけが、いつどんなスポーツに訪れても不思議ではないし、ボールゲームやチームスポーツでなくても、水泳や陸上競技を特別行事に指定しているオーストラリアのような国もある。このまま放送権の高騰が続けば、必ず持ち上がる問題だけに、ワールドカップ前に話題になりながら本格的な議論の機会を逃したことを、少し残念に思うのである。

有料と無料、はじめての棲み分け

表4は02年7月1日付けのキルヒ・スポーツの資料で、世界の放送権保有者の抜粋である。キルヒ・スポーツは、倒産前のキルヒ・メディアグループが、02年大会の放送権販売と管理を目的としてスイスに設立した会社で、大会後の秋に解散して今は存在しない。

この一覧から見えてくることがいくつかある。新しい放送の形であり、ワールドカップの放送が将来どのように変わっていくのか、不安に思わせる要素でもある。

放送権は世界の187カ国で販売された。無料放送の数は259局、有料放送は衛星放送とケーブルTV合わせて23局である。国と放送局の数のギャップは、地上波の無料放送が日本のJCのように複数局だったり、同じ国でも地域や試合ごとに違う放送局に権利が売られたことを意味する。有料放送では、日本のスカイパーフェクTVのように一国をカバーするのでなく、多くの国々にまたがる有料国際衛星放送が、中南米、アラブ諸国、南アジア、アフリカなどで目立った。とくに中南米にその傾向が著しく、ブラジルを除くほとんどの国の放送権を、アメリカ資本の有料衛星放送、ディレクTVラテンアメリカが最初に獲得し、ディレクTVが各国の地上放送に対して権利の再販売を行った。

その結果、メキシコでは地上放送が乱立し、逆にアルゼンチンではわずか2局と好対照を見せた。アルゼンチン国営テレビの交渉担当者に質したところ、ディレクTVの受信契約世帯が2万に満たないことを理由に、全試合の放送権をITCメンバーだったころより、むしろ安値で獲得したと証言した。「買い叩き」である。逆に、メキシコでは、ディレクTVの契約世帯が多いため強気の交渉を行った結果、各局に対して対戦カードごとの「バラ売り」になったといわれている。

この表の最大の特徴は、キルヒ・スポーツと契約を結んだことを示すContracting Partyという欄に記載された、放送局以外の会社名やスポーツ団体の名前の多さである。

アメリカのABCとESPNに英語放送権を売ったAnschutz Soccer LLCはアメリカのプロサッカーリーグ、MLS（メジャーリーグ・サッカー）のマーケティング部門であり、マレーシアのM-League Marketingも同様である。カリブ海諸国では、カリブ海諸国サッカー連盟（CFN）がキルヒと契約を結び、その後で、放送局に対して放送権の再販売を行った。

タイのDhoSpaak Co.Ltdは、日本の電通と同様の広告代理店である。

表4　'02韓日大会の国別テレビ放送権保有者一覧（抜粋）：KirchSport キルヒスポーツ 2002年7月1日付ドキュメントから抜粋

Territory	Free Broadcaster	Pay Broadcaster	Contracting Party
Europe			
Belgium	RTBF VRT		Vlaamse Radio-en Televisieomroep (VRT)
Denmark	DR-Danmarks Radio TV TV 2	Canal Digital (Telenor)	Svenges Television AB (SVT)
France (including Andorra)	TF I LC I Eurosport		Television Francaise I S. A. (TF I)
Germany	ARD/ZDF		ARD/ZDF
	DSF-Deutsches Sport Fernsehen Sat. I RTL (news access)	Premiere	KirchMedia KirchMedia KirchMedia KirchMedia
Italy (including San Marino and Vatican City)	RAI		Rai Trade S.p.A.
Norway	NRK TV 2	Canal Digital (Telenor)	Sveriges Television AB (SVT) Telenor
Spain	Antena 3	Via Digital	Disitribuidora de Television Digital,S.A. (Via Digital)
Sweden (including Faroe Island and Greenland)	SVT TV 4	Canal Digital (Telenor)	Sveriges Television AB (SVT)
United Kingdom	BBC ITV		British Broadcasting Corporation & ITV Network Limited
Asia			
China	CCTV		China Central Television (CCTV)
Hong Kong	Hong Kong Cable TV ATV (Asia TV) TVB (Television Broadcast Ltd.)		Hong Kong Cable TV
Japan	Japan Consortium (ANB, CX, NTV, TBS, TX, NHK, BS-i, BS Fuji, BS-Asahi, BSJ, BS Japan)	Sky PerfecTV	Dentsu Inc.
Korea	KBS MBC SBS		Korea Pool (KBS, MBC, SBS)
Malaysia	Astro NTV 7 RTM TV 3		M-League Marketing Sdn Bhd
Thailand	ITV TV 9 TV I I		DhoSpaak Co.Limited
America			
Argentina	America 2 Sistema Nacional de Medios Publicos (Canal 7)	DirecTV Latin America	DirecTV Latin America, LLC
Brazil	TV Globo	Globosat	TV Globo Ltd.
Mexico	TV Azteca Multimedios Estrellas de Oro S.A. Corporacion de Noticias e Informacion PCTV Televisa Cablevision Canal 22 MVS Multivision	DirecTV Latin America	DirecTV Latin America,LLC
USA	ABC (English) ESPN (English)		Anschutz Soccer LLC (MLS)
USA	Univision (Spanish) Telefutura (Spanishi)	Galavision (Spanish)	Univision Communications Inc.

契約者欄に放送局以外の会社や団体が多いのは、01年5月のＩＳＬ倒産、翌年4月のキルヒ・メディア倒産という、二つの倒産劇と関係がある。ＩＳＬ倒産の1年半前に日本の権利を買い取った電通の例を除いて、ほかは権利を移管されたキルヒ・スポーツが、両社の倒産の後で、国際衛星放送や地域のサッカー連盟、あるいは広告代理店に「丸投げ」せざるを得なかったことを意味している。対照的に、ヨーロッパはほとんどの国で放送局が契約者欄に名を連ね、いわば放送権契約の通常の姿と変わらなかった。ヨーロッパでの販売が、キルヒ・メディア倒産の直前に終了していたからだ。

また、イギリスやイタリアのように、有料放送を規制している国々では地上放送だけが放送を行い、有料・無料の並立にはならなかった。有料放送が優先権を独占できない制度的な理由のほかに、4年に1回の大会に過剰投資をするリスクを避けたものと思われる。

とはいえ、02年大会が残した最大の特色は、世界規模で行われた有料と無料、二つの放送形態の並立である。中でも、日本のスカイパーフェクTVとJCは、支払われた放送権料と放送試合数を単純比較すると、有料放送が主役で無料放送が脇役という、大型スポーツ大会で史上はじめての棲み分けを行った。視聴者数で圧倒的に優位な地上放送のJCが、ビジネスで脇役にまわって実利を得た。しかし、スカイパーフェクTVも多チャンネルの特性を十分に生かし、試合を追う通常の放送以外に、競技場上方のカメラからフォーメーションを見せる映像（戦術フィード）や、両チームのベンチだけを映すチャンネル（ベンチフィード）を加えて、かつてない多彩なサービスを展開した。ビジネスだけでなく、有料と無料の二つの放送が、それぞれの特性に合う棲み分けを行った新たな放送の形である。

4　不安を残した放送の将来

■放送の質を維持する

02／06年の暴騰は、将来の放送の質の維持と権利のゆくえに、少なからぬ不安を残した。放送の質の維持について、放送権保有者の調整機能が必要なことはCCCの項で述べた。残りの不安は、今後も有料の衛星放送が権利者として増え続けると予測されること、そして、安定して質の高いサービスを提供するホスト局の構築の問題である。

有料放送の増加が悪いのでは決してない。視聴者への多彩なサービスが可能になるから、むしろ歓迎すべきことである。ただ、多くの有料放送は購入番組の再送信が主たる日常業務で、自らの制作能力が高いとは言いがたい。この点が、将来への不安につながる。

放送の質の維持と向上は、「主」であるホスト局の力量だけでなく、「客」の権利者の力量も問う。「客」の力量とは、制作能力と経験に裏づけられた事前の周到な準備と、ホスト局に対してできる注文とそうでないことを即座に判断する、放送局としての総合力を意味する。放送権の金額の多寡ばかりがビジネスの決め手になると、総合力を欠いた権利者が増え、プロの放送運営がおざなりになりかねない。待っているのは大混乱である。日韓大会で、「放送を知らない」と評された権利者が散見されたのは、将来の不安への具体例である。

また、「戦術フィード」と「ベンチフィード」を先に述べたが、フィードの内容は単純なもので、制作能力の低い有料放送を念頭に置いた、権利の再販売を最優先したサービスであり、なりふりかまわぬ資金の回収策といって差し支えなかった。

ホスト局の力についていては、国際映像のカメラワークに話題が集中しがちだが、実はそうばかりではない。ワールドカップやオリンピックのように、数年かけてようやく完遂するホスト業務の大半は、システムの構築であり、映像制作は数年かかった仕事の最後の仕上げである。

日韓大会のホスト局は、ヨーロッパのフリーランスを集めたＨＢＳ（Host Broadcast Services）という民間会社が担当した。倒産したキルヒ・メディアの子会社である。サッカーの映像制作に手慣れたエキスパートの集まりで、さすがと思わせるカメラワークが多かった。しかし、ボールが相手ゴールに近づいてもなおタイトショットを多用したり、何分も前のプレーを突然スローモーションで再生したりと、試合の流れを無視した映像が多く、必ずしも評判がよいわけではなかった。職人芸を持つエキスパートが陥りやすい統一性の欠如が原因した。

また、放送運営のシステムを基礎から構築する分野は、組織作りの段階で軽視された模様で、放送に従事した経験のない人たちが要職を占めて混乱のもとを作った。日英などの放送関係者から出た酷評の多くは、ここに起因した。今日では、オリンピックの制作もいわばプロの寄せ集め集団で行っている。巨大化が進み、開催国だけでは良質な映像作りができなくなり、国によって競技の得手不得手があることなどを理由に、多くの国々を巻き込んだホスト局作りがふつうになっている。しかし、オリンピックの場合、中核となってシステム作りをする人々は、大会が変わっても変わることがない。放送のプロ中のプロが、システム作りを担当し、ワールドカップよりはるかに複雑な大会を混乱から救っている。ワールドカップ放送の質を維持するために、日韓大会が残した教訓である。

■放送権のゆくえ

放送権のゆくえは予測が難しい。国によって事情が異なるからだ。たとえば、ヨーロッパと南米の多くの国々は、02／06年をパッケージで合意をしている。したがって、ドイツ大会でも日韓大会とほぼ同じ顔ぶれの放送局が揃うはずである。韓国もパッケージで買っている。

日本はどうか。06年の日本国内の権利は電通が保有している。電通は放送権を日本の放送局に売らなくてはならない。スカイパーフェクTVとJCは、同じような棲み分けをするのだろうか。あるいは、NHKと民放は再びJCを組むのだろうか。鍵はアジア予選にあるが、日本の出場が決まるまで、JCメンバー全体が足並みを揃えて待つ保証はない。日本が予選を勝ち抜いたとしても、それから放送権交渉を開始したのでは、準備期間があまりに短く、良質な放送は期待できなくなる。

参考になる数字がある。JCを構成したNHKと民放の、放送権料の負担比率と広告収入である。全体の60%をNHKが負担し、民放は40%を負担した。放送試合数もそれに従って24試合：16試合に分けた。電通は民放各局に対して、1社10億円の広告主を10社、5億円の広告主を10社つけて、各局共通のスポンサーにした。全体で150億円の広告収入である。NHKの負担分を差し引いた26億4000万円の放送権料の支出が、150億円の収入に変わったことになる。

独占放送という言葉は、放送局にとって抵抗しがたい響きをもつ。放送権ビジネスの歴史をたどれば、独占放送はいつの時代も、ビジネスを成功させるキーワードだった。加えて、ワールドカップは競技日程が複雑な総合大会ではない。番組編成が組みやすく1局で全試合放送が容易な大会である。跳ね上がった相場と広告収入の期待価に対して、JCがスクラムを組み続けることができるかどうか。難しい課題であり、1980年モスクワ・オリンピックのテレビ朝日（当時、日本教育テレビ、

ＮＥＴ）の再現を危惧する声の根拠である。

一方、02年大会でビジネスの主役になったスカイパーフェクＴＶは、経営の体力がどこまで続くかが最大の難問であろう。契約数３５０万前後の有料放送にとって、１３５億円もの投資が、次の飛躍のジャンプボードとなるのかどうか。明白なことが二つある。一つは、地上放送との並列放送は圧倒的に不利なことである。投資の見返りが、たんに「イメージを得ることに成功した」だけでは長続きしまい。有料放送にとって、継続を可能にするのは独占放送だけである。もう一つ不利な要素は、ワールドカップが４年に１回の大会ということである。ＢＳｋｙＢをはじめとする、ヨーロッパの実績のある有料放送が、02年大会の放送権市場が混沌とする中で、静観をし続けた最大の理由である。スカイパーフェクＴＶの前途は多難である。

ワールドカップの放送権ビジネスは、１回の大会でいきなりオリンピック並みに巨大化した。しかし、その決算が出るのは06年ドイツ大会の後であろう。ＩＳＬ・キルヒがつけた値段は、それほど異常だったということである。

ＦＩＦＡの発表によれば、02年日韓大会のテレビ視聴者総数は２８８億人だった。フランス大会より46億人少なく、シドニー・オリンピックの３００億人も下回った。ワールドカップがオリンピックより視聴者総数で少なかったのは70年代前半以来のことで、ワールドカップとしても、90年イタリア大会のレベルに逆戻りしている。この間のメディアの変化や衛星中継料金の下落を考えれば、ただごとではない。

有料衛星放送の進出を基軸にしたビジネスの巨大化ほどには、世界のサッカーファンはワールドカップ日韓大会にアクセスできず、楽しめもしなかったことを意味している。

（曽根俊郎）

あとがき

2002年6月の日韓ワールドカップの前および期間中には、テレビ、新聞などのマスメディアは言うに及ばず、ふだんはスポーツと無縁のメディアまでがこれを何度も取り上げ、日本に空前のワールドカップ・ブームをもたらした。サッカーファンには待ちに待った大会であり、本書の執筆者の多くも、研究会とはいえ、ともかくも大会を待ち焦がれたサッカーファンであった。

テレビではワールドカップ生中継40試合の平均視聴率（地上波放送の関東地区データ）は30・7％にもなっている。日本対ロシア戦が66・1％の視聴率で歴代高視聴番組の第3位を、決勝のドイツ対ブラジル戦が65・6％で同4位を占めるほどであった。ちなみに第1位は1963年の第14回NHK紅白歌合戦で81・4％、第2位は1964年の東京オリンピック女子バレー日本対ソ連戦の66・8％であった。また、歴代高視聴率番組の50位までに1990年以降ランクインしている番組は、1998年と2002年のワールドカップ番組を除くと、わずかに二つしかない。さらに筆者が実施した関西地域の大学生を対象にしたアンケート調査の結果によると、日本対ロシア戦は実に81・2％の者がテレビで観戦していた。ベルギー戦を除いて、日本チームの試合を約8割の者が観戦し、決勝戦も7割を超えていた。回答者が若者であることもあるが、視聴率データをはるかに超える観戦率になっている。

さて、各メディアはワールドカップの歴史、それぞれの代表チームの特徴・注目選手・練習風景などの様子、勝敗予想、試合結果・分析などからファンの期待、各開催地の準備状況、キャンプ地での歓迎ぶり・地元民との交流、競技場の後利用まで、果てはスター選手を芸能タレントと同様に扱って髪型・ファッションなどを取り上げるに至るまで、ワールドカップ現象のさまざまな側面を取り上げていた。これだけメディアがワールドカップを取り上げれば、われわれは、ワールドカップに対するわれわれの認識、さらには行動にも影響が及んでくるのは当然で、ワールドカップが社会にとって重要なできごとなのだと認知するようになり、大会期間中は日本がサッカー一色に染まるほどに多くの日本人がワールドカップに興味を示すこととなった。

ただ、1年以上を経過し、ワールドカップによるサッカー人気はたんなる一過性のお祭り騒ぎのもので、サッカーに対する関心はワールドカップ後、従来のレベルまで下がってしまったとの意見もある中、実際はどうなのだろう。

大会以後に行われた日本代表の国際親善試合の視聴率（関東地区）を見ると、7試合の視聴率は13・6%から26・7%で、平均視聴率は19・6%である。日本代表の国際親善試合の視聴率は相変わらず高いといえる。先に述べた調査でも、半年後では外国プロリーグをテレビで見た者がワールドカップ直前時よりも1・5倍（22・6%→33・9%）に増加している。一方、日本代表の国際親善試合については1・3倍（33・2%→43・8%）に増加している。

さらに、Jリーグへの興味にもワールドカップ人気は反映されている。J1の入場者数を見ると、ワールドカップによる中断前のファースト・ステージ第7節までの平均入場者数は1節あたり７６７５人、中断後の第8節以降は９０４８人で、約18％の増加となっているし、Ｊ２の入場者数も同様に上昇している。さらに、03年度も確実に増加している。もちろんその増加は、ワールドカップで使用されたスタジアムへの魅力による要因も加味する必要があるが、全体として、この1年を見る限り、ワールドカップがサッカー人気を短期的・中期的に底上げしたことは間違いない。

しかし、それがメディアに主導されたメディアビジネス、そしてスペクタクルとしてのサッカー現象であり、さまざまな問題のある大会であったことは本書でも考察したとおりである。少なくとも、メディアの「煽り」とは一線を画して、各地域、あるいは共同体のアイデンティティを表現するサッカーや、またサッカーの競技そのものへの関心が定着していくのかどうかは、まだまだ長い時間をかけてみていく必要があるだろう。そしてまた、それについてメディアの果たすべき役割に関しては、本書の守備範囲を超えてはいるが、今後の重大な課題といえるだろう。

さらに、日韓の「相互理解」に対するワールドカップの効果はどうだろう。本書でも何人かの共同執筆者がそれぞれのアプローチからこの点に迫っているが、簡単な効果を云々できる状況ではない。ただ金忠植氏が希望をもって語るように、文化交流というレベルでこれまでの日韓関係を超えるものが数多く見えたのは、確かにこの共催があったからだろう。

日韓メディアスポーツ研究会は、スポーツ好きの仲間の集まりであるばかりでなく、日韓関係の中に長く存在してきたさまざまな軋轢とそれを解決する努力に、何らかの関心をもつ仲間の集まりでもある。そして、本書以外でも機会あるごとに、メディアスポーツのよりよいあり方とともに、日韓関係のよりよい方向を模索する発言をなしてきたことも申し添えたい。さらに、本書が日韓大会の記録だけでなく、メディアスポーツの教科書としても利用できればと「はじめに」で述べたが、06年のドイツ大会をも展望しつつ、これからのワールドカップとメディアの問題を考える契機になれば望外の喜びである。

最後に、日韓メディアスポーツ研究会に、貴重なご意見やご指導をいただいた多くの方々に心より感謝を申し上げたい。そして、わがままな出版計画を快く引き受けていただいた大修館書店の平井啓允さん、そしてさらにわがまま放題の原稿を辛抱強くまとめていただいた中島克美さんのお二人に、深くお詫びするとともに、厚くお礼を申し上げたい。

二〇〇三年八月

常木　暎生

■参考・引用文献

第2部第1章

- 井上俊他編『講座現代社会学3　他者・関係・コミュニケーション』岩波書店　1995年
- 中野収・早川善治郎編『マスコミが事件を作る』有斐閣選書　1988年
- 中野秀一郎・今津孝次郎編『エスニシティの社会学』世界思想社　1993年
- G・W・オールポート、L・ポストマン（南博訳）『デマの心理学』岩波書店　1958年
- T・シブタニ（広井脩・橋元良明・後藤将之訳）『流言と社会』東京創元社　1985年
- G・ドゥボール（木下誠訳）『スペクタクルの社会』平凡社　1993年
- A・メルッチ（山之内靖他訳）『現在に生きる遊牧民』岩波書店　1997年
- E・モラン（杉山光信訳）『オルレアンのうわさ』みすず書房　1973年
- 小笠原博毅「きみはフーリガンを見たか？　見るわけがない、そんなやつらはいないのだから。」現代スポーツ評論6号　創文企画　2002年
- 今　拓海「暴動を完封した日本警備陣の守備力」別冊宝島Real 収支決算！ワールドカップ39号　宝島社　2002年
- 黒田　勇「日本人が経験した『われわれ』と『彼ら』」AURA154号　フジテレビ調査部　2002年
- Kellner, D., *Media Spectacle*, Routledge, 2003

第2部第2章

- 呉スジョン編「ジャーナリズム評論―2002ワールドカップ報道」韓国言論財団　2002年
- 海老塚修「第11章アンブッシュ・マーケティング」『スポーツマーケティングの世紀』電通出版　2002年
- 姜　尚中「過ぎ去らないアジアの心象心理を超えて―日本の朝鮮観を中心に」『アジア新世紀1―空間』岩波書店　2002年
- 金　キテ「現代社会とテレビのスポーツ番組」プログラム・テキスト第6号　韓国放送映像産業振興院　2002年
- 隈元信一「あの熱気を生んだもの、あの熱気が生んだもの」AURA154号　フジテレビ調査部　2002年
- ダニエル・ダヤーン、エリユ・カッツ（浅見克彦訳）『メディア・イベント』青弓社　1996年
- 朝鮮日報社『2002韓日ワールドカップ　朝鮮日報カラー縮刷版』朝鮮日報社　2002年
- 中村祐司「ナショナリズムとメガイベント―2002年ワールドカップにおける商業セクターの戦略と社会現象に注目して」現代スポーツ評論7　創文企画　2002年
- 黄　盛彬「ワールドカップと日本の自画像、そして韓国という他者」マス・コミュニケーション研究第62号　2003年
- 黄　順姫「ワールドカップサッカー・コリア・ジャパンに惹かれる身体―応援することの快楽」『アジア新世紀4―幸福』岩波書店　2003年
- ユンテジン・チョンギュチャン「レッドデビルズとメディア

—国民イデオロギー対欲望する大衆」『inside / out 2002』延世大学青少年文化研究院　2002年
・TBWA KOREA「Speed 011 2002年ワールドカップキャンペーン企画書」2001年

●第2部第3章

・木村　幹『朝鮮・韓国ナショナリズムと「小国」意識—朝貢国から国民国家へ』ミネルヴァ書房　2001年
・崔　禎鎬「巨視的観点からみた日本のDBSが韓国に及ぼす文化的・社会的影響」日本マス・コミュニケーション学会・韓国言論学会共同主催　アジア地域の衛星コミュニケーションシンポジウム　於国際文化会館（東京）　1991年10月27-28日
・鄭　大均『日韓のパラレリズム—新しい眺め合いは可能か』三交社　1992年
・鄭　大均『韓国のイメージ—戦後日本人の隣国観』中央公論社　1995年
・卓　南生『日本のアジア報道とアジア論』日本評論社　2003年
・河　棕文「ワールドカップと韓日関係」創作と批評2002年秋、433-436頁（原文は韓国語）
・黄　盛彬「韓国マス・メディア広告における『日本表現』に関する研究」吉田秀雄記念事業財団助成研究（未公刊）1996年
・尹　健次『ソウルで考えたこと—韓国の現代思想をめぐって』平凡社　2003年
・若宮啓文「ワールドカップの日韓共催『竹下仕掛け説』に意義あり—政治の舞台裏で何があったのか」論座2002年9月号　280-285頁

●第2部第4章

・NHK「新アナウンス読本」日本放送出版協会　1962年
・NHKアナウンサー史編集委員会編『アナウンサーたちの七〇年』講談社　1992年
・黒田勇「メディア・スポーツの変容—平和の祭典からポストモダンのメディア・イベントへ」マス・コミュニケーション研究第62号　2003年
・竹山昭子『ラジオの時代——ラジオは茶の間の主役だった』世界思想社　2002年
・Rainville, Raymond E., McCormick, Edward, *Extent of Covert Racial Prejudice in Pro Football Announcers' Speech*, Journalism Quarterly, Spring, 1977
・Sabo, Don, Jansen, Sue Curry, Tate, Danny, Duncan, Margaret Carlisle, Leggett, Susan, *The Portrayal of Race, Ethnicity and Nationality in Televised International Athletic Events*, Amateur Athltic Foundation of Los Angeles, 1995

●第2部第5章

・辻村明・金圭煥・生田正輝編『日本と韓国の文化摩擦—日韓コミュニケーション・ギャップの研究』出光書店　1982年
・朴順愛・土屋礼子編著『日本大衆文化と日韓関係—韓国若者の日本イメージ』三元社　2002年
・福島靖男「世論調査にみるワールドカップ大会の関心度」よろん第90号　2-7頁　日本世論調査協会　2002年
・森津千尋「韓国における『外国人観光客』の意味—2002

年W杯準備キャンペーンより」評論・社会科学第69号　155-168頁　同志社大学人文学会　2003年
・「時事世論調査特報」各年度各月1日号　時事通信社
・内閣府ホームページ　http://www8.cao.go.jp/survey/h14/h14-gaikou/index.html

●第2部第6章

・ジャック坂崎『フェアプレイ―ワールドカップを売った日系人』日経BP社　1998年
・ジャック坂崎『ワールドカップ―巨大ビジネスの裏側』角川書店　2002年
・曽根俊郎「岐路に立つオリンピック放送―ホストブロードキャスターの役割と歴史」『放送研究と調査』日本放送出版協会　2001年
・曽根俊郎「いつまで続くかスポーツ放送権市場の巨大化」NHK放送文化研究所　年報47　NHK放送文化研究所　2003年
・中村美子「ヨーロッパにおけるスポーツ放送とユニバーサル・アクセス」『スポーツ放送権ビジネス最前線』花伝社　2001年
・フランコ・ロッソ（今野里美訳）『逆説のワールドカップ（原題 Perda il migliore）』日本スポーツ企画出版社　2001年

■メディア・スポーツを学ぶ人のための参考文献・資料一覧

〈スポーツ・国内〉

・有山輝雄『甲子園野球と日本人』吉川弘文館　1997年
・池田　優『オリンピックの政治学』丸善ライブラリー　1992年
・石井清司『スポーツと権利ビジネス』かんき出版　1998年
・井上俊・亀山佳明編『スポーツ文化を学ぶ人のために』世界思想社　1999年
・井上俊他編『岩波講座現代社会学4　身体と間身体の社会学』岩波書店　1996年
・梅田香子『スポーツ・エージェント』文春新書　2000年
・江刺正吾・小椋博編『高校野球の社会学』世界思想社　1994年
・江刺正吾『女性スポーツの社会学』不昧堂出版　1992年
・海老塚修『スポーツ・マーケティングの世紀』電通出版　2001年
・大澤真幸『身体の比較社会学I』勁草書房　1990年
・大住良之『サッカーへの招待』岩波新書　1993年
・木下秀明『スポーツの近代日本史』杏林書院　1970年
・栗原彬他編『叢書　社会と社会学3　身体の政治技術』新評論　1986年
・後藤健生『サッカーの世紀』文芸春秋　1995年
・後藤健生『ワールドカップの世紀―リアリズムとしてのサッカー』文芸春秋　1996年
・坂上康博『権力装置としてのスポーツ』講談社選書メチエ

1998年
・清水　諭『甲子園野球のアルケオロジー』新評論　1998年
・菅原禮編『スポーツ社会学への招待』不昧堂出版　1990年
・菅原禮編『スポーツ規範の社会学』不昧堂出版　1980年
・菅原礼編著『スポーツ社会学講座1　スポーツ社会学の基礎理論』不昧堂出版　1984年
・杉本厚夫編『スポーツファンの社会学』　世界思想社　1997年
・杉本厚夫『スポーツ文化の変容』世界思想社　1995年
・杉山　茂『テレビスポーツ五十年―オリンピックとテレビの発展・力道山から松井秀喜』角川インタラクティブ　2003年
・須田泰明『三七億人のテレビンピック―巨額放映権と巨額五輪の真実』創文企画　2002年
・多木浩二『スポーツを考える―身体・資本・ナショナリズム』ちくま新書　1995年
・高橋義雄『サッカーの社会学』日本放送出版協会　1994年
・谷口源太郎『スポーツを殺すもの』花伝社　2002年
・種子田譲『史上最も成功したスポーツビジネス』毎日新聞社　2002年
・中村敏雄『近代スポーツ批判』三省堂　1968年
・中村敏雄『日本的スポーツ環境批判』大修館書店　1995年
・中村敏雄『オフサイドはなぜ反則か』三省堂　1985年
・中村敏雄・出原泰明・等々力賢治『現代スポーツ論』大修館書店　1988年
・(財)日本サッカー協会/日本サッカーライターズ協議会『最新　サッカー百科大事典』大修館書店　2002年
・日本スポーツ社会学会編『変容する現代社会とスポーツ』世界思想社　1998年
・橋本一夫『日本スポーツ放送史』大修館書店　1992年
・橋本純一編『現代メディアスポーツ論』世界思想社　2002年
・原田宗彦『スポーツイベントの経済学』平凡社　2002年
・ビバ・サッカー研究会『6月の熱い日々―サポーターズ・アイ　ワールドカップ2002』中央公論事業出版　2002年
・平井肇編『スポーツで読むアジア』世界思想社　2000年
・広瀬一郎『スポーツ・マーケティング』電通出版　1994年
・広瀬一郎『新スポーツ・マーケティング』創文企画　2002年
・松岡　完『ワールドカップの国際政治学―増補』朝日選書　1994年
・三浦雅士『身体の零度』講談社　1996年
・メディア総合研究所『メディア総研ブックレットNo.5スポーツ放送権ビジネス最前線』花伝社　2001年
・現代スポーツ評論　創文企画
・別冊宝島Real収支決算!　ワールドカップ39号　宝島社　2002年

〈メディア・国内〉

・阿部　潔『彷徨えるナショナリズム―オリエンタリズム・ジャパン・グローバリゼーション』世界思想社　2001年
・石田佐恵子『有名性という文化装置』勁草書房　1998年
・伊藤守・藤田真文編『テレビジョン・ポリフォニー』世界思想社　1999年
・伊藤守編『メディア文化の権力作用』せりか書房　2002年

・NHK『NHK放送文化研究所年報47』NHK放送文化研究所　2003年
・NHKアナウンサー史編集委員会編『アナウンサーたちの七〇年』講談社　1992年
・北田暁大『広告の誕生―近代メディア文化の歴史社会学　現代社会学選書』岩波書店　2000年
・黒田　勇『ラジオ体操の誕生』青弓社　1999年
・佐藤　毅『マスコミの受容理論』法政大学出版局　1990年
・竹内郁郎・小島和人・橋元良明『メディア・コミュニケーション論』北樹出版　1998年
・竹山昭子『ラジオの時代』世界思想社　2002年
・田宮武・津金澤聰廣編著『テレビ放送への提言』ミネルヴァ書房　1999年
・津金澤聰廣編『近代日本のメディア・イベント』同文館　1996年
・津金澤聰廣編著『戦後日本のメディア・イベント―1945-1960』世界思想社　2002年
・津金澤聰廣・有山輝雄編著『戦時期日本のメディア・イベント』世界思想社　1998年
・電通総研『情報メディア白書2003』ダイヤモンド社　2003年
・中野　収『メディア空間』勁草書房　2001年
・日本放送協会編『20世紀放送史』NHK出版　2001年
・藤竹暁・山本明編『図説・日本のマスコミュニケーション』NHKブックス　1994年
・水越　伸『デジタル・メディア社会』岩波書店　2002年
・森川貞夫・佐伯聰夫編著『スポーツ社会学講義』大修館書店　1988年
・吉野耕作『文化ナショナリズムの社会学』名古屋大学出版会　1997年
・吉見俊哉『メディア空間の変容と多文化社会』青弓社　1999年
・吉見俊哉『メディア・スタディーズ』せりか書房　2000年
・吉見俊哉『メディア時代の文化社会学』新曜社　1994年
・吉見俊哉編著『一九三〇年代のメディアと身体』青弓社　2002年
・マス・コミュニケーション研究62号　2003年
・AURA154号　フジテレビ調査部　2002年

〈日韓関係・国内〉

・石坂浩一・舘野晳編『現代韓国を知るための55章』明石書店　2000年
・伊藤亜人編『もっと知りたい韓国』弘文堂　1985年
・小倉紀蔵『韓国は一個の哲学である』講談社現代新書　1998年
・小倉紀蔵『韓国人のしくみ』講談社新書　2001年
・内川芳美・柳井道夫編『アジアと国際関係』学文社　1992年
・加藤周一・小田実・滝沢秀樹『現代韓国事情』かもがわ出版　1995年
・姜尚中他編『アジア新世紀1―空間』岩波書店　2002年
・姜尚中他編『アジア新世紀4―幸福』岩波書店　2003年
・黒田勝弘『韓国・反日症候群』亜紀書房　1995年
・黒田勝弘『板門店の壁は破れるか』講談社　1990年
・黒田勝弘『韓国人の歴史感』文春新書　1999年

・小坂井敏晶『異文化受容のパラドックス』朝日選書　１９９６年
・小林孝行編『変貌する現代韓国社会』世界思想社　２０００年
・滝沢秀樹『韓国社会の転換』あらご叢書　１９８８年
・辻村明・金圭煥・生田正輝編『日本と韓国の文化摩擦―日韓コミュニケーション・ギャップの研究』出光書店　１９８２年
・鄭　大均『日韓のパラレリズム』三文社　１９９２年
・鄭　大均『韓国のイメージ』中公新書　１９９５年
・鄭　大均『日本（イルボン）のイメージ』中公新書　１９９８年
・トラベルジャーナル『ワールドカルチャーガイド3　韓国』１９９９年
・仁科健一・舘野晳編『韓国新世代事情』社会評論社　１９９５年
・仁科健一・舘野晳編『異邦の韓国人・韓国の異邦人』社会評論社　１９９６年
・仁科健一・舘野晳編『韓国人から見た日本―こんな顔あんな顔』社会評論社　１９９８年
・仁科健一・舘野晳編『韓国マスコミ最前線』社会評論社　１９９９年
・仁科健一・舘野晳編『インタビュー・21世紀の韓国人―韓国と日本のこれまで・これから』社会評論社　２０００年
・朴順愛・土屋礼子編著『日本大衆文化と日韓関係―韓国若者の日本イメージ』三元社　２００２年
・彭　元順『韓国のマス・メディア』電通出版　１９９１年

〈スポーツ・海外〉

・スティーブン・アリス（河田芳子訳）『スポーツビズ』ダイヤモンド社　１９９２年
・ノベルト・エリアス、エリック・ダニング（大平章訳）『スポーツと文明化―興奮の探求』法政大学出版局　１９９５年
・サイモン・クーパー（松下毅一郎・後藤健生訳）『サッカーの敵』白水社　２００１年
・サイモン・クーパー（森田浩之訳）『ワールドカップ・メランコリー』廣済堂出版　２００２年
・J・J・コークレイ（影山健他訳）『現代スポーツ―その神話と現実』道和書院　１９８１年
・B・ジレ（近藤等訳）『スポーツの歴史』白水社　１９５２年
・G・H・セージ（深澤宏訳）『アメリカスポーツと社会』不昧堂出版　１９９７年
・ハート・ディビス・ダフ（岸本完司訳）『ヒトラーへの聖火―ベルリン・オリンピック』東京書籍　１９８８年
・ジョン・ハーグリーブス（中島吉弘訳）『スポーツ・権力・文化』　未来社　１９９６年
・ビル・ビュフォード（北代美和子訳）『フーリガン戦記』白水社　１９９４年
・テオ・ライゼナール（佐藤克彦・野間けい子訳）『フーリガン解体新書』ビクターブックス・ビクターエンターテイメント株式会社　２００２年
・ロジャー・リース、アンドリュー・ミラクル編（菅原禮監訳）『スポーツと社会理論』不昧堂出版　１９９１年
・ベンジャミン・G・レイダー（川口智久監訳・平井肇訳）『スペクテイタースポーツ　20世紀アメリカスポーツの軌跡』大修館書店　１９８７年
・フランコ・ロッソ（今野里美訳）『逆説のワールドカップ』

日本スポーツ企画出版社　２００１年
- Armstrong, G. *Football Hooligans-Knowing score-* Berg, 1998
- Barber, B., *Jihad vs. McWorld: How globalism and tribalism are reshaping the world*, New York, Random House, 1995
- Bennie, D,. *Soccer SAMURAI -a couch potato's dialectial deconstruction of world cup 2002* Mainstream pblishing, 2002
- Blain, N,. R, Boyle and Hugh O'donnel, *Sport and National Identity in the European Media*, Leicester university press, 1993
- Boyle, R. and R. Haynes, *Power Play*, Longman, 2000
- Brookers, R., *Representing SPORT*, Arnold, 2002
- Collins, F, M,. with Tess Kay, *Sport and Social Exclusion*, Routledge, 2003
- Hart, M. and S., Birrel, *Sport in the sociocultural Process*, William C. Brown, 1981
- Horne, J,. and W. Manzenreiter ed. *Japan, Korea the 2002 World cup*, Routledge, 2002
- Sugden, J,. and A. Tomlinson *Power Game -A Critical Sociology of Sport-* Routledge, 2002
- Sugden, J. & A. Tomlinson, *FIFA and the Contest for World Football*, Polity, 1998
- Sugden, J. & A. Tomlinson (ed.), *Host and Champions*, Arena, 1994
- Wenner, L. A.(ed.), *Media Sport*, Routledge, 1998
- Whannel, G., *Fields in Vision*, Routledge, 1992

〈メディア・海外〉

- C・S・オング（桜井直文・林正寛・糟谷啓介訳）『声の文化と文字の文化』藤原書店　１９９１年
- G・ガンパート（石丸正訳）『メディアの時代』新潮社　１９９０年
- ジョン・フィスク（伊藤守他訳）『テレビジョンカルチャー』梓出版　１９９６年
- ジョン・フィスク（池村六郎訳）『テレビを読む』未来社　１９９１年
- ダニエル・ダヤーン、エリユ・カッツ（浅見克彦訳）『メディア・イベント』青弓社　１９９６年
- D・J・ブーアスティン（星野郁美・後藤和彦訳）『幻影の時代』東京創元社　１９６４年
- ベネディクト・アンダーソン（白石さや・白石隆訳）『想像の共同体　増補版』NTT出版　１９９７年
- マーシャル・マクルーハン（栗原裕・河本仲聖訳）メディア論―人間の拡張の諸相』みすず書房　１９８７年
- Kellner, D., *Media Spectacle*, Routledge, 2003
- Morley, D., and Kevn Robins, *Space of identity* Routledge, 1995
- Monroe E. P,. *Television-The Public Sphere and National Identity*, New York, Oxford Univ. Press, 1995
- Rainville, R E., McCormick, Edward, *Extent of Covert Racial Prejudice in Pro Football Announcers' Speech*, Journalism Quartely, Spring, 1977

■スポーツ・サッカーとメディア年表

年	スポーツ（サッカー）	メディア	世界と日本のできごと
1863（文久3）	イングランド・サッカー協会（FA）結成		
1873（明治6）	日本へサッカーが伝わる		
1896（明治29）	第1回オリンピック（アテネ） 東京高師にフートボール部創設		
1900（明治33）	第2回オリンピック（パリ）		
1904（明治37）	第3回オリンピック（セントルイス） 国際サッカー連盟（FIFA）結成		
1908（明治41）	第4回オリンピック（ロンドン）		
1912（明治45）	第5回オリンピック（ストックホルム）		
1914（大正3）			第1次世界大戦始まる
1916（大正5）	第6回オリンピック（中止）		
1918（大正7）			第1次世界大戦終わる
1919（大正8）		カナダで初のラジオ放送開始	
1920（大正9）	第7回オリンピック（アントワープ） 大日本蹴球協会設立	米でラジオ放送開始	
1922（大正11）		英、ソ連、ブラジル等でラジオ放送開始	
1923（大正12）			関東大震災
1924（大正13）	第1回冬季オリンピック（シャモニー・モンブラン） 第8回オリンピック（パリ）、サッカーでウルグアイ優勝	社団法人東京放送局設立	
1925（大正14）	サッカーのオフサイドルール改正	日本でラジオ放送開始	

1926（大正15）		日本放送協会設立	
1927（昭和2）		日本で初のスポーツラジオ中継（甲子園中等学校野球）	
1928（昭和3）	第2回冬季オリンピック（サンモリッツ） 第9回オリンピック（アムステルダム）、サッカーでウルグアイ再び優勝 日本が国際サッカー連盟（FIFA）加盟	日本のラジオ中継が全国に	
1929（昭和4）		ラジオ体操放送開始	世界恐慌始まる
1930（昭和5）	第1回ワールドカップ（ウルグアイ）	米でテレビ実験局運用開始 サッカー日本初のラジオ中継（東西対抗）	
1931（昭和6）		モスクワでテレビ実験放送開始 米でテレビ定時放送開始	満州事変
1932（昭和7）	第3回冬季オリンピック（レークプラシッド） 第10回オリンピック（ロサンゼルス）、サッカーを実施せず	ロサンゼルス五輪でNHKがラジオ実感中継放送 英BBCがテレビ実験放送	上海事変 満州国建国宣言
1934（昭和9）	第2回ワールドカップ（イタリア） 第10回極東大会（マニラ）	極東大会を日本初の海外ラジオ中継	ドイツ・ヒトラー総統就任
1935（昭和10）	第4回冬季オリンピック（ガルミッシュ・パルテンキルヘン）	ドイツでテレビ定時放送開始	
1936（昭和11）	第11回オリンピック（ベルリン）、サッカー日本がスウェーデンに勝つ	ベルリン五輪で実験的テレビ放送 ベルリン五輪を日本へラジオ中継 英BBCがテレビ本放送開始	

年	スポーツ（サッカー）	メディア	世界と日本のできごと
1937（昭和12）			日中事変（盧溝橋事件）
1938（昭和13）	第3回ワールドカップ（フランス）	オーソンウエルズのラジオドラマ「火星人襲来」が米でパニックを起こす	
1939（昭和14）		ソ連でテレビ定時放送開始	ドイツ軍ポーランド侵入（第2次世界大戦）
1940（昭和15）	第12回オリンピック（中止）		日独伊三国軍事同盟
1941（昭和16）			太平洋戦争始まる
1943（昭和18）			イタリア降伏
1944（昭和19）	第13回オリンピック（中止）	米でボクシングのテレビ中継	
1945（昭和20）		相撲ラジオ中継復活（秋場所）	ドイツ・日本降伏（第2次世界大戦終わる）
1946（昭和21）		米大リーグ野球テレビ中継	国連第1回総会
1947（昭和22）			日本国憲法発布
1948（昭和23）	第5回冬季オリンピック（サンモリッツ） 第14回オリンピック（ロンドン）	ロンドン五輪でテレビ中継	韓国、北朝鮮の政府成立
1949（昭和24）			中華人民共和国成立 東西ドイツ政府成立
1950（昭和25）	第4回ワールドカップ（ブラジル） 日本FIFAに復帰	欧州放送連合（EBU）設立	朝鮮戦争始まる
1951（昭和26）	第1回アジア競技大会（ニューデリー）	アジア大会をラジオ放送（NHK） ブラジル、アルゼンチンでテレビ開始	サンフランシスコ講和条約

1952（昭和27）	第6回冬季オリンピック（オスロ） 第15回オリンピック（ヘルシンキ）	ヘルシンキ五輪のテレビ中継なし	
1953（昭和28）		日本でテレビ放送開始、大相撲、プロ野球、サッカーなど初のテレビ中継	朝鮮戦争休戦協定成立 ソ連、スターリン死去
1954（昭和29）	第5回ワールドカップ（スイス）、韓国が初出場 第2回アジア競技大会（マニラ）	ワールドカップ欧州8カ国へテレビ中継 アジア大会ラジオ放送（NHK、KRT） 米でカラーテレビ放送開始 ユーロビジョン発足	
1956（昭和31）	第7回冬季オリンピック（コルチナ・ダンペッツォ） 第16回オリンピック（メルボルン）	冬季五輪でテレビ中継 メルボルン五輪国内テレビ放送、日本でフィルム空輸によるテレビ放送	ハンガリーにソ連軍事介入 日ソ復交、日本国連加盟 スエズ動乱
1957（昭和32）		日本でカラーテレビ実験放送	
1958（昭和33）	第6回ワールドカップ（スウェーデン） 第3回アジア競技大会（東京）	ワールドカップを欧州でテレビ中継 アジア大会を初のテレビ中継	
1959（昭和34）	サッカー、クラーマー・コーチ来日	日本の民放テレビ開局ラッシュ	皇太子ご成婚
1960（昭和35）	第8回冬季オリンピック（スクォーバレー） 第17回オリンピック（ローマ）	日本でカラーテレビ放送開始 ローマ五輪をフィルム空輸で放送 ユーロビジョンで五輪を放送 欧米間フィルム空輸でテレビ放送	日米新安保条約強行可決
1962（昭和37）	第7回ワールドカップ（チリ） 第4回アジア競技大会（ジャカルタ）		
1963（昭和38）		紅白歌合戦視聴率81・4% 米日衛星中継実験中にケネディ米大統領暗殺のニュース	

年	スポーツ（サッカー）	メディア	世界と日本のできごと
1964（昭和39）	第9回冬季オリンピック（インスブルック） 第18回オリンピック（東京）、日本サッカーベスト8	東京五輪を日米欧で衛星中継、カラーテレビ中継、女子バレー日本対ソ連視聴率66・8％	
1965（昭和40）	日本でアジアユース・サッカー大会開催 日本サッカーリーグ発足		米空軍ベトナム北爆開始 日韓基本条約調印
1966（昭和41）	第8回ワールドカップ（イングランド）、北朝鮮がベスト8 第5回アジア競技大会（バンコク）	W杯を欧州でテレビ中継（地上回線）	
1967（昭和42）	サッカー五輪予選を東京で開催		中東戦争勃発
1968（昭和43）	第10回冬季オリンピック（グルノーブル） 第19回オリンピック（メキシコシティ）、日本サッカーが銅メダル	メキシコ五輪で全面的カラーテレビ中継、欧米日が協力	
1969（昭和44）			人類月に上陸（アポロ11号）
1970（昭和45）	第9回ワールドカップ（メキシコ） 第6回アジア競技大会（バンコク）	メキシコW杯で全面的な衛星国際中継、日本で録画放映（東京12チャンネル）	大阪万国博
1971（昭和46）	米卓球チーム北京訪問（ピンポン外交） アジア・ユースを日本で開催		国連で中国招請
1972（昭和47）	第11回冬季オリンピック（札幌） 第20回オリンピック（ミュンヘン）	札幌冬季五輪完全カラーテレビ中継 五輪でテレビの国際映像制作	五輪選手村でゲリラ、日中国交正常化、沖縄返還
1973（昭和48）	水泳世界選手権創設（第1回ベオグラード）		第4次中東戦争、石油危機
1974（昭和49）	第10回ワールドカップ（西ドイツ） 第7回アジア競技大会（テヘラン）	W杯決勝を日本でテレビ生中継、ほか録画放映（東京12チャンネル）	米ニクソン大統領辞任（ウォーターゲート事件）

スポーツ・サッカーとメディア年表

1975（昭和50）	第12回冬季オリンピック（インスブルック）	五輪のテレビ放映にジャパンプール結成（NHK、民放の共同制作）	ベトナム戦争終結
1976（昭和51）	第21回オリンピック（モントリオール）		田中元首相逮捕（ロッキード事件）
1977（昭和52）	奥寺康彦がドイツの1FCケルン入り		
1978（昭和53）	第11回ワールドカップ（アルゼンチン） 第8回アジア競技大会（バンコク）	W杯決勝をNHKがテレビ生中継、ほか録画で放映 日本で衛星実験放送開始	
1979（昭和54）	日本女子サッカー連盟発足 ワールドユース選手権を日本で開催	米テレビESPN開局	米中国交成立 ソ連がアフガニスタン侵攻
1980（昭和55）	第13回冬季オリンピック（レークプラシッド） 第22回オリンピック（モスクワ）、米日などボイコット	モスクワ五輪放送権をテレビ朝日（NET）が独占	イラン・イラク戦争始まる
1981（昭和56）	トヨタカップ東京開催始まる	日本テレビがトヨタカップを各国に中継	
1982（昭和57）	第12回ワールドカップ（スペイン） 第9回アジア競技大会（ニューデリー）		フォークランド紛争
1983（昭和58）	陸上世界選手権創設（第1回ヘルシンキ）	陸上世界選手権をテレビ朝日が中継	
1984（昭和59）	第14回冬季オリンピック（サラエボ） 第23回オリンピック（ロサンゼルス）、IOCのアマチュアリズム崩壊	五輪放送権をジャパンプールで獲得 NHKが衛星試験放送開始	
1985（昭和60）	神戸でユニバーシアード開催		
1986（昭和61）	第13回ワールドカップ（メキシコ）、韓国出場 第10回アジア競技大会（ソウル） 日本体育協会アマチュア規程廃止		ニューヨークで株価暴落

年	スポーツ（サッカー）	メディア	世界と日本のできごと
1987（昭和62） 1988（昭和63）	第15回冬季オリンピック（カルガリ） 第24回オリンピック（ソウル）	箱根駅伝を日本テレビが完全中継 日本テレビがエベレスト頂上から生中継 五輪国際映像制作にNHKなど参加、NHKが五輪衛星ハイビジョン実験中継	ソ連がアフガニスタンから撤退
1989（平成1）	日本女子リーグ発足	NHKが本格的に衛星放送開始	ベルリンの壁崩壊
1990（平成2）	第14回ワールドカップ（イタリア）、韓国出場 第11回アジア競技大会（北京）、サッカー女子で日本銀メダル		イラクがクウェートに侵攻 株価暴落 東西ドイツ統合
1991（平成3）	南アフリカのIOC復帰決定 東京で世界陸上選手権開催	世界陸上中継を日本テレビが制作	湾岸戦争 ソ連邦解体
1992（平成4）	第16回冬季オリンピック（アルベールビル） 卓球世界選手権（千葉・幕張）で韓国・北朝鮮が合同チーム 第25回オリンピック（バルセロナ） サッカー・アジアカップを広島で開催、日本優勝 日本サッカーリーグ解消		
1993（平成5）	Jリーグ発足 日本W杯予選敗退（ドーハの悲劇）		

1994（平成6）	第17回冬季オリンピック（リレハンメル） 第15回ワールドカップ（米国） 第12回アジア競技大会（広島）	米でデジタル衛星放送始まる 米国W杯テレビ国際映像をEBU主体で制作	南アフリカで黒人のマンデラ大統領就任
1995（平成7） 1996（平成8）	サッカー女子世界選手権日本ベスト8 米大リーグ、ドジャースに野茂英雄入団 第26回オリンピック（アトランタ）、日本サッカー出場 02年ワールドカップ日韓共催決定	英ＢｓｋｙＢがペイパービュー開始（ボクシング世界ヘビー級） パーフェクＴＶ放送開始 W杯放送権がキルヒ・スポリスへ	阪神淡路大震災
1997（平成9） 1998（平成10） 2000（平成12）	第18回冬季オリンピック（長野） 第16回ワールドカップ（フランス）、日本初出場 第13回アジア競技大会（バンコク） 中田英寿がイタリアのペルージャへ 第27回オリンピック（シドニー）、日本サッカーベスト8	日本ディレクＴＶ放送開始 長野冬季五輪をジャパン・コンソーシアムで放送、ＯＲＴＯで制作、一部を外国に委託 パーフェクＴＶとＪスカイＢ合併 シドニー五輪のテレビ映像を国際混成のＳＯＢＯで制作 スカイパーフェクＴＶがディレクを統合 日本でＢＳデジタル放送始まる	
2001（平成13） 2002（平成14）	サッカー・コンフェデレーションズ・カップを日本で開催 第19回冬季オリンピック(ソルトレークシティー) 第17回ワールドカップ（韓国・日本）、日本ベスト16、韓国ベスト4 第14回アジア競技大会（釜山）	キルヒ、ＩＳＬが倒産 W杯テレビ映像をＨＢＳが制作 日本対ロシア視聴率66・1％(フジ)	ニューヨークの貿易センターへ航空機テロ 米がアフガニスタン侵攻

各種世界年表、年鑑などのほか、次の資料を参考にしました。『20世紀放送史・年表』（日本放送協会、２００１）、ＮＨＫデータブック「世界の放送　２００２」（日本放送協会）、杉山茂『テレビスポーツ50年』（角川書店、２００３）。

年表制作：牛木素吉郎

常木暎生（つねき・てるお）関西大学社会学部教授　メディア行動論専攻
1946 年札幌市生まれ。東京都立大学大学院人文科学研究科博士課程退学後、電気通信総合研究所、常磐大学を経て 1995 年から現職。著書：『記号と情報の行動科学』（共著、福村出版、1994）、『テレビジョンカルチャー』（共訳、梓出版社、1996）他。

中小路徹（なかこうじ・とおる）朝日新聞東京本社スポーツ部記者
1968 年東京都生まれ。京都大学文学部卒業。91 年朝日新聞入社後、甲府支局、名古屋本社運動部、大阪本社運動部、ソウル支局などを経て現職。ワールドカップ日韓大会など、おもにサッカーを担当。

日吉昭彦（ひよし・あきひこ）成城大学文芸学部非常勤講師　マス・コミュニケーション論専攻
1970 年東京都生まれ。成城大学大学院文学研究科博士後期課程単位取得退学。著書：『コミュニケーション学入門』（共著、NTT 出版、2003）他。

黄　盛彬（ファン・ソンビン）立命館大学産業社会学部助教授　国際コミュニケーション論専攻
1967 年韓国・群山市生まれ。韓国・延世大学社会科学大学卒業後、1990 年に立教大学大学院へ交換留学生として来日。立教大学社会学部助手を経て、2000 年より現職。論文：「2002 W 杯と日本の自画像、そして韓国という他者」マス・コミュニケーション研究第 62 号（2003.2）他。

森津千尋（もりつ・ちひろ）同志社大学大学院博士後期課程在学中　韓国メディア論専攻
1972 年兵庫県生まれ。2000 年 3 月―2001 年 2 月延世大学、2001 年 9 月―2002 年 8 月翰林大学留学。論文：「韓国 TV 広告の内容分析」同志社社会学研究第 3 号（1999.3）他。

山本　浩（やまもと・ひろし）NHK アナウンサー、解説委員、スポーツ担当
1953 年松江市生まれ。東京外国語大学ドイツ語学科卒業。1976 年 NHK 入局後、福島、松山、福岡などを経て 2000 年から解説委員兼務。サッカー、アルペンスキー担当。

[エッセイ寄稿者]

金　忠植（キム・チュンシク）韓国・東亜日報東京支社長
1953 年韓国・全羅北道生まれ。高麗大学哲学科卒業。1978 年東亜日報入社後、文化部長、社会部長、論説委員などを経て、2002 年より現職。この間慶應義塾大学訪問研究員（1992 年）。著書：『実録 KCIA』（講談社、1994）。

黒田勝弘（くろだ・かつひろ）産経新聞ソウル支局長
1941 年大阪市生まれ。京都大学経済学部卒業。1964 年共同通信入社後、ソウル支局長などを経て、1989 年より現職（論説委員を兼務）。在韓 20 年。著書：『韓国人の歴史観』（文春新書、1999）、『韓国を食べる』（光文社、2001）他。

■執筆者紹介（五十音順）

[編著者]

牛木素吉郎（うしき・そきちろう）サッカー・ジャーナリスト、兵庫大学経済情報学部教授　スポーツ・メディア論専攻
1932年新潟県出身。東京大学文学部社会学科卒業。読売新聞などのスポーツ記者を経て1995年から現職。著書：『サッカー世界のプレー』（講談社、1975)、『ジュール・リメ、ワールドカップの回想』（監修、ベースボールマガジン社、1986）他。1966年の創刊号以来、「サッカーマガジン」にスポーツ時評を連載。1996年度ミズノ・スポーツライター賞を受賞。「ビバ！サッカー研究会」を主宰。

黒田　勇（くろだ・いさむ）関西大学社会学部教授　メディア文化論専攻
1951年大阪市生まれ。京都大学大学院教育学研究科博士後期課程退学後、京都大学助手、大阪経済大学などを経て1999年より現職。著書：『ラジオ体操の誕生』（青弓社、1999)、『メディア文化の権力作用』（共著、せりか書房、2002）他。

[執筆者]

尾嶋史章（おじま・ふみあき）同志社大学文学部教授　教育社会学専攻
1956年岡山県生まれ。大阪大学大学院人間科学研究科博士後期課程退学後、大阪大学助手、大阪経済大学を経て2000年より現職。著書：『現代高校生の計量社会学』（編著、ミネルヴァ書房、2001)、『日本の階層システム4　ジェンダー・市場・家族』（共著、東京大学出版会、2000）他。

金　徳起（キム・ドッキ）韓国・スポーツTODAY紙　サッカー専門大記者
1950年京畿道東豆川市出身。韓国・中央大学校放送学科卒業。1976年現代経済日報・体育記者を経て、85年スポーツソウル創刊時より体育部長を歴任。現在、スポーツTODAYに「金徳起のサッカー探検（プロサッカー観戦評)」を定期的に掲載。「月刊サッカーベストイレブン」主幹。著書：『韓国サッカー100年秘史・1』（共編著、2000）他。

小林大祐（こばやし・だいすけ）関西大学社会学部非常勤講師　消費社会論専攻
1971年愛知県生まれ。同志社大学大学院博士後期課程在学中。論文：「消費社会論における差異と稀少性」経済社会学会年報24号（2002）他。

曽根俊郎（そね・としろう）NHK放送文化研究所主任研究員
1943年新潟県生まれ。1966年横浜国立大学卒業後、NHK報道局入局。名古屋、東京、パリ、シドニー、クアラルンプール勤務を経て、1998年より現職。五輪、W杯サッカーなどの放送権交渉から制作まで、多くの国際スポーツ大会を担当。

ワールドカップのメディア学

NDC 783 274 p 19 cm

初版第1刷――2003年10月25日

編著者――牛木素吉郎・黒田　勇
発行者――鈴木一行
発行所――株式会社大修館書店
〒101-8466 東京都千代田区神田錦町 3-24
電話03-3295-6231(販売部)03-3294-2358(編集部)
振替00190-7-40504
[出版情報] http://www.taishukan.co.jp

装幀者――中村友和 (ROVARIS)
本文写真――株式会社スタジオ・アウパ
印刷所――壮光舎印刷
製本所――三水舎

ISBN4-469-26536-5 Printed in Japan